Para Julio Ortega,
uno de los mejores
críticos (quizá el mejor)
de la literatura
hispanoamericana.
con la amistad de

Manuel Durán

(ver las págs. 28
    y 167)

PQ7100

Fundación. Anuario de la Fundación Octavio Paz.
Núm. 3. México, 2001, 248 pp., ISBN 968-16-6360-8

1. Paz, Octavio (1914-1998). 2. Literatura
mexicana – siglo XX – publicaciones periódicas.

ANUARIO DE LA

Fundación

OCTAVIO PAZ

2001

3

MEMORIA DEL
COLOQUIO INTERNACIONAL
"POR *EL LABERINTO DE LA SOLEDAD*
A 50 AÑOS DE SU PUBLICACIÓN"

CIUDAD DE MÉXICO

Fundación
Anuario de la Fundación Octavio Paz
Coordinador
Guillermo Sheridan
Comité editorial
Adolfo Castañón, Ana Clavel, Horácio Costa,
Claude Esteban, Enrique Krauze,
Jean-Clarence Lambert, José Emilio Pacheco,
Carlos Pereda, Alberto Ruy Sánchez,
Enrico Mario Santí, Maya Schärer-Nussberger,
Anthony Stanton, Nicanor Vélez Ortiz,
Hugo J. Verani, Manuel Ulacia, Eliot Weinberger,
Ramón Xirau, Saúl Yurkievich.
Secretaria de redacción
Ana Clavel
Corresponsal en Francia: *Anne Picard*
Corresponsal en Brasil: *Gênese Andrade da Silva*

Diseño: *Ricardo Salas / Frontespizio*
Captura: *Isabel Hernández Sánchez y*
Lourdes Sánchez Quezada
Tipografía y formación: *Ocelote, servicios editoriales*

Fundación, anuario de la Fundación Octavio Paz, es una publicación académica dedicada a recoger y difundir pensamiento crítico y obra de creación relacionados tanto con la obra y la trayectoria de Octavio Paz como con los temas a los que dedicó su interés y su trabajo.

Toda correspondencia favor de dirigirla a la Fundación Octavio Paz, Francisco Sosa 383, Barrio de Santa Catarina, Coyoacán, CP 04000, México, D. F. Tels. (52) 56 59 57 97, (52) 56 58 89 95 y fax (52) 55 54 97 05. Las opiniones e ideas expresadas en *Fundación* son responsabilidad de sus autores. No se responde por originales no solicitados. Internet: *http://www.fundacionpaz.org.mx*.

Primera edición, 2001

D. R. © 2001, FUNDACIÓN OCTAVIO PAZ, A. C.
Francisco Sosa, 383; 04000 México, D. F.

D. R. © 2001, FONDO DE CULTURA ECONÓMICA
Carretera Picacho-Ajusco, 227; 14200 México, D. F.

ISBN 968-16-6360-8

Impreso en México

Índice

PRESENTACIÓN

Guillermo Sheridan

El laberinto de la soledad FUE UN LIBRO CENTRAL DEL SIGLO MEXICANO: en él, con él, contra él, recogió las inquietudes de su primera mitad y auguró las de su segunda; reivindicó el derecho de la mirada poética a interpretar la historia y la sociedad; implantó un género ensayístico en México; enseñó una manera inédita de hablar y pensar las complejidades de la nacionalidad. A cincuenta años de su aparición, su novedad radica tanto en la rara calidad –calidez– de su mirada como en la continua novedad de México.

En las primeras páginas de *El laberinto de la soledad* Octavio Paz, justificando su ensayo, luego de refrendar la "necesidad de interrogarnos y contemplarnos" que define a los pueblos modernos, se dijo: "Las preguntas que todos nos hacemos ahora probablemente resulten incomprensibles dentro de cincuenta años. Nuevas circunstancias tal vez produzcan reacciones nuevas."

Esos cincuenta años se cumplieron en el 2000: un año que agregó a la redondez inquietante de su cifra un suceso político (el triunfo de un candidato de oposición) que es también un sacudimiento –una interrogante– cultural. Esa "nueva circunstancia" sucedió un par de meses antes de que un amplio y plural grupo de humanistas de varias disciplinas y nacionalidades se dieran cita en la Ciudad de México para discutir el libro.

A lo largo de la última semana de agosto de 2000, este grupo de personas se atareó en criticar, cuestionar, interpretar ese libro central desde las más variadas perspectivas; en elucidar las formas de su pertinencia; en interrogar las razones de su naturaleza ya "clásica"; en perfilar su legado y sus orígenes; en confrontar los motivos de su vigencia; en trazar la historia de su recepción.

Este tercer número de *Fundación*, coeditado con el Fondo de Cultura Económica –casa editora de Octavio Paz–, recoge la memoria de ese Coloquio. Compartimos así la viva memoria de uno de los libros más vivos de la cultura mexicana contemporánea.

Memoria del Coloquio Internacional "Por *El laberinto de la soledad* a 50 años de su publicación"

20-27 de agosto de 2000
Ciudad de México

CONFERENCIAS

EL LABERINTO DE LA SOLEDAD: EL JUEGO DE ESPEJOS DE LOS MITOS Y LAS REALIDADES*

Carlos Monsiváis

> *Ningún pueblo podría vivir sin haber valorado antes. Mas para sobrevivir, no debe valorar del mismo modo que el vecino.*
> *He encontrado que mucho de lo que apreciaba tal pueblo, lo tenía otro por ridículo y oprobioso. He encontrado que mucho de lo que en tal país era tachado de malo, disfrutaba en tal otro de honores de púrpura... Una tabla de valores está suspendida sobre cada pueblo.*
>
> Nietzsche,
> *Así hablaba Zaratustra*

En 1949, en la revista *Cuadernos Americanos*, Octavio Paz publica *El laberinto de la soledad*. En 1950, la edición revisada que lo da a conocer a un público amplio; en 1959, la edición definitiva. El ensayo, casi de inmediato, se convierte en un clásico de las indagaciones sobre *lo mexicano*, inaugurada a principios del siglo xx por Julio Guerrero en *La génesis del crimen en México* (1906), un trabajo más de moral social que de criminología, en donde el uso precursor de las estadísticas moviliza las generalizaciones sobre el comportamiento, y en donde, también, las generalizaciones sobre el comporta-

* Texto leído en la sala Manuel M. Ponce del Palacio de Bellas Artes, el 20 de agosto de 2000. La presentación estuvo a cargo de Adolfo Castañón.

miento son el único método autorizado para entenderse decentemente con las estadísticas. (Una prostituta es pecado, diez mil prostitutas son un mal de las aglomeraciones.) Luego de Julio Guerrero, la ansiedad por detallar la *identidad nacional*, ese "pasaporte esencial" que distingue a los nativos, produce en la primera mitad del siglo XX obras de calidad muy distinta, entre ellas la muy influyente *El perfil del hombre y la cultura en México* (1934), del filósofo Samuel Ramos, entreveramiento de apuntes sociológicos, notas de historia cultural y esbozos de un "psicoanálisis del alma de la Patria". Inspirado en Alfred Adler, Ramos se guía por una certidumbre: el espíritu de la *nación* es la entidad que unifica, y a fin de cuentas hace visible la suma de comportamientos similares. (La interrogante brota: ¿Qué fue primero: la nación o la conducta de los nacionales?) Si la mexicanidad trasciende las diferencias específicas entre los mexicanos, la mexicanidad actúa también como si fuera una sola persona. Ramos ve en la historia el "archivo clínico" que explica "el complejo de inferioridad" del mexicano. Al trasladar las limitaciones económicas y tecnológicas del país al campo de las divulgaciones semifreudianas, y al ir y venir del diagnóstico social al "psicoanálisis instantáneo" de la nación, Ramos obtiene de sus lectores, y –sector más numeroso– de quienes escuchan a sus lectores, la credibilidad última: "Si bien lo que dice Ramos no se aplica a mi persona, sí describe a los

mexicanos que conozco. Pero muy pocos somos excepcionales."

A esta distancia, las tesis de Ramos interesan principalmente por razones de arqueología cultural, por la utilidad de acercarse a la retórica que todo lo explica a partir de fuerzas inamovibles y elementales. Según Ramos, al México moderno lo oprime su cultura, y lo determinante no es el peso de una larga historia, sino las marcas profundas de una sociedad campesina, atada durante tres siglos a un poder colonial atrasado, y controlada por las prerrogativas racistas y el privilegio burocrático. El ancla de un sistema tan rígido es el indio. Su mundo original fue aplastado, y le han secuestrado la dignidad, convirtiéndolo en un esclavo, un peón, un vasallo. En este punto, Ramos recoge las prevenciones conservadoras y liberales sobre los indígenas. Según "psicoanaliza", el indio, en respuesta a su condición atroz, busca hacerse de un sitio, y es siervo en la hacienda, es labriego en la comunidad pequeña, es mero instrumento en un mundo espiritual de incienso, velas y santos. De acuerdo con Ramos, el indio es incompatible con un mundo "cuya ley suprema es la ley y el movimiento". Como por arte de magia, el carácter "egipcio" de lo indígena, avasalla a los mexicanos, incluso a los urbanos.

Las repercusiones de *El perfil del hombre...*, muy considerables si se piensa en la debilísima industria editorial de entonces, iluminan el placer de los sectores ilustrados (y no tanto) por examinar dentro de sí mismos la eficacia o la ineficacia de los dictámenes de la psicología nacional. Ésta, con otras palabras, sería la conclusión: "Quiero saber como soy en cuanto mexicano, para ponerme a tono con mis actos."

Al auge de la "psicología del mexicano" contribuyen diversos factores: las circunstancias políticas de 1934 y los años siguientes (la radicalización ideológica que no admite excepciones); la amenaza del racismo genocida que obliga a tomar muy en cuenta el problema de las razas; la reorientación de las conductas erráticas a cargo de la identidad nacional ("Si los mexicanos somos así, no te vayas y tómate la otra"); la acelerada difusión de las tesis de Freud (en especial, la existencia del inconsciente, que en el nivel popular se entiende *grosso* modo como la lujuria que espera a que la moral se duerma); la manía latinoamericana de buscar el *ser nacional*. Todo esto se da en el terreno de la cultura, porque a las élites les urge el convenio entre lo tradicional y la modernidad con todo y sus psicologías flexibles. (Durante un largo periodo, lo más eficaz en América Latina es ser moderno y tradicional a la vez como haciéndole compañía al pasado y al presente.) Pero no es fácil diseñar una identidad convincente, no aparecen las claves interpretativas, ¿y en dónde se les busca? ¿En la religión, en la historia, en las costumbres, en la impaciencia de los ignorados por las metrópolis? ¿O en el éxito, el fracaso, las actitudes ante la vida, la sen-

sación de espectadores (nunca actores) de la *historia universal*? No hay versiones de conjunto del país, la tradición no las puede proporcionar y de lo único que se dispone en materia de visiones panorámicas es del México de la cultura popular, y aquí entiendo por cultura popular lo elegido colectivamente de las imágenes del cine, la música y la historia aprendida en la educación primaria y secundaria. Y en cuanto a instrumentos analíticos el panorama es más bien triste. Incluso en los sectores ilustrados, los escritos de Freud sólo se conocen en sus versiones elementales, el "Freud para eternos principiantes"; casi nada se sabe del pensamiento marxista, y la literatura de Europa y Estados Unidos circula de manera irregular. Si las apologías del "ser nacional" se dificultan en Europa luego de la xenofobia nazi, la segunda guerra mundial agudiza los nacionalismos en Norteamérica, Inglaterra, Francia, Italia y, por el agravio del fascismo, en España, y obliga en América Latina, y especialmente en México, a una cacería de la identidad que al menor descuido se vuelve nacionalismo escénico.

LA APARICIÓN DE UN CLÁSICO INSTANTÁNEO

No son demasiados los libros que a lo largo del siglo XX la nación mexicana (instituciones culturales, lectores, memoria social) elige como suyos. Entre ellos, sin duda, se encuentran *Los de abajo* (1914), de Mariano Azuela, el panorama de la Revolución construida por el heroísmo de las masas, el abuso criminal de la élite y el ánimo vindicativo de la gleba; *La sombra del caudillo* (1928), de Martín Luis Guzmán, el *thriller* donde la política es escenario de los golpes bajos y las personalidades devoradoras; *Ulises criollo* (1938), de José Vasconcelos, la Revolución como el telón de fondo de la grandeza traicionada; *El llano en llamas* (1953) y *Pedro Páramo* (1955), de Juan Rulfo, la recreación de las destrucciones del mundo campesino, el que devoran su aislacionismo, su desdén ante la ética y la locura de los caciques; *Muerte sin fin* (1938), de José Gorostiza, el drama de la muerte de Dios descrito por una teología inesperada de oído literario perfecto; *Recuento de poemas* (1962), de Jaime Sabines, el sentimentalismo transfigurado por la gran poesía; *La región más transparente* (1958), de Carlos Fuentes, el descubrimiento de la ciudad como mural y *collage* y yuxtaposiciones del azar; *La noche de Tlatelolco* (1971), de Elena Poniatowska, la denuncia de un crimen de Estado trasformada en conciencia histórica de los lectores. A estos libros del canon mayoritario se añaden dos de Paz: *La estación violenta* (que contiene *Piedra de sol*) y *El laberinto de la soledad*. Por supuesto, hay muchos otros autores y libros extraordinarios en México, pero esta lista es de textos cuya lectura ha sido determinante para numerosas personas y para la sociedad entera.

No se trata de *best-sellers* sino de señas compartidas, referencias obligadas, códigos del uso del lenguaje, casi obligaciones de la convivencia.

La recepción inicial de *El laberinto de la soledad* es consagratoria. Si los modos de leerlo varían, lo común es la impresión de estar frente a un examen del país fundado en esa modernidad que es la multiplicación de los puntos de vista y en la prosa que sostiene con enorme brillantez las interpretaciones. En *El laberinto...* la escritura es el ofrecimiento primordial y la imposibilidad del desgaste. Si según algunos las teorías son inconvincentes (por ejemplo, la descripción del pachuco en Los Ángeles), el esplendor idiomático no admite dudas, y los capítulos más citados y leídos, perduran al sustentarse en la verdad última de las palabras: su calidad literaria.

Si alguien está capacitado para describir al país y a sus habitantes desde una perspectiva de conjunto es Paz, formado en las atmósferas culturales y sociales del marxismo, el psicoanálisis, la filosofía europea (de Max Scheler y Heidegger a Sartre, Roger Caillois, Gaston Bachelard y Georges Dumézil), la revolución poética del periodo 1920-1940 (la generación del 27 en España, Neruda, Vallejo, Pound, T.S. Eliot), la vanguardia artística y en especial, por muy profundas afinidades electivas, los surrealistas con sus mezclas de Freud y Marx, de la Revolución y el marqués de Sade, de Picasso y *La edad de oro*. Y Paz, sin leer a México "con los ojos del extranjero", sí profundiza con miradas internas y externas en una cultura que es una nación que es la suma de épocas históricas y portentos escasamente asimilados.

DE LA MODERNIZACIÓN
DEL NACIONALISMO

En el periodo 1950-1968, el nacionalismo es el gran escudo de legitimidad del régimen del Partido Revolucionario Institucional (PRI) que fue Partido Nacional Revolucionario (PNR) y Partido de la Revolución Mexicana (PRM). Por extraño que parezca, el nacionalismo, al exaltar la singularidad nativa, avala los proyectos de modernidad. Durante unos años, ser nacionalista es proclamar la calidad de lo "hecho en México", y es pregonar la igualdad anímica de los mexicanos y los habitantes de las metrópolis. "Diferimos en casi todo –podría ser el mensaje–, reconocemos que nuestro sitio en el mundo es más bien marginal, pero lo que nos singulariza vale tanto o más que lo que nos disminuye." Y el equiparar a los mexicanos con los habitantes de los países desarrollados, requiere de una teoría que describa y ubique lo específico, aquello que en lo íntimo o lo público no se presta a confusiones.

La producción de explicaciones sobre el "ser del mexicano" tiene su origen en la urgencia de identidad. En una realidad aún distante de la globalización, lo quieran o no, o incluso, lo sepan o no, los mexicanos se comparan a diario con los norteamericanos: su prosperidad, su eficacia técnica, su movilización planetaria, sus sistemas de justicia, su industria cultural, su presencia ubicua. El "Coloso del Norte" (la frase de moda en esta etapa) lleva a los mexicanos, luego de una reacción derrotista, a examinar sus hábitos y reflejos condicionados; esto es, a puntualizar con ánimo un tanto fantasioso aquellas características (positivas y negativas) que en otros países o no existen o se dan de ese modo. La autoevaluación es positiva, así dé lugar a trampas del autoengaño: "Sí, lo acepto, he sido un macho terrible, pero las mujeres me lo agradecen, y entonces como se quiera ver, no he sido tan macho." De la autocrítica a la exaltación.

Al nacionalismo, también, lo actualizan a la fuerza la tecnología y los procesos culturales. El primer nacionalismo mexicano del siglo XX acude a los desplantes, al regocijo por la primera revolución del siglo XX, y al asombro ante las potencialidades de México; el segundo nacionalismo, que comienza al diluirse el radicalismo, ya afectado por las divulgaciones intelectuales y científicas, aprovecha la internacionalización cultural –todo lo incipiente que se quiera– y actúa su reclamo de visibilidad con cierta sorna. A la idea de Ramos del "alma unívoca" del mexicano, la respalda vigorosamente una certeza "atmosférica": el todo es el modelo inexorable de las partes. Si saberse poseedores de un inconsciente estremece en lo individual, creerse inmersos en el inconsciente colectivo, arrebata. Si está bien ser el dueño de un prestigioso "abismo" en la conciencia, compartir el abismo con todos y cada uno es la emoción de los creadores. El clima cultural que ensalza la posesión de la psicología única, alcanza su apogeo en la década de 1940 con corrientes intelectuales, zonas del espectáculo (en especial del cine y la canción popular), confianza de las clases populares en su destino comunitario, y regocijo ante la mezcla, en el ejercicio de la *mexicanidad*, de virtudes notables y errores monstruosos, entre ellos la idolatría del machismo.

No todo es complacencia a la hora de evaluar las limitaciones, pero buena parte de lo que se escribe es muy abstruso o aplicable a cualquier nacionalidad o tema. En esta etapa, resultan llamativos algunos esfuerzos del grupo Hyperion, el puñado de filósofos jóvenes, discípulos de José Gaos, aturdidos técnica y retóricamente con el *ser del mexicano*. Entre ellos, algunos muy valiosos: Luis Villoro, Jorge Portilla y Emilio Uranga. De lo publicado, lo más vivo es *El laberinto de la soledad*.

¿QUÉ ES "SER MEXICANO"?

En 1950, se vive en México, y no sólo en las clases dirigentes, un optimismo intenso, fruto de la industrialización al galope, del "aroma del estreno" de lo moderno, de la movilidad social efectiva, de la fe en el progreso. La pregunta: ¿Qué es ser mexicano?, intriga y estimula, porque, desatendidas las jactancias de la industria del espectáculo, la mera interrogante constituye un (escasamente disimulado) propósito de enmienda: "Da gusto que seamos así, pese a todo, pero el que sepamos tan puntualmente cómo somos es señal del cambio que ya viene ... Si no lo supiéramos, seguiríamos igualitos." Y Paz, en forma excepcional, se aleja de las versiones típicas del mexicano, donde se combinan las evocaciones de un pasado heroico o sentimental (el romanticismo nacionalista) con los anticipos del porvenir en donde no habrá nacionalismo. La burguesía se complace con su singularidad, pero la reserva para los fines de semana.

¿Tiene sentido creer en la unidad profunda de los mexicanos, más allá de los procesos jurídicos y políticos, de las obligaciones sociales y de las formaciones culturales? Sí, si ve en la unidad un programa de vislumbramientos poéticos, o si se le ubica como alternativa a la idea grisácea de un país donde todo parece darse por acumulación. Todo es en demasía, porque muy poco es extraordinario. En este sentido, en *El laberinto...* la crítica de la interpretación histórica y el ordenamiento mitológico (creación literaria) se enfrentan a la mitomanía oficial (aprovechamiento político de logros y procesos populares) y a las inercias premodernas. Con gran destreza, Paz nunca centra el libro en la exigencia de la modernidad, sino en el equilibrio entre soledad (aislamiento y comunión) y vida contemporánea (ruptura indispensable de la soledad).

¿Por qué la modernidad no es el gran tema *evidente* de *El laberinto...*? Supongo que por el despliegue de oposiciones, y el contraste entre el mexicano (y sus tradiciones) y el norteamericano (devoto de la eficacia, que se renueva a diario). Y por lo demás, así el culto al progreso esté en la raíz de las acciones gubernamentales, y en muchos de los actos individuales, la modernidad en 1950 no es el tema compulsivo sino el espacio entre la publicidad de lo norteamericano y los hábitos ancestrales. En todo caso, la modernidad se configura más precisamente en la respuesta al libro. Es tal el impacto de *El laberinto...*, que el primer equívoco importante a propósito del libro surge del entusiasmo de los lectores. Paz recuerda el comentario que le hace un filósofo: "*El laberinto...* es una elegante mentada de madre." Sí hay críticas y comentarios negativos desde la izquierda o la derecha, pero más bien el libro desde el principio, *El laberinto...*, es la proclamación heterodoxa de una singularidad distinta, ya no basada en las actividades, las apariencias, los gestos, las devociones, los sacrificios, las hazañas, sino en la revisión de las grandes novedades: el Pachuco (es decir, el México de las migraciones que desbarata la pretensión del México igual y fiel); la Chingada (es decir, el traslado de la madre de todas las malas palabras del territorio del respeto al de la zona difusa de la blasfemia que también es sagrada);

la Fiesta (ya no el episodio culminante de la vida cotidiana, sino el arribo a la estética de lo vivido hasta entonces como licencia esporádica para la felicidad); la Muerte (ya no la inevitable mala jugada de la Naturaleza, sino el espejo dramático en donde la vida advierte sus alcances y sus limitaciones). Añádase a esto la historia y los episodios de la inteligencia.

Las primeras generaciones de lectores de *El laberinto...*, todavía muy influidos por el nacionalismo, leen y quieren leer allí la hazaña que es México, pese a todo, pese a México mismo. Estos lectores —fundamental pero no únicamente de clases medias— habituados a las generalizaciones, todavía entonces el eje de su vida social, toman al pie de la letra las tesis de Paz, sin reparar en el cuestionamiento al proceso constitutivo de la mexicanidad. Los que viven la ilusión del temperamento nacional como acicate y logro, conciben a *El laberinto...* como un desprendimiento natural del nacionalismo, atmósfera voluntariosa que en el libro, inevitablemente sí se registra, porque es el lenguaje social del momento, pero el planteamiento además de mitológico es crítico, y Paz es muy tajante:

> Los mexicanos no hemos creado una forma que nos exprese. Por lo tanto, la mexicanidad no se puede identificar con ninguna forma o tendencia histórica concreta: es una oscilación entre varios proyectos universales, sucesivamente transplantados o impuestos y todos hoy inservibles. La mexica-

nidad, así, es una manera de no ser nosotros mismos, una reiterada manera de ser y vivir otra cosa. En suma, a veces una máscara y otras una súbita determinación por buscarnos, un repentino abrirnos el pecho para encontrar nuestra voz más secreta.

Sin embargo, no obstante los matices subrayados por Paz, debido al mecanismo de alborozo de los que acuden al libro como a la toma de posesión de una autobiografía colectiva, los lectores iniciales de *El laberinto...* prescinden de sus zonas críticas y se deleitan con los pasajes de enorme lirismo. A las afirmaciones de Paz, los lectores suelen agregarles sus dogmatismos peculiares. Como en pocos casos, uno es el libro y muy otras las conclusiones de los turistas sentimentales que suelen frecuentarlo.

"EN VERDAD ESTAMOS SOLOS"

La *soledad* descrita en *El laberinto...* es el otro nombre de la psicología colectiva surgida de la historia, del lenguaje y, de acuerdo a Paz, de "la expresión de un hecho real: somos, de verdad, distintos. Y de verdad, estamos solos". ¿Distintos a quiénes? En primer lugar a los norteamericanos, extraviados "en un mundo abstracto de máquinas, conciudadanos y preceptos morales". Y distintos a los habitantes de los países económicamente desarrollados. Sin embargo, recapitula Paz, "algo nos impide ser". La soledad del mexicano, se diría

hoy, es la del aislamiento local frente a la prepotencia del imperio o del sistema financiero internacional. Pero ni está de moda entonces, ni a Paz le interesa el lenguaje de economistas, sociólogos y analistas políticos. El término *soledad* no sólo le resulta más expresivo, sino, en el fondo, más exacto. Todavía en 1985, al comentar el terremoto del 19 de septiembre en la Ciudad de México, Paz anota: "Los mexicanos nos hemos sentido, casi siempre con razón, solos en el mundo, como si nuestro país fuese un suburbio de la historia mundial." Y, en 1950, es muy significativo ver en "el mexicano", gentilicio y abstracción, el punto de partida en el debate sobre la historia y el *otro*. El mexicano, al constituirse en una noción cerrada, facilita los contrastes con visiones igualmente unitarias.

Al nacionalismo mexicano se oponen sin deliberación pero con energía los nacionalismos y los chovinismos de Europa y, muy especialmente, de Estados Unidos. El *jingoism* norteamericano usa del racismo para justificar el saqueo de los recursos de los países pobres, y le es tan fácil proceder así que considera santificadas sus prácticas. Y, por razones de los comportamientos internacionales, el nacionalismo, en su vertiente sentimental, le resulta indispensable a una sociedad disminuida sin tregua por el desprecio de los nacionalismos de la metrópolis.

Ahora es casi imposible precisar la resonancia de *El laberinto...* en el periodo que va de 1950 a 1968, cuando el impulso del movimiento estudiantil en la Ciudad de México y la tragedia del 2 de octubre en la Plaza de las Tres Culturas, modifican las ideas dominantes sobre los mexicanos. Pero ya antes del 68, diversas tesis de Paz se vuelven lugares comunes de la interpretación de México, a la vez país específico y museo de leyendas que se "reconcilian" con la sensibilidad olvidada, pospuesta, jubilada. Y a la fluidez del mito la sostiene un hecho: en 1950 carece de toda credibilidad la noción del ciudadano, a causa de la muy débil cultura cívica sostenida por un autoritarismo demoledor. (No sólo el presidente de la República es el *padre* de todos los mexicanos; también, el jefe de familia es el presidente de la República del hogar.) En esto se cree, al margen de cómo se enuncie: mientras no haya democracia, concentrémonos en la *nación* y en su habitante primordial, el *mexicano*. El sustituto de la democracia es la mitología.

Por todo esto, y no obstante el peso del desarrollo social sobre la concepción del país, importa tanto –además de las razones literarias– la interpretación de Paz. En *El laberinto...*, el país o el pueblo son entidades homogéneas cuyo ser, revelado por el idioma poético, el de las profecías y las transfiguraciones, es aprehensible y abarcable. El mexicano es el habitante y la síntesis del país conocido o intuido, y es el emblema de una cultura viva, poblada de zonas indescifrables, en donde, lejos de sí, del mundo y de los demás, puede terminar disolviéndose, convertido en sombra y fantasma. Paz extrae parcialmente al mexi-

cano de la historia, en donde no está muy bien situado según los criterios aplicados a los países periféricos, y lo conduce a la zona iluminada de una prosa clásica, que reelabora apuntes de psicología social y los transforma en literatura y crítica. Ya luego el mexicano retorna a la historia, convertido en el plural de la diversidad: los mexicanos, muy distintos entre sí.

"LA MINORÍA DE MEXICANOS QUE POSEE CONCIENCIA DE SÍ"

Paz le escribe el 23 de noviembre de 1949 a don Alfonso Reyes:

> ... le confieso que el tema de México –así, impuesto, por decreto de cualquier imbécil convertido en oráculo de la "circunstancia" y el "compromiso"– empieza a cargarme. Y si yo mismo recurrí en un libro fue para liberarme de esa enfermedad –que sería grotesca si no fuera peligrosa y escondiera un deseo de nivelarlo todo–. Un país borracho de sí mismo (en una guerra o en una revolución), puede ser un país sano, pletórico de su substancia o en busca de ella. Pero esa obsesión en la paz revela un nacionalismo torcido, que desemboca en agresión si es fuerte y en narcisismo y masoquismo si se es miserable como ocurre entre nosotros. [*Correspondencia Alfonso Reyes-Octavio Paz (1939-1959)*. Edición de Anthony Stanton. México: Fundación Octavio Paz/ Fondo de Cultura Económica, 1998.]

De acuerdo con Paz, el esencialismo no tiene sentido, es absurdo que para algunos ser mexicano consista "en algo tan exclusivo que nos niega la posibilidad de ser hombres, a secas. Y recuerdo que ser francés, español o chino sólo son maneras históricas de ser algo que rebase lo francés, lo español o lo chino". Sin embargo, en *El laberinto...*, el esencialismo es por trechos la oportunidad de los paisajes y el método de confrontación. Durante una larga etapa, *El laberinto...* es la mejor versión disponible de las maneras utilizadas por una sociedad para visualizarse o verbalizarse a sí misma, en el entrecruce de nacionalismo y modernidad (el nacionalismo que se moderniza gracias al impulso colectivo, la modernidad que para afianzarse recurre al habla nacionalista) que parece democrática de tan popular. Si entonces se cree con cierta beatitud en la originalidad extrema del país, es, entre otras cosas, porque ni se acepta ni se entiende lo diverso. Si México no es *uno*, su existencia carece de sentido, y tan es así que el libro de Simpson, *Many Mexicos*, es la gran alabanza de la unidad. Paz acepta estas reglas del juego y las trastoca. Al preguntarle Claude Fell sobre una afirmación suya (la tipología tal como la establece Ramos tendría que ser superada por el psicoanálisis), Paz responde:

Sí. Una de las ideas ejes del libro es que hay un México enterrado pero vivo. Mejor dicho: hay en los mexicanos, hombres y

mujeres, un universo de imágenes, deseos e impulsos sepultados. Intenté una descripción –claro que fue insuficiente: apenas una ojeada– del mundo de represiones, inhibiciones, recuerdos, apetitos y sueños que ha sido y es México [...] En ese sentido mi libro quiso ser un ensayo de crítica moral: descripción de una realidad escondida y que hace daño. [*Pasión crítica*, México: Seix Barral, 1985.]

Paz tiene razón, pero lo vuelto inocultable por medio siglo de trabajos, debates y recuentos históricos, es el papel de la censura estatal y social en la configuración del México "enterrado pero vivo". No es sólo asunto de pulsiones y deseos ocultos, sino de autoritarismo y represión eclesiástica, empresarial y gubernamental. De allí, entre otras cosas, la utilidad de oponer el proceso mexicano con el norteamericano donde, como sea, se ganan con más rapidez las batallas contra la censura.

DONDE LA NACIÓN SE RESTRINGE

La encomienda de excavar en el México sepultado no se le entrega a todos. La sociedad examinada en *El laberinto de la soledad* es muy restringida. Afirma Paz:

No toda la población que habita nuestro país es objeto de mis reflexiones, sino un grupo concreto, constituido por esos que por razones diversas, tienen conciencia de su ser en tanto mexicanos. Contra lo que se cree, este grupo es bastante reducido. En nuestro territorio conviven, no sólo distintas razas y lenguas, sino varios niveles históricos [...] La minoría de mexicanos que poseen conciencia de sí no constituyen una clase inmóvil o cerrada. No solamente es la única activa –frente a la inercia indoespañola del resto– sino que cada día modela más el país a su imagen. Y crece, conquista a México. Todos pueden llegar a sentirse mexicanos.

Al examinar una minoría representativa, no de la nación sino de aquello en que la nación se ha de convertir, el libro declara su razón estricta de ser. *El laberinto...*: la identidad como espejo verbal, México a través de imágenes acompañadas de interpretaciones tanto más vívidas cuanto que son literatura. En una etapa marcada por la ausencia de alternativas, *El laberinto...* es la opción poética al dictamen "municipal y espeso", a la versión del país redactada presurosa y dogmáticamente por el régimen. El México que descodifica y codifica *El laberinto...* desborda abstracciones nacionales, rituales comunitarios, etapas históricas congeladas por el espíritu de cambio, caracterizaciones anímicas, historia intelectual y moral, análisis de esos "recursos nacionales" que van del sentimiento de orfandad a Sor Juana Inés de la Cruz, del fenómeno revolucionario a la amorosa distancia con la muerte, del ensimismamiento en la noche del Altiplano a José Vas-

concelos y Alfonso Reyes, todo regido por la sabiduría de una prosa a la vez lírica y crítica. Y a Paz le resulta necesario proceder por generalizaciones, porque si no el intento de un panorama vertiginoso naufraga en el matiz. Sin visiones de conjunto no se capta una nación que es más y es menos que su gobierno, que es más y es menos que su capacidad trágica. Según Paz, tal vez el tradicionalismo, que le imprime coherencia al pueblo, se desprenda del amor a la Forma. Quizá sólo los antimodernos logran ser furiosa y febrilmente modernos; en todo caso, y esta conclusión importa, los mexicanos somos criaturas del libre albedrío. Eso desprendo de *El laberinto...*: la *mexicanidad*, por rotunda que se deje ver, no es un fatalismo y por tanto es un concepto a fin de cuentas nómada o inasible. Ya lo afirmó Malinowski en *Una teoría científica de la cultura*: "Lo que era una creencia fuerte y floreciente en un nivel, se convierte en superstición en otro nivel."

"¡VIVA MÉXICO, HIJOS DE LA MITOLOGÍA!"

La nación interpretada incluye las circunstancias de la historia, los rituales populares y la vida intelectual observada a través de las personalidades. También interviene una obsesión de Paz, las palabras clave. De ellas, ninguna tan persuasiva como la Chingada, el vocablo "obsceno" que mantiene su carga prohibida y, en la interpretación de Paz, se vuelve la *nada* y el *todo*, lo que cada quien tiene en mente al pronunciarla y el vocablo que clausura el vuelo semántico, la representación límite del pecado original, la madre violada, la atroz enunciación de la condición mexicana, el vocablo que se desprende de la Conquista y de cómo le fue allí a los mexicanos. (Eso pudo haber dicho el emperador Cuauhtémoc: "¡Ya nos llevó la Chingada!") En un grito, se dramatiza la técnica usada para cerrarse al exterior y, sobre todo, al pasado doloroso: "¡Viva México, hijos de la Chingada!" La palabra es profana y sagrada a la vez (en las casas "decentes" es el vocablo que no se dice y sólo se grita con expresiones faciales; en los espacios de la intimidad es la audacia última de la gente "decente"; en la vida marginal es el punto de partida del habla que va del cariño a la agresión), y es el vínculo incesante con las abstracciones poderosas (la Chingada, esa Yocasta unánime a la que con tanta frecuencia se remite al interlocutor).

En 1950, la pudibundez social es todavía extrema y depende de la cancelación de muchísimas libertades del lenguaje. Impera la política de ocultamiento que es simulación (lo recreado por Rodolfo Usigli en su gran obra de teatro *El gesticulador*), y cunden las prohibiciones legitimadas por los requisitos del decoro. De allí la fascinación de los lectores al ver analizado un vocablo hasta entonces no impreso y correspondiente al orbe de las "obscenidades":

Son las malas palabras, único lenguaje vivo en un mundo de vocablos anémicos. La poesía al alcance de todos.

Cada país tiene la suya [...] Esa palabra es nuestro santo y seña. Por ella y en ella nos reconocemos entre extraños y a ella acudimos cada vez que aflora a nuestros labios la condición de nuestro ser. Conocerla, usarla, arrojándola al aire como un juguete vistoso o haciéndola vibrar como un arma afilada, es una manera de afirmar nuestra mexicanidad.

A los primeros lectores de *El laberinto...* les afecta –sonrisa y búsqueda de entendimiento– la posibilidad de discurrir sobre el vocablo ubicuo y silenciado. Paz pone en acción una de sus tácticas primordiales, su fe en el valor inapreciable de las particularidades del lenguaje. Su inmersión en el idioma, y más precisamente en el habla, como la realidad vivísima, el último depósito de la interpretación de lo real, en el caso de la Chingada, lo conduce a ver tras la expresión "nefanda" el fervor desatado de una sociedad bajo la represión. Las mil y una definiciones posibles de un vocablo, son otros tantos comportamientos y otras tantas entregas o reticencias. Si en 1950 la Chingada no se adentra visiblemente en ninguno de los círculos del amor y el afecto, es un vocablo tan entrañable como el impulso verbal mismo. (Luego, ya en el año 2000 por ejemplo, la Chingada es el apunte pintoresquista que tras la supresión de los términos prohibidos, revela la escasez del vocabulario.)

LA REVOLUCIÓN ES LA REVELACIÓN

En una de sus reflexiones sobre *El laberinto...*, Paz le señala a Claude Fell:

> Mi libro es un libro de crítica social, política y psicológica. Es un libro dentro de la tradición francesa del moralismo. Es una descripción de ciertas actitudes, por una parte, y, por la otra, un ensayo de interpretación histórica.

Sin duda, Paz describe con lucidez las actitudes, también, al juzgarlas constitutivas de una comunidad, incursiona en los espacios de la psicología del mexicano, y de las que aparentan ser actitudes invariables, propias de la raigambre nativa y sus mezclas fatales. Así, por ejemplo, el análisis del malinchismo. Según Paz, al repudiar a la Malinche... "el mexicano rompe sus ligas con el pasado, reniega de su origen y se adentra solo en la vida histórica" y, al proceder así, condena en bloque a su tradición, lo que suele traducirse en "una encarnizada voluntad de desarraigo": "Es pasmoso que un país con un pasado tan vivo, profundamente tradicional, atado a sus raíces, rico en antigüedad legendaria si pobre en historia moderna, sólo se conciba como negación de su origen."

En algún nivel, la "negación del origen" es también, con el brío confundido de las reacciones populares ante los hechos históricos que no consigue asimilar, el rechazo del colonialismo y de los procesos sucesivos de la Conquista. Por ingenua y autosuficiente que resulte la condena del malinchismo, por disparatados que parezcan (y sean) la negación del pasado, o el aferramiento sentimental a la parte indígena de la nacionalidad, son procedimientos cuya genuina razón de ser hoy es evidente: son un capítulo de la estrategia de los vencidos, autodestructivo si se quiere, pero inevitable en quienes no consiguen crear alternativas. Al existir éstas, la reiteración de gestos aislacionistas se vuelve simplemente cómica.

Al nacionalismo, uno de los grandes elementos movilizadores e inmovilizadores de México, se le contempla desde el ángulo de la recuperación del pasado mítico que es también el porvenir cifrado y descifrado. Ya en *Postdata* (1970), su revisión de *El laberinto...* a la luz del 68, Paz rehace su trazo histórico, concediéndole una importancia más amplia a lo prehispánico, y acentuando la crítica a las sujeciones ideológicas. Pero en tanto historia, el centro de *El laberinto...* es la Revolución mexicana, y su resonancia está muy en deuda con la muy atractiva descripción de la psicología nacional y la Revolución mexicana. En los años profundamente despolitizados que van (aproximadamente) de 1940 a 1968, los sectores ilustrados y los requeridos de interpretaciones deslumbrantes, aceptan el enfoque "herético" del proceso, más persuasivo que la versión rudimentaria de las burocracias, progresivamente inaudibles y desprovistas de ideas. Y en la *historia* evocada por Paz, la Revolución es uno de los intentos más radicales por vislumbrar o hallar la Forma de México, una forma ligada a la cuantía y la vitalidad de las clases populares, y a la estética que se desprende de las metamorfosis de la violencia.

En el análisis, se combinan algunos de los significados de la Revolución mexicana: es la fuente de las instituciones, los avances sociales y los espacios educativos y culturales; es la destrucción de una dictadura a la que reemplazan las formaciones autoritarias en algo actualizadas; es el hecho de armas que desemboca en una épica congelada en estatuas y murales; es el cerco institucional que cada año elogia a la violencia fundadora; es la construcción de la estabilidad cuyo pago es el perenne empobrecimiento de la mayoría; es la secularización del país a cargo de los libros de texto, la insistencia en los valores cívicos, la industria cultural y la internacionalización de las clases medias; es la organización sólida del Estado que admite espacios de tolerancia mientras no afecten los controles del poder; es la victoria del espíritu laico sobre el tradicionalismo (si los cristeros fusilan a los maestros rurales, los revolucionarios fusilan a los santos, y ni unos ni otros resucitan); es la concentración de los privilegios disculpada por la demagogia y aliviada por el reparto de beneficios marginales; es la

"esquizofrenia" política que siempre afirma lo contrario de sus acciones; es el muy desigual desarrollo educativo. En *El laberinto...*, Paz aborda la dimensión épica de la Revolución, la emergencia de los ejércitos campesinos, la cadena de batallas y magnicidios, la fuerza popular de Emiliano Zapata y Lázaro Cárdenas:

La Revolución es una súbita inmersión de México en su propio ser. De su fondo y entraña extrae, casi a ciegas, los fundamentos del nuevo Estado [...] La Revolución es una búsqueda de nosotros mismos y un regreso a la madre. Y, por eso, también es una fiesta: la fiesta de las balas, para emplear la expresión de Martín Luis Guzmán. Como las fiestas populares, la Revolución es un exceso y un gasto, un llegar a los extremos, un estallido de alegría y desamparo, un grito de orfandad y de júbilo, de suicidio y de vida, todo mezclado [...] ¿Y con quién comulga México en esta sangrienta fiesta? Consigo mismo, con su propio ser. México se atreve a ser. La explosión revolucionaria es una portentosa fiesta en la que el mexicano, borracho de sí mismo, conoce al fin, en abrazo mortal, al otro mexicano.

En *El laberinto...* la Revolución es el proceso donde al estallido de facciones y la barbarie de instituciones y caciques los trasciende el espíritu unitario que es posible llamar la nación, o, también, la voluntad de entender radicalmente "un movimiento tendiente a reconquistar nuestro pasado, asimilarlo y hacerlo vivo en el presente". A Paz, en *El laberinto...*, o en *Corriente alterna* y *Los hijos del limo*, lo absorben las variedades del tiempo. Ir hacia el pasado, como los zapatistas, o aspirar al porvenir, como los modernizadores, son conjugaciones de la misma tendencia.

Y esta voluntad de regreso, fruto de la soledad y de la desesperación, es una de las fases de la dialéctica de soledad y comunión, de reunión y separación que parece presidir toda nuestra vida histórica. Gracias a la Revolución el mexicano quiere reconciliarse con su historia y con su origen.

EL TRÁNSITO SENSIBLE

Por unos años, el nacionalismo se deja expresar ya no sólo por una estética de excepcionalidad (la Escuela Mexicana de Pintura, la novela de la Revolución mexicana, la obra de Carlos Chávez y Silvestre Revueltas, la Escuela Mexicana de la Danza, etc.), sino por la extraordinaria codificación verbal de Paz, que se interna en las teorías fatalistas de nuestra historia, y las trasciende con método que mucho le debe a las iluminaciones poéticas. Ya en gran medida inaceptable por sus fantasías risibles y sus cerrazones, y arrinconado por la integración económica con Norteamérica, el nacionalismo se concentra y se despide con *El laberinto de la soledad*, que le da nombre de "soledad abierta" a la demolición de los muros internos. Éste es el epitafio más lacónico y expresivo del nacionalismo: "Somos, por primera vez en nuestra historia, contemporáneos de todos los hombres." Es decir, ya abandonamos el pasado perpetuo amenizado por batallas y peregrinaciones a San Juan de los Lagos; es decir, nuestro presente no está regido por el sedentarismo espiritual.

En 1950, un libro anuncia el fin del aislamiento y del aislacionismo de la cultura mexicana. Si la "soledad" anunciada por Paz es fruto de la psicología de los mexicanos, de una demografía bastante menos abigarrada que la actual, o de los modos operativos de la historia, es asunto a debatir. Lo innegable es el éxito de su demanda (la liquidación del nacionalismo cultural en medio de la mística nacionalista aún viva), y de su exhortación a la apertura industrial, informativa, artística, que, sin prisa alguna, va de la minoría a las mayorías. *El laberinto...* anticipa el traslado de la singularidad al ejercicio de lo diverso, y describe la modernidad como desatadura. Y este nivel del libro (quizás el menos frecuentado gracias al ánimo turístico de extranjeros y nacionales que usa a *El laberinto...* para entenderse con el México de los signos cósmicos y las festividades como el Día de Muertos) resulta el más actual ahora, en un país ya no tan culturalmente periférico y ya no tan dependiente de las mitologías. *El laberinto de la soledad* no es una profecía, es algo aún más anticipatorio: la comprobación magistral del fin de las interpretaciones subordinadas de una sociedad.

EL LABERINTO DE LA SOLEDAD Y POSTDATA: UNA AVENTURA DEL PENSAMIENTO*

Manuel Durán

A Julio
Ortega,
que conoce
bien
el
tema

M. D.

RECUERDO QUE LEÍ *EL LABERINTO DE LA SOLEDAD* A POCO tiempo de su publicación, sin hacer pausas en mi lectura, de un tirón, como se lee una crónica muy dramática, llena de descubrimientos, aventuras y crímenes. O como una novela apasionante.

En muchos países, como Estados Unidos, forma parte obligada del currículum de estudios sobre América Latina: se lee, entonces, como libro de texto.

En algunos cursos de sociología se lee como un estudio sociológico, un tanto original y diferente de otros estudios, más personal, quizá menos objetivo.

Podemos leerlo como libro de psicología o antropología social, o bien, sin duda, como una meditación filosófica de tipo existencial. La pregunta que me hice entonces, hace cincuenta años, y que sigo haciéndome hoy, es: ¿Qué clase de libro es, cómo clasificarlo? ¿Es un tratado de sociología o de antropología cultural escrito por un gran poeta? ¿O quizás un largo, espléndido poema que trata del ser y el existir de toda una cultura?

Podemos, sin embargo, creer que no es necesario clasificar un libro para entenderlo y apreciar su contenido. Esto es verdad en gran parte, aunque

* Texto leído en la Librería Octavio Paz del Fondo de Cultura Económica, el 21 de agosto de 2000. La presentación estuvo a cargo de Manuel Ulacia.

no del todo. La vieja clasificación de los textos literarios en cuatro géneros: poesía, narrativa, teatro y ensayo, nos resulta cada vez menos útil, porque los géneros literarios se han ido mezclando, combinando, contaminando. No olvidemos que los géneros literarios han sido inventados por los críticos de la literatura, no por los creadores, y esta invención ha sido perfeccionada y hecha permanente por los bibliotecarios. No olvidemos también el caso de *El mono gramático*, otra obra de Paz que se resiste a una fácil clasificación. Poema en prosa, diario, libro de confesiones íntimas, libro de viajes, comentario filosófico, es todo eso y algo más. Los largos poemas narrativos del siglo XIX, como el *Martín Fierro*, tienen algo, o quizá mucho, del género novela.

Y sin embargo si no clasificamos un libro nos resulta difícil echarlo a navegar como pequeño barco de papel en ese inmenso río que es la literatura, y sobre todo compararlo con los otros libros que se le parecen, para, así, relacionando unos con otros, enriquecer el contenido de cada uno, y apreciar la originalidad que cada uno ofrece. Hay que colocar el libro de Paz al lado de otros títulos que tratan de analizar y definir otros ambientes, otras culturas. Pienso ahora en el *Ideárium español* de Ángel Ganivet, en *Radiografía de la Pampa* y *La cabeza de Goliat* de Ezequiel Martínez Estrada, en *España invertebrada* de José Ortega y Gasset, y también, en el siglo XIX, en *Democracy in America* de Alexis de Tocqueville. Los libros de análisis sociocultural, de introspección nacional, se multiplican en los tiempos modernos, lo mismo que en una familia en que los hijos están creciendo y cambiando rápidamente hay que tomar fotografías para fijar, por lo menos de momento, su apariencia y su identidad.

Una clasificación provisional se impone: *El laberinto de la soledad* es un apasionado y lúcido ensayo encaminado a comprender la esencia y evolución de una cultura, en este caso la mexicana, y pertenece a la categoría de ensayo antropológico y filosófico, teñido de una corriente muy propia de aquellos años, el existencialismo.

Esta corriente no es totalmente moderna, o mejor dicho, contemporánea. Hay un existencialismo antiguo, pagano o cristiano. Con frecuencia surge en momentos de crisis, como un necesario alto en el camino, una introspección indispensable, una meditación angustiada, un preguntarse ¿cómo cambiar de ruta?, ya que parece que la que seguíamos no nos lleva a ninguna parte. Marco Aurelio cuestiona su existencia en un momento en que el imperio romano ha dejado de avanzar y parece haberse paralizado. San Agustín contempla el final de una era, la disolución del imperio de Marco Aurelio, y cuestiona el ser del tiempo, de los hombres, de la historia, frente al poder infinito y al infinito amor de Dios. El existencialismo alemán florece en los años veinte, a la sombra de la derrota del imperio del Káiser en 1918. El francés de Camus y Sartre aparece precisamente en los años de la Segunda Guerra mundial y la inmediata posguerra en que Francia, derrotada, vuelve la vista hacia sí misma y a través de angustiadas preguntas de tipo general revela la angustia más particular de su propia existencia en aquellos años difíciles.

Y en España la original y dramática interpretación que hace Américo Castro en obras como *España en su historia* y *De la edad conflictiva*, surge después de la sangrienta Guerra Civil de 1936-1939, y en parte como consecuencia y reacción al odio y la violencia que esta guerra hace subir a la superficie, surgiendo de un hondo pozo de intolerancia, racismo, y conflictos no resueltos. No olvidemos tampoco que la derrota de España en la guerra con Estados Unidos en 1898 determina también una larga y a veces amarga introspección por parte de varios miembros de la llamada, precisamente, generación del 98. Basta recordar algunas vibrantes páginas del Unamuno joven, y, más tarde, el largo ensayo irritante y discutible de Ortega, *España invertebrada*.

Si esto es cierto debemos preguntarnos ¿qué es lo que incita a Paz a cuestionar el ser y el existir de los mexicanos precisamente hace cincuenta años, en un momento en que México no ha perdido ninguna guerra y se encuentra en plena expansión económica?

No todas las introspecciones y análisis de una sociedad proceden de una crisis militar, política o económica. La Europa en que escriben Kierkegaard, Schopenhauer y Nietzsche es una Europa en que triunfa el positivismo, con una burguesía cada vez más próspera y optimista. La angustia de un Schopenhauer o un Leopardi expresa un yo personal mucho más que una visión de la sociedad que rodea al pensador y el poeta. A veces la crisis personal coincide con la crisis de la sociedad: tal cosa ocurre en la España del siglo de oro con el Quevedo de algunos sonetos y algunas cartas, en que el escritor ve desplomarse al mismo tiempo su vida y la de su patria.

Pero Octavio Paz, de personalidad vital, vibrante de energía y de ansias creativas, no se parece a Quevedo, Schopenhauer y Leopardi más que en la creatividad. Y por otra parte el México en que escribe tampoco parece encontrarse en crisis.

Uno de los aciertos de Paz, al prepararse a escribir *El laberinto de la soledad*, es el haber adivinado que tras la paz y la creciente prosperidad de México en los años 1940-1950 existía una crisis, o, quizá mejor, una pausa en el desarrollo de la conciencia nacional. Después de Cárdenas se agotaban los impulsos revolucionarios. Con Ávila Camacho y Miguel Alemán lo que importaba era negociar, enriquecerse, cada vez en forma más estrechamente asociada a Estados Unidos. La novela de la Revolución se encontraba moribunda. Ni Juan Rulfo ni Carlos Fuentes habían iniciado su renovación de la narrativa mexicana. El muralismo de Siqueiros y Diego Rivera, agotado, se repetía en fórmulas previsibles. Rufino Tamayo pintaba a espaldas de la crítica oficial de Bellas Artes. El cine mexicano había dado unas cuantas obras maestras, pero se fosilizaba cada vez más.

En suma: un país próspero, una cultura aparentemente activa, pero cansada, frente a un panorama internacional desalentador, con el telón de fondo de la guerra mundial todavía muy cerca del presente, los campos de concentración revelados en el imperio nazi y poco después en la Unión Soviética de Stalin, la guerra fría en sus comienzos. Para que México pudiera decentemente ofrecer algo a aquel universo en ruinas tenía ante todo que poner algún orden en el desorden interno de su sociedad y de su historia. La ambición del joven Paz iba mucho más allá de lo que cabe sospechar en un autor que se prepara a escribir un libro de sociología o antropología cultural. Paz quería comprender, definir y criticar, todo a la vez.

Si el libro de Paz es difícil de clasificar, es también difícil de analizar y resumir. Tenemos la impresión de encontrarnos frente a una serie de esbozos, de dibujos trazados rápidamente, y nos preguntamos ¿cómo va a conectarlos el autor? Esta impresión perdura hasta acabar nuestra lectura. O, también, cabe ver el libro como una serie de hondas excavaciones, largos y profundos pozos que taladran las entrañas de una gran montaña. Intuimos que allá en lo más hondo hay una serie de galerías que conectan los pozos, pero no sabemos bien cómo

encontrarlas, cómo avanzar por esas galerías. (No quiero anticipar en este momento la conclusión de estas observaciones mías, pero sí me atrevo a apuntar que yo creo haber encontrado el mapa de estas galerías subterráneas en otro libro de Paz, tan interesante por lo menos como el libro que nos ocupa ahora, que se titula *Postdata*.)

Si comparamos el libro de Paz con otra obra en cierto modo parecida, el estudio de Samuel Ramos, *El perfil del hombre y la cultura en México*, publicado en 1934, encontraremos que el libro de Ramos es más sistemático y más claramente organizado, y resulta por ello más fácil de definir, clasificar y resumir.

El sentido común y la cortesía nos invitan, cuando encontramos difícil un texto, y nos hallamos cerca del autor, preguntar a éste qué es lo que quiso decir. El autor o la autora sabe mejor que nadie qué es lo que intentaba expresar, aunque a veces no sepa lo que su obra significa para cada lector. En este caso creo que hay que leer, o releer, *El laberinto...* guiados por otro importante estudio de Paz, un libro que, sin embargo, ha recibido mucha menos atención: se trata de *Postdata*, que aparece en 1970, a veinte años, exactamente, de la publicación de *El laberinto...*

En una nota preliminar Paz señala que el tema del nuevo libro es una reflexión sobre lo que ha ocurrido en México desde que escribió *El laberinto de la soledad*, y precisamente por ello ha titulado el nuevo ensayo *Postdata*. Es una prolongación crítica y autocrítica del libro anterior, y no solamente trata de continuarlo sino que es una nueva tentativa por descifrar la realidad. Y aclara que *El laberinto de la soledad* era algo muy distinto a un ensayo sobre la filosofía de lo mexicano o a una búsqueda del pretendido ser del mexicano:

El mexicano no es una esencia sino una historia. Ni ontología ni psicología –declara Paz, y prosigue–: A mí me intrigaba (me intriga) no tanto el "carácter nacional" como lo que oculta ese carácter: aquello que está detrás de la máscara. Desde esta perspectiva el carácter de los mexicanos no cumple una función distinta a la de los otros pueblos y sociedades: por una parte es un escudo, un muro; por la otra, un haz de signos, un jeroglífico [10*].

Y también:

En *El laberinto de la soledad* me esforcé por eludir (claro, sin lograrlo del todo) tanto las trampas del humanismo abstracto como las ilusiones de una filosofía de lo mexicano: la máscara convertida en rostro/ el rostro petrificado en máscara. En aquella época no me interesaba la definición de lo mexicano sino, *como ahora*, la crítica: esa actividad que consiste, tanto o más que en conocernos, en liberarnos. La crítica des-

* Todas las referencias a *Postdata* corresponden a la edición de Siglo XXI Editores, 1973.(N. E.)

pliega una posibilidad de libertad y así es una invitación a la acción [11-12].

Esta cita merece un comentario. En primer lugar, la clara posición existencialista, no importa si sartreana o heideggeriana o bien orteguiana o de otro tipo: "El mexicano no es una esencia sino una historia." Y en segundo lugar el que Paz haya visto su primer libro como obra crítica. Actitud crítica que tiende al conocimiento pero también a cambiar algo que no funciona bien.

Es curioso y significativo que *El laberinto...* se inicie con un capítulo titulado "El pachuco y otros extremos". Es quizá un capítulo difícil de comprender para el lector joven de hoy. La época de Tin-tán y su carnal Marcelo, los años cuarenta, en que triunfaban en los teatros de variedades con sus exagerados ropajes, ha pasado ya. Incluso la palabra "pachuco" parece hoy un tanto arcaica.

Pero creo que lo esencial en este capítulo es que Paz ve en el pachuco un ser que ha perdido buena parte de su tradición cultural, la mexicana, pero se niega a integrarse al sistema de valores norteamericano. Y coloca este capítulo al principio del libro porque al describir este ser fronterizo que es el pachuco puede comparar y contrastar la cultura mexicana y la norteamericana. Sus observaciones sobre los norteamericanos son tan penetrantes como lo que dice acerca de los mexicanos. No es necesario haber nacido en el seno de una cultura determinada para poder comprenderla. Las más agudas descripciones de la sociedad norteamericana fueron hechas en el siglo XIX por un francés, De Tocqueville. No olvidemos tampoco que Paz había pasado dos años en Estados Unidos, en 1944-1945, viajando y estudiando gracias a una beca Guggenheim.

Quiero señalar que las observaciones de Paz sobre la cultura y la sociedad norteamericanas son a veces muy duras, y a algunos lectores norteamericanos les parecen incluso crueles. También algunas de las frases de este capítulo acerca de los mexicanos parecen o pueden parecer un tanto desagradables. Octavio Paz evita aquí, no sé si conscientemente o no, un error bastante obvio en el libro de Samuel Ramos, libro que nos parece hoy excesivamente negativo al hablar de un supuesto, y nunca probado, complejo de inferioridad del mexicano. Paz critica tanto al mexicano como al norteamericano. Y nos parece que su crítica es justa, si bien severa, y, además, mucho más aceptable, al ser aplicado el análisis crítico del autor a las dos culturas, no solamente a una de ellas. Paz define cada cultura al oponerlas:

> Me parece que para los norteamericanos el mundo es algo que se puede perfeccionar; para nosotros, algo que se puede redimir. Ellos son modernos. Nosotros, como sus antepasados puritanos, creemos que el pecado y la muerte constituyen el fondo último de la naturaleza humana. Sólo que el puritano identifica la pureza con la salud. De ahí el ascetismo que purifica, y sus consecuencias: el culto al trabajo por el trabajo, la vida sobria –a pan y agua–, la inexistencia del cuerpo en tanto que posibilidad de perderse –o encontrarse– en otro cuerpo. Todo contacto contamina. Razas, ideas, costumbres, cuerpos extraños llevan en sí gérmenes de perdición e impureza. La higiene social completa la del alma y la del cuerpo. En cambio los mexicanos, antiguos o modernos, creen en la comunión y en la fiesta; no hay salud sin contacto. Tlazoltéotl, la diosa azteca de la inmundicia y la fecundidad, de los humores terrestres y humanos, era también la diosa de los baños de vapor, del amor sexual y de la confesión. Y no hemos cambiado tanto: el catolicismo también es comunión [22*].

> El sistema norteamericano sólo quiere ver la parte positiva de la realidad. Desde la infancia se somete a hombres y mujeres a un inexorable proceso de adaptación; ciertos principios, contenidos en breves fórmulas, son repetidos sin cesar por la prensa, la radio, las iglesias, las escuelas y esos seres bondadosos y siniestros que son las madres y esposas norteamericanas. Presos en esos esquemas, como la planta en una maceta que la ahoga, el hombre y la mujer nunca crecen o maduran [23].

* Todas las referencias a *El laberinto de la soledad* corresponden a la edición del Fondo de Cultura Económica, 1959. (N. E.)

Otro aspecto sobresaliente de este capítulo inicial es que en él el autor nos presenta temas, como la soledad, la idea de la muerte, la presencia y el sentido de las máscaras, la comunión y la fiesta, que reaparecen, con mayor desarrollo, en otros capítulos del libro. De pronto comprendemos que la desorganización de la obra es sólo aparente; este capítulo inicial desempeña el idéntico papel que en algunas ocasiones un compositor de una ópera asigna a la obertura, es decir, introducir melodías que con frecuencia serán presentadas nuevamente, en forma ligeramente distinta, en el curso de la ópera, y al hacerlo prepara al público para que reciba y aplauda estas melodías en su segunda aparición.

Si en los tres primeros capítulos del libro Paz lleva a cabo un análisis descriptivo del ser y el existir del mexicano, análisis que podemos calificar de observación perspicaz combinada con intuiciones poéticas, y, si se quiere, con el tipo de descripción fenomenológica que se limita a decirnos cómo son las cosas, no cómo han llegado a ser así, a partir del cuarto capítulo, "Los hijos de la Malinche", entramos ya de lleno en la historia. México, nos dice Paz, país de muy larga historia, de innumerables tradiciones, es, al mismo tiempo, un país que niega su historia, que no quiere verla. "Es pasmoso que un país con un pasado tan vivo, profundamente tradicional, atado a sus raíces, rico en antigüedad legendaria si pobre en historia moderna, sólo se conciba como negación de su origen" (79).

En algún oscuro rincón de la mente de los mexicanos siguen batallando Cortés y Cuauhtémoc. Los mexicanos, hijos de la Malinche, de una mujer india seducida o violada por un conquistador español, niegan un pasado trágico y triste. Pasado de luchas agónicas, en el que se oponen tenazmente tradiciones y culturas diversas, y, en épocas más cercanas a la nuestra, coexisten en angustiosa cercanía la siempre venerada Virgen de Guadalupe y el ateo y masón Benito Juárez:

Puede adelantarse que la Reforma liberal de mediados del siglo pasado parece ser el momento en que el mexicano se decide a romper con su tradición, que es una manera de romper con uno mismo. Si la Independencia corta los lazos políticos que nos unían a España, la Reforma niega que la nación mexicana en tanto que proyecto histórico, continúe la tradición colonial [79].

Juárez y su generación fundan un Estado cuyos ideales son distintos a los que animaban a Nueva España o a las sociedades precortesianas. El Estado mexicano proclama una concepción universal y abstracta del hombre: la República no está compuesta por criollos, indios y mestizos, como con gran amor por los matices y respeto por la naturaleza heteróclita del mundo colonial especificaban las Leyes de Indias, sino por hombres, a secas. Y a solas.

La Reforma es la gran ruptura con la Madre. Esta separación era un acto fatal y necesario, porque toda vida verdaderamente autónoma se inicia como ruptura con la familia y el pasado. Pero nos duele todavía esa separación. Aún respiramos por la herida. De ahí que el sentimiento de orfandad sea el fondo constante de nuestras tentativas políticas y de nuestros conflictos íntimos. México está tan solo como cada uno de sus hijos. El mexicano y la mexicanidad se definen como ruptura y negación. Y, asimismo, como búsqueda, como voluntad por trascender ese estado de exilio [79-80].

Las observaciones de Paz son tan originales como turbadoras. Por ejemplo:

¿Por qué cede Moctezuma? ¿Por qué se siente extrañamente fascinado por los españoles y experimenta ante ellos un vértigo que no es exagerado llamar sagrado –el vértigo lúcido del suicida ante el abismo? Los dioses lo han abandonado. La gran traición con que comienza la historia de México no es la de los tlaxcaltecas, ni la de Moctezuma y su grupo, sino la de los dioses. Ningún otro pueblo se ha sentido tan totalmente desamparado como se sintió la nación azteca ante los avisos, profecías y signos que anunciaron su caída [85].

Ello se debe en gran parte a la concepción cíclica del tiempo: para los aztecas el tiempo no era una medida abstracta y vacía de contenido, sino algo concreto, una fuerza, sustancia o fluido que se gasta y consume (85). De ahí la necesidad de los ritos y sacrificios destinados a revigorizar el año o el siglo. La llegada de los españoles fue interpretada por Moctezuma como el acabamiento interno de una era y el principio de otra. Los dioses se van porque su tiempo se ha acabado; pero regresa otro tiempo y con él otros dioses, otra era.

Vale la pena señalar que en sus observaciones sobre la historia de México Paz desentraña no solamente el pasado, y con él el presente, de los mexicanos. Sus observaciones pueden aplicarse con frecuencia a toda Hispanoamérica, y por ello su libro ha sido leído con interés, a veces con entusiasmo, en países como Argentina, España, y Estados Unidos. Así, por ejemplo, cuando se refiere a la influencia de España, señala que si España se cierra al Occidente y renuncia al porvenir en el momento de la Contrarreforma, no lo hace sin antes adoptar y asimilar casi todas las formas artísticas del Renacimiento: poesía, pintura, novela, arquitectura. Esas formas, mezcladas a tradiciones e instituciones de entraña medieval, son trasplantadas al nuevo continente:

... es significativo que la parte más viva de la herencia española en América esté constituida por esos elementos universales que España asimiló en un periodo también universal de su historia. La ausencia de casticismo, tradicionalismo y españolismo –en el sentido medieval que se ha querido dar a la palabra; costra y cáscara de la vieja Castilla– es un rasgo permanente de la cultura hispanoamericana, abierta siempre al exterior y con voluntad de universalidad. Ni Juan Ruiz de Alarcón, ni Sor Juana, ni Darío, ni Bello, son espíritus tradicionales, castizos. La tradición española que heredamos los hispanoamericanos es la que en España misma ha sido vista con desconfianza o desdén: la de los heterodoxos, abiertos hacia Italia o hacia Francia [39].

Paz explica en este párrafo, en unas cuantas palabras, lo que no encontramos, lo que buscaremos en vano, en largos y farragosos libros de texto, la verdadera originalidad de Hispanoamérica, su destino universal y universalista, y al mismo tiempo las dificultades que los espíritus selectos que han seguido esta tradición, empezando por Sor Juana, han tenido cuando han ofrecido sus ideas a un público más general, dificultades angustiosas que los unen a los que en la historia de España han intentado llevar a cabo algo parecido.

Las observaciones de Paz acerca de la Colonia son también originales y rectifican muchos de los tópicos de la propaganda oficial de la época de Calles y después los años de Cárdenas. Sin cerrar los ojos ante la crueldad y la injusticia, Paz subraya muchos aspectos positivos de aquella época que el México moderno había olvidado o negado:

... gracias a la religión el orden colonial no es una mera superposición de nuevas formas históricas, sino un organismo viviente [...] la diferencia con las colonias sajonas [las colonias inglesas en lo que será más tarde Estados Unidos] es radical. Nueva España conoció muchos horrores, pero por lo menos ignoró el más grave de todos: negarle un sitio, así fuera el último en la escala social, a los hombres que la componían. Había clases, castas, esclavos, pero no había parias, gente sin condición social determinada o sin estado jurídico, moral o religioso. La diferencia con el mundo de las modernas sociedades totalitarias es también decisiva [92-93].

La creación de un orden universal, logro extraordinario de la Colonia, sí justifica a esa sociedad y la redime de sus limitaciones. La gran poesía colonial, el arte barroco, las Leyes de Indias, los cronistas, historiadores y sabios, y, en fin, la arquitectura novohispana, en la que todo, aun los frutos fantásticos y los delirios profanos, se armoniza bajo un orden tan riguroso como amplio, no son sino reflejos del equilibrio de una sociedad en la que también todos los hombres y todas las razas encontraban sitio, justificación y sentido (93).

Las páginas dedicadas a la Reforma son igualmente certeras y precisas. La Reforma consuma la Independencia y le da su verdadera significación al cuestionar las bases mismas de la sociedad mexicana y los supuestos históricos y filosóficos en que se apoyaba. Niega la herencia española, el pasado indígena, y finalmente el catolicismo, pero es un proyecto tendiente a fundar una nueva sociedad, basada en la libertad de la persona humana. Frente al principio jerárquico que animaba la Colonia, la igualdad ante la ley de todos los mexicanos en tanto que seres humanos y entes de razón; funda el México moderno negando su pasado, rechaza la tradición y busca justificarse en el futuro (114). El liberalismo es una crítica del orden antiguo y un proyecto de pacto social. No es una religión, sino una ideología utópica; sustituye la noción de más allá por la de un futuro terrestre.

Al romper lazos con el pasado, los rompe también con la realidad mexicana. El poder será de quien se atreva a alargar la mano. Y Porfirio Díaz se atreve [...] Suprime la anarquía, pero sacrifica la libertad. Reconcilia a los mexicanos, pero restaura los privilegios. Organiza el país, pero prolonga un feudalismo anacrónico e impío, que nada suavizaba [...] En esos años México inicia su vida de país semicolonial. A pesar de lo que comúnmente se piensa, la dictadura de Porfirio Díaz es el regreso del pasado [116-117].

Poco a poco, en una progresión a veces en línea recta, otras con digresiones que recuerdan curvas o movimientos en zigzag, Paz se acerca a la conclusión: los mexicanos, y con ellos los hispanoamericanos, son ya, por primera vez en la historia, contemporáneos de los otros habitantes del mundo moderno. Es decir, se han "puesto al corriente", y dialogan en términos de igualdad con los hombres y mujeres de otras culturas. Es curioso observar que esta conclusión positiva no aparece en la segunda edición del libro, la de 1959, y es sustituida por un final visionario y utópico, una apelación a la supervivencia de los mitos y sobre todo del sentimiento de comunidad:

Todos esperan que la sociedad vuelva a su libertad original y los hombres a su primitiva pureza. Entonces la Historia cesará. El tiempo [...] dejará de triturarnos. Volverá el reino del presente fijo, de la comunión perpetua: la realidad arrojará sus máscaras y podremos al fin conocerla y conocer a nuestros semejantes [...] Quizá, entonces, empezaremos a soñar otra vez con los ojos cerrados [191].

Hay en estas frases finales una fuerte dosis de irracionalismo poético a la vez majestuoso, sublime e inquietante, y creo se podría escribir un largo ensayo analizando simplemente estos párrafos finales. Como el final del *Fausto* de Goethe, el libro de Paz no termina en forma tajante, sino abierta: se desparrama en una serie de intuiciones explosivas que exaltan y exasperan a un tiempo al lector: Paz nos obliga a pensar en el presente y en el futuro, tanto si estamos de acuerdo con sus ideas como si las rechazamos. Ésta es, sin duda, la señal de que estamos frente a un auténtico pensador, frente a un poeta-filósofo, frente a un pensador que no solamente está "a la altura de los tiempos" sino que señala una ruta hacia un tiempo futuro más armónico, en el que la razón y los mitos pactarán y entraremos en una nueva edad de oro.

Todo el final del libro de Paz es una crítica del mundo moderno, y así, es crítica igualmente de un México que pugna por ser parte de este mundo moderno, que es ya en muchos estratos sociales parte de la modernidad. El pensamiento de Paz es expansivo, y no se limita al examen y crítica de lo mexicano. Al contrario: únicamente viendo los problemas de México como parte de los problemas universales podremos encontrar, a la vez, la clave del México contemporáneo y del futuro del mundo moderno. La fiesta, los mitos, la comunión, el amor, rompen la cárcel de nuestra soledad y nos permiten salir del laberinto en que nos habíamos perdido. Pero el mundo racional y racionalista de nuestros días niega los mitos, los encubre apenas, y los mitos se vengan, reaparecen en formas violentas y turbadoras. Las modernas utopías políticas expresan con violencia concentrada, a pesar de los esquemas racionales que las recubren, esa tendencia que lleva a toda sociedad a imaginar una edad de oro de la que el grupo social fue arrancado y a la que volverán los hombres un día de redención. Comparemos ahora esta visión utópica con una gigantesca reunión de soldados y miembros del partido nazi en Nuremberg, con un irracional pero prometedor discurso de Hitler, y veremos cuán difícil es salir

de un racionalismo gris y aburrido sin caer en los peores excesos. La comunión engendrada por aquellas muchedumbres y aquellos desfiles (recordemos ahora los filmes de Leni Riefenstahl) era una comunión de mala ley, basada en el odio.

Paz se da cuenta de ello, y por esto el final del libro es a la vez utópico y ambiguo. La esterilidad del mundo burgués, nos dice, desemboca en el suicidio o en una nueva forma de participación creadora. El pensamiento puro, frío, sin emoción, nos ha llevado por los corredores de una sinuosa pesadilla, en donde los espejos de la razón multiplican las cámaras de tortura. Si conseguimos salir del laberinto quizá descubriremos que habíamos soñado con los ojos abiertos y que los sueños de la razón son atroces. Goya lo vio claramente cuando la época de la Ilustración racionalista empezaba a dejar paso a las tormentas románticas y las guerras napoleónicas: "el sueño de la razón engendra monstruos".

La visión surrealista del futuro, que es la que inspira a Paz, nace del encuentro de palabras tales como "sueño", "libertad", "amor", "imaginación". Es, en principio, una visión utópica, puesto que el surrealismo fue siempre un movimiento minoritario, y la liberación de la imaginación y el deseo no pudo tener lugar más que en las mentes y los proyectos de unos cuantos artistas y pensadores (y sin embargo tanto Paz como George Orwell en *Homage to Catalonia* encontraron en la España republicana en guerra contra el fascismo las semillas de una libertad y una comunión que desaparecieron al final de la guerra, libertad y comunión que encontramos también en los poemas de otro gran testigo de aquellos años, César Vallejo). (Pienso ahora en su poema "Masa", en que un soldado muere, todos los hombres del mundo le piden que siga viviendo, y el soldado resucita.)

Paz no nos promete un final feliz, sino un futuro incierto en el que, sin embargo, puede haber lugar para la libertad, el amor, la comunión. Si los sueños de la razón son atroces, "Quizá, entonces, empezaremos a soñar otra vez con los ojos cerrados" (191). Me he pasado horas tratando de interpretar esta frase final. Creo que lo que quiere decirnos Paz, lo que nos dice a lo largo del libro, es que tiene que haber un pacto entre la parte irracional de nuestro ser y la parte racional, pacto que no ha tenido lugar sino muy superficialmente y con mal resultado, y ese nuevo pacto tiene que salir de lo más hondo de nuestro ser, que ese pacto es la fuente de nuestra esperanza, y que es la única posible fuente de esta esperanza.

En 1951, a pocos meses de publicarse *El laberinto de la soledad*, tuve una larga conversación con Octavio, en París, en la que hablamos de muchos temas, incluso de su último libro. Me dijo que no lo consideraba definitivo, que le habían quedado muchas cosas por decir, y que esperaba ampliarlo algún día.

Así fue. Veinte años más tarde aparecía *Postdata*, libro más breve pero no menos interesante y original. Creo que no sólo la poesía, sino también los libros de ensayos como los que hoy ocupan nuestra atención nacen de profundas experiencias personales de Paz. Muy posiblemente *El laberinto...* surgió del contraste entre dos culturas, la mexicana y la norteamericana, fruto del viaje de Paz a Estados Unidos, y *Postdata* del choque mental y moral provocado por las rebeliones estudiantiles del 68 y, más todavía, por la matanza de estudiantes en Tlatelolco.

Paz, indignado, abandona el servicio diplomático, y es atacado por la prensa al servicio del gobierno. El panorama en Hispanoamérica es también desalentador. El lector tiene la impresión de que Paz, exasperado, lleva su actitud crítica más allá de lo que había dicho en *El laberinto...*, e incluso generaliza esa crítica a toda Hispanoamérica cuando escribe:

Gente de las afueras, moradores de los suburbios de la historia, los latinoamericanos somos los comensales no invitados que se han colado por la puerta trasera de Occidente, los intrusos que han llegado a la función de la modernidad cuando las luces están a punto de apagarse —llegamos tarde a todas partes, nacimos cuando ya era tarde en la historia, tampoco tenemos un pasado o, si lo tenemos, hemos escupido sobre sus restos, nuestros pueblos se echaron a dormir durante un siglo y mientras dormían los robaron y ahora andan en andrajos, no logramos conservar ni siquiera lo que los españoles dejaron al irse, nos hemos apuñalado entre nosotros... [*Postdata* 13-14].

Y no obstante, prosigue Paz, desde el modernismo "en estas tierras nuestras hostiles al pensamiento, han brotado, aquí y allá, dispersos pero sin interrupción, poetas y prosistas y pintores que son los pares de los mejores en otras partes del mundo" (14). Grandeza y miseria de Hispanoamérica: el tema del libro continúa y amplía las preguntas con que se inició *El laberinto de la soledad*. De ahí su importancia. Paz procede analíticamente: cómo y por qué hay inquietud y rebelión en los grupos de estudiantes de todo el mundo, cómo el Estado mexicano se ha enfrentado a sus estudiantes con una crueldad sin paralelo, por qué la Revolución y el PRI están ya en crisis permanente y a punto de desintegrarse. Procede también comparativamente: analiza lo ocurrido en otros países. Un *leitmotiv* de estas páginas iniciales es la crítica de la modernidad, la sugestión de que la modernidad es insuficiente y debe ser superada. El progreso es un fuego de artificio que nos deslumbra y desilusiona al mismo tiempo: "Los modelos de desarrollo que hoy nos ofrecen el Oeste y el Este son compendios de horrores: ¿podremos nosotros inventar modelos más humanos y que correspondan a lo que somos?" (13)

Dos críticas se superponen y completan a lo largo del libro, punto y contrapunto del rico y complejo pensamiento de Paz. Por una parte, la crítica de la pirámide, y por otra, la crítica de la modernidad superficial e insuficiente, modernidad a la cual, sin embargo, todos aspiran. La crítica de la pirámide es quizá la más visionaria y espectacular.

Sin embargo, la crítica de una modernidad obtusa, doctrinaria, intolerante, desarraigada de visiones míticas y poéticas, es una tendencia central en los ensayos de Paz, y la encontraremos tanto en los dos libros que nos ocupan ahora como en partes importantes de un libro tardío como *La llama doble*. Es, creo, no una crítica del liberalismo derivado del siglo XVIII, la Ilustración, la Enciclopedia de Diderot y la obra de Voltaire, sino más bien de su perversión. En este punto Paz está de acuerdo con otros escritores de su siglo. Pienso ahora en Albert Camus, quien en *L'Homme revolté* cuestiona el inflexible rigor mental de un Robespierre e incluso de un Saint-Just que en nombre de abstracciones en apariencia razonables, racionales, racionalistas aceptan el Terror como una necesidad imperiosa, razonable, incluso saludable. (Se ha hablado mucho, quizá demasiado, de la guillotina en la Francia de Robespierre, olvidando que el verdadero desastre, el auténtico genocidio, tuvo lugar en las aldeas de la Francia occidental, en la Vendea, contra campesinos posiblemente fanatizados pero incapaces de destruir el gobierno de París. Es curioso constatar que el pensamiento político de Camus sigue vigente, mientras que el de

Sartre, con sus razonamientos laberínticos y sofísticos, con su intransigente e implacable odio a la burguesía, se ha desacreditado por completo.) Paz coincide también con pensadores de Inglaterra y de Estados Unidos como Isaiah Berlin y Lionel Trilling, todos ellos liberales, defensores de la democracia, y antiestalinistas. Trilling, en *The Liberal Imagination*, explica un proceso degenerativo: empezamos por interesarnos generosamente, noblemente, por el destino de nuestros conciudadanos, nos sentimos deseosos de mejorar su situación, pero después los hacemos objeto de nuestra piedad, y luego, creyéndonos mucho más sabios que ellos, les imponemos nuestra voluntad, tratando de reformar la sociedad a la fuerza, mediante una dictadura si ello es necesario.

El impacto sobre la mente humana es igualmente negativo. Todos los deseos oscuros, los impulsos vitales, los sentimientos ambivalentes y los pensamientos contradictorios se convierten en imperfecciones del orden social que hay que modificar o extirpar mediante nuevas leyes y nuevos reglamentos de policía.

Este aspecto oscuro del resultado de un liberalismo mal interpretado, un liberalismo deformado y enfermizo, ha dado origen a textos literarios críticos importantísimos, fundamentales en el mundo moderno. Basta citar *The Waste Land* y *The Hollow Men* de T.S. Eliot y *Brave New World* de Aldous Huxley. Todos aquellos, y yo entre ellos, que hemos sido liberales desde siempre, debemos aceptar con tris-

teza que el liberalismo puede ser pervertido. Paz es indiscutiblemente liberal, de igual modo es claramente crítico de la perversión del liberalismo.

Pero quizá la parte más original, ciertamente la más dramática, es la destinada a aclarar el pasado y el presente de México partiendo de la matanza de estudiantes en Tlatelolco y también de la interpretación de la pirámide como emblema de México. Paz ve una continuidad sin rupturas entre el tlatoani o emperador de los aztecas, el virrey que España impone después de la Conquista, y el moderno presidente de la República. Más aún: la matanza de estudiantes en 1968 fue un hecho histórico, pero fue también

una representación simbólica de nuestra historia subterránea o invisible. Y hago mal en hablar de representación pues lo que se desplegó ante nuestros ojos fue un acto ritual: un sacrificio. Vivir la historia como un rito es nuestra manera de asumirla; si para los españoles la Conquista fue una *hazaña*, para los indios fue un *rito*, la representación humana de una catástrofe cósmica. Entre estos dos extremos, la hazaña y el rito, han oscilado siempre la sensibilidad y la imaginación de los mexicanos [114].

La sensibilidad poética y visionaria de Paz se revela sobre todo en su descripción de la geografía mexicana, geografía que es historia que es destino:

Cada historia es una geografía y cada geografía una geometría de símbolos: India es un cono invertido, un árbol cuyas raíces se hunden en el cielo; China es un inmenso disco –vientre, ombligo y sexo del cosmos–; México se levanta entre dos mares como una enorme pirámide trunca: sus cuatro costados son los cuatro puntos cardinales, sus escaleras son los climas de todas las zonas, su alta meseta es la casa del sol y de las constelaciones [...] La geografía de México tiende a la forma piramidal como si existiese una relación secreta pero evidente entre el espacio natural y la geometría simbólica y entre ésta y lo que he llamado nuestra historia invisible [116-117].

Esta historia invisible se hace más patente si creemos, como lo afirma Paz, que los virreyes españoles y los presidentes mexicanos son los sucesores de los tlatoanis (emperadores) aztecas. Si desde el siglo XVI hay una secreta continuidad política, ¿cómo extrañarse de que el fundamento inconsciente de esa continuidad sea el arquetipo religioso-político de los antiguos mexicanos: la pirámide, sus implacables jerarquías, y, en lo alto, el jerarca y la plataforma del sacrificio? Desde la Independencia el proceso de identificación sentimental con el mundo prehispánico se acentúa hasta convertirse, después de la Revolución, en una de las características más notables del México moderno, fortificando, así, sin saberlo, el mito que encarna la pirámide y su piedra de sacrificios.

Paz rechaza la identificación del México moderno con el imperio azteca, que no es ni el único ni el mejor ejemplo de cultura precolombina, y es más bien una aberración en su excesiva violencia y crueldad. Paz nos invita a disolver mentalmente el lazo, hasta cierto punto arbitrario, entre el pasado azteca y el presente mexicano, a fin de dar mayor libertad a un futuro en que la crítica nos liberará de las imágenes que nos ataban y restringían nuestra libertad. Paz se consolida ante el lector como un excelente conocedor del pasado precolombino, mucho más original y sugerente en sus interpretaciones del mismo que la inmensa mayoría de los especialistas, si bien Paz se apoya también en muy sólidos antropólogos, como son Jacques Soustelle y Laurette Séjourné. La visión que nos da Paz de la llegada de Cortés y las reacciones de Moctezuma, que empieza a verse a sí mismo como un intruso que ocupaba un trono perteneciente a Quetzalcóatl, es singularmente dramática. El pensamiento de Paz funciona aquí como una gigantesca lanzadera, que va y viene del presente al pasado al futuro, en un vaivén que teje una tela histórica y crítica de inmensas dimensiones.

Paz empezó su meditación crítica, en *El laberinto de la soledad*, hablándonos del pachuco y su extraño deambular entre dos culturas, la mexicana y la norteamericana, y yo me preguntaba cuando leí el libro por primera vez por qué había el autor introducido este tema, que me parecía marginal y casi insignificante. Ahora, sin embargo, cincuenta años más tarde, creo encontrar la respuesta: el pensamiento de Paz se despierta y organiza en torno a un tema concreto, un tema irritante, como una piedra en el zapato que nos duele al caminar, o como la arenilla que irrita al ostión hasta que la convierte en perla. Este pensamiento se expande en esferas concéntricas, va de lo particular a lo general, de la tensión fronteriza en los pachucos a las tensiones trágicas en la historia de México, y desemboca en los inmensos y aparentemente insolubles problemas de la civilización moderna.

Y por segunda vez Paz nos dice que la imaginación crítica es la única que quizá podrá permitirnos escapar al laberinto, no sólo de México, sino de la civilización moderna. Una vez más su respuesta final se tiñe de surrealismo utópico:

> En nuestra época la imaginación es crítica. Cierto, la crítica no es el sueño pero ella nos enseña a soñar y a distinguir entre los espectros de las pesadillas y las verdaderas visiones. La crítica es el aprendizaje de la imaginación en su segunda vuelta, la imaginación curada de fantasía y decidida a afrontar la realidad del mundo. La crítica nos dice que debemos aprender a disolver los ídolos: aprender a disolverlos dentro de nosotros mismos. Tenemos que aprender a ser aire, sueño en libertad [155].

Una vez más, el mensaje es ambiguo, pero si analizamos las palabras clave veremos que más o menos la mitad aluden al mundo de la razón, pertenecen a ese mundo. Así: "crítica", "aprendizaje", "la realidad del mundo", aluden a una actitud racional, mientras que "soñar", "espectros", "pesadillas", incluso "visiones", y las palabras finales, "aire, sueño en libertad", que Paz nos propone como meta de nuestros esfuerzos, pertenecen al mundo irracional.

En una orilla lejana, en la otra orilla, donde pactan los contrarios, la razón y la imaginación creadora, el pensamiento razonador y las visiones irracionales, pueden crear una síntesis salvadora. No es una promesa lo que Paz nos ofrece, sino más bien una posibilidad, difícil, casi imposible, y sin embargo necesaria: "tenemos que..." significa que nuestro deber es buscar la llave de la puerta cerrada, la salida del laberinto en que un oscuro minotauro nos espera, implacable. Paz seguirá buscando a lo largo de su vida esa llave, esa salida del laberinto. Encontraremos pistas, huellas, indicios de esa búsqueda en el resto de su obra. Yo creo haber encontrado algunos rastros de la llave, algún esquema de la salida del laberinto, en otro libro de Paz, *La llama doble*. Sin prisa, pero con urgencia, Paz a lo largo de su obra nos invita a cada uno a buscar la salida, nos invita a que aprendamos a ser aire, sueño en libertad. La tarea, lo vemos de inmediato, es difícil, casi imposible, casi como aprender a volar sin alas y sin avión. Pero es tarea necesaria. El minotauro, paciente, implacable, sigue esperándonos en el laberinto.

EL LABERINTO Y SU MAPA*
LA JAULA DE HIERRO, LA MELANCOLÍA, EL SUEÑO Y EL BARROCO EXISTENCIAL

Roger Bartra

OCTAVIO PAZ INICIÓ SU RECORRIDO POR EL LABERINTO mexicano dibujando un gran signo de interrogación. Sabía que las respuestas a sus preguntas serían fugaces e ilusorias. Las mismas interrogaciones podrían convertirse en misterios impenetrables. Justo al iniciar sus reflexiones, en el cuarto párrafo de *El laberinto de la soledad*, Paz se dirige a nosotros –habitantes de su futuro– para lanzarnos un reto: "Las preguntas que todos nos hacemos ahora probablemente resulten incomprensibles dentro de cincuenta años." Hoy, cincuenta años después, dudamos: ¿entendemos acaso las preguntas de Paz? Yo creo que el poeta tenía razón: no comprendemos sus interrogantes. Pero Octavio Paz introdujo, más que una duda, una leve esperanza: su mano seguramente tembló cuando añadía la palabra "probablemente". Acaso, tal vez, alguien se escaparía de su circunstancia y lograría descifrar los enigmas... Paz se erigió como la esfinge devoradora de los caminantes que no pueden contestar sus preguntas. Y no las pueden contestar porque ni siquiera las entienden... Harán falta muchos caminantes y muchos más años que cincuenta para que las preguntas de

* Texto leído en el auditorio Sahagún del Museo Nacional de Antropología, el 22 de agosto de 2000. La presentación estuvo a cargo de José María Espinasa.

Octavio Paz vuelvan a ser plenamente inteligibles.

¿Con qué actitud nos podemos acercar hoy a la esfinge paciana? Algunos han creído que la manera más segura de enfrentar los acertijos de la esfinge es adoptando una postura burlona. Por ejemplo, un Edipo posmoderno y socarrón podría enfrentarse a la esfinge que aterroriza a los mexicanos con su adivinanza: "¿Cuál es —pregunta la esfinge— el ser que dotado de una sola voz es sucesivamente nadie, alguien y todos?" "¡El mexicano —contesta nuestro Edipo paródico—, que primero no es *nadie* que valga, después es *alguien* solitario tras la máscara y finalmente se vuelve contemporáneo de *todos* los hombres!" Y en ese momento nuestra esfinge tenochca agita sus alas de guajolote, tensa su cuerpo de coyote y corre hacia el precipicio en busca de una muerte segura. Así queda eliminado el problema mediante el asesinato paródico y burlón.

Pero hay otra forma de encarar la esfinge: con ánimo hermenéutico podemos intentar la traducción de las preguntas, avanzar explicaciones e interpretaciones, en un ritual mimético ante el monstruo liminal que se ha erigido como guardián de la identidad mexicana. La ceremonia puede adoptar la forma de una paráfrasis y los movimientos del rito van dibujando el mapa de nuestros extravíos: una imagen distorsionada del laberinto que, a diferencia del dédalo tradicional, no tiene ninguna salida.

Quiero ahora mostrar con un ejemplo la manera en que estas dos alternativas ante la obra de Paz se revelaron en una amable discusión con quien, no me cabe duda, se convertirá muy pronto en el gran biógrafo del poeta mexicano. La edición crítica de *El laberinto de la soledad*, que preparó en 1993 Enrico Mario Santí, fue precedida de una documentada y creativa introducción del ensayista cubano, que había sido revisada por el propio Octavio Paz. En 1995 en una carta le comenté a Santí una apreciación suya, según la cual en mi libro *La jaula de la melancolía* yo habría hecho una paráfrasis de *El laberinto de la soledad*, es decir, una especie de interpretación o traducción.[1] En su contestación, Santí me señaló con razón que no había hablado de paráfrasis: había escrito en realidad que el título de mi libro era una parodia del de Octavio Paz.[2] Es decir, que al bautizar mi libro yo habría hecho una imitación burlesca del texto de Paz. En lo que no tenía razón el crítico cubano es en pensar que yo había querido burlarme de un texto serio. En mi carta a Santí le expliqué el origen del título.

La idea de la melancolía me la inspiró Tocqueville, que la aplica a Estados Unidos. Tocqueville, en *La democracia en América*, se refiere a esta nueva enfermedad de las naciones democráticas: allí los hombres nunca llegan a obtener toda la

---

[1] Carta a E. M. Santí del 12 de mayo de 1995.
[2] Carta a R. Bartra del 10 de junio de 1995.

igualdad que desean, aunque con facilidad obtienen condiciones relativamente equitativas. La igualdad que desean siempre está a la vista, pero conforme avanzan hacia ella se va retirando:

> ... a cada momento creen que están a punto de alcanzarla, pero constantemente se les escapa. Están suficientemente cerca para ver sus encantos, pero demasiado lejos para gozarlos, y mueren antes de haber saboreado plenamente sus dulzuras. A estas causas debe atribuirse esa extraña melancolía que con frecuencia acosa a los habitantes de las naciones democráticas en medio de su abundancia y ese disgusto por la vida que llega a apoderarse de ellos en medio de una existencia cómoda y tranquila.

De esta idea salté a Max Weber, quien describió la condición capitalista moderna como una "jaula de hierro". Yo pensé: la modernidad mexicana también es una jaula, pero no de hierro sino de melancolía. De inmediato comprendí que también podía entenderse como una paráfrasis del libro de Paz, pero me gustó demasiado la idea como para abandonarla. Tiempo después me enteré de que la afortunada metáfora de la "jaula de hierro" también había sido una paráfrasis que se había permitido Talcott Parsons cuando tradujo *La ética protestante y el espíritu del capitalismo*. Max Weber no habló de una "jaula" sino de algo así como una caja o una vivienda tan dura como el acero [*ein stahlhartes Gehäuse*]. Así que el gran sociólogo alemán nunca habló ni de jaula ni de hierro.

La discusión epistolar no termina aquí, pues cuando hace poco –en una mesa redonda– relaté públicamente la discusión con Santí, mi amigo cubano leyó una reseña poco fiel en un periódico y no tardó en escribirme otra carta para recordar que nunca había supuesto que mi obra, *La jaula de la melancolía*, fuese paródica, sino únicamente su título: "No creo –escribió Santí– que puedas negar que tu título es una parodia, de la misma manera que, por ejemplo, el título *Sor Juana Inés de la Cruz o las trampas de la fe* es una parodia de *Justine, ou les malheurs de la vertu*. Por lo demás, parodiar no es odiar, para citar a mi compatriota Cabrera Infante, sino una forma de homenaje de escritor a escritor."[3]

Yo insisto –y así se lo dije a Santí– que mi título no es paródico, como tampoco creo que "las trampas de la fe" lo sean del título del libro del marqués de Sade. Parodiar no es odiar, estoy de acuerdo. Pero sí es burlarse. Y si rechazo la parodia, no es para hacer una palinodia, una autocrítica pública, sino para lanzar una invitación a la paráfrasis: explicar, ampliar, criticar, traducir con libertad.

> Es posible que mi discrepancia –le escribí a Santí– se deba sencillamente a que tengo un concepto más estrecho y menos laxo que tú de la parodia. Mi intención, al tocar este

---

[3] Carta a R. Bartra del 5 de abril de 2000.

tema de la parodia, es parte de un intento por aclarar mi relación intelectual con Paz. Ni el "núcleo duro" de los pacianos, ni la "izquierda pura" comprendieron mi posición, que se expresa ampliamente en *La jaula*... Mi libro, de entrada, fue muy mal recibido por los extremos, aunque tuvo una muy buena acogida (silenciosa) de un público amplio que lo sigue leyendo.[4]

Santí continúa creyendo que tiene razón, según me escribió, pero esta "repensando" su punto de vista. Lo mismo digo yo.

Como un homenaje a Paz, a los cincuenta años de *El laberinto*..., yo quiero reivindicar la paráfrasis y rechazar la idea de una parodia. Creo que es lo mismo que hizo Paz al reconocer las reverberaciones melancólicas que produce la idea de soledad. La sociedad moderna ha auspiciado, según creía Max Weber, el encierro solitario del hombre, rodeado de una petrificación mecanizada y masiva de bienes y mercancías. En su jaula de hierro ya no lo consuelan ni el ascetismo puritano ni las ideas de la Ilustración. Quiero aquí, en un breve interludio, señalar que la idea de la jaula de hierro tiene una historia íntima que se

liga secretamente con la melancolía; es una historia que no se inicia con la singular paráfrasis de Talcott Parsons. En realidad podemos ubicar al menos dos precedentes, ambos conocidos de Max Weber, y que nos conectan con la noción que me interesa parafrasear: la melancolía. Estoy seguro que Parsons tomó la expresión del *Pilgrim's Progress* de John Bunyan, un texto puritano bien conocido por Weber, donde hay un importante pasaje en el que el peregrino, Christian, es conducido a una habitación muy oscura en la que encuentra a un hombre encerrado en una jaula de hierro (*"a man in an iron cage"*), sumido en la desesperación. No me cabe duda de que Parsons, que era hijo de un pastor congregacionalista, al traducir el texto del sociólogo alemán se acordó de la expresión del *Pilgrim's Progress*.

La imagen de la jaula de hierro, para referirse a la condición melancólica del individuo solitario que ha perdido su razón de ser, fue utilizada en otro texto, también conocido y citado por Weber, y que emana igualmente de la melancolía: en los célebres poemas en prosa de Baudelaire, conocidos como *El spleen de París*, se habla de una mujer salvaje confinada en una jaula de hierro (*"cage de fer"*).

La desesperación puritana que no soporta el peso del pecado original y el tedio opresivo del *spleen* moderno dibujan el mapa de un laberinto que no tiene salidas, y que por lo tanto deja de ser laberinto. Es el mapa de la melancolía, que no ofrece

[4] Carta a E. M. Santí del 7 de abril de 2000. Curiosamente, *La jaula de la melancolía* fue recibida con desprecio por el mismo crítico dogmático de izquierda que muchos años antes había denunciado como un libro "nocivo" a *El laberinto*...; Emmanuel Carballo declaró que mi libro era "pretencioso y fallido", para refutar a Christopher Domínguez que lo había señalado como uno de los mejores ensayos mexicanos (*La Jornada*, 2 de enero de 1988, 21).

respuestas pues ni siquiera plantea preguntas. Por eso digo que, detrás de *El laberinto de la soledad* yace el mapa de la melancolía. Sabemos que Octavio Paz tenía pensado escribir un libro sobre la melancolía y su relación con la poesía. Tengo la esperanza de que entre sus papeles algún día aparezcan los borradores de ese libro.

Así pues, para vislumbrar ese mapa subyacente, me gustaría retomar dos de los diversos hilos melancólicos con que está tejido *El laberinto*... El primer hilo conduce a Sor Juana Inés de la Cruz y tiene como trasfondo el siglo de oro y el Renacimiento. El segundo hilo nos lleva al espíritu melancólico de la generación española del 98. No abordaré el análisis crítico de las expresiones mexicanas de la identidad, pues ya lo he hecho anteriormente en otros textos: *La jaula de la melancolía* y *Oficio mexicano*.

Cuando en *El laberinto de la soledad* Paz se refiere a Sor Juana Inés de la Cruz, dice que hay en su vida y en su obra "algo irrealizado y deshecho" y que se "advierte la melancolía de un espíritu que no logró nunca hacerse perdonar su atrevimiento y su condición de mujer" (257).[5] Poco más adelante dice que la imagen de Sor Juana "es la de una solitaria melancólica que sonríe y calla" (258). Como sabemos, Paz no abandonó el tema, y en su estudio sobre Sor Juana (*Sor Juana Inés de la Cruz o las trampas de la fe* 505-506), considera que el alma que viaja en *El sueño* siente la misma zozobra angustiosa, por no poder transformar la contemplación del cosmos en forma o idea, que siente el ángel que dibujó Durero en su grabado *Melancolía I*. El viaje del alma en el sueño poético de Sor Juana sería como el vuelo melancólico del ángel de Durero.[6] Pero Frances Yates ha observado que el ángel de la melancolía no se halla en un estado de parálisis depresiva, sino en un intenso trance visionario (Yates 1979: cap. 6); esta interpretación se adapta mejor –como señala Jorge Alcázar (123-150)– al poema de Sor Juana.[7] En realidad, el alma del poema de Sor Juana inicia un verdadero viaje científico –como ha sugerido Elías Trabulse– con la ayuda de los mapas herméticos de Athanasius Kircher y, agrego yo, de Galeno. El vuelo intelectual nocturno del alma se aprovecha de la funesta sombra piramidal que emana de la tierra silenciosa y que se eleva pretendiendo alcanzar las estrellas, impulsada por los humores negros de la guerra. La mente se sirve de la oscura melancolía para elevarse, como las pirámides luminosas, hacia el cielo. Pero la contem-

---

[5] Todas las referencias a *El laberinto de la soledad*, remiten a la edición crítica preparada por Enrico Mario Santí, Madrid: Cátedra, 1993.

[6] Las reflexiones que consigno aquí forman parte de un libro en proceso titulado *Melancolía y cultura*.

[7] Aunque hay imágenes de negrura melancólica, Sor Juana también se refiere al humor sanguíneo, cuando habla del "hervor" en la fusión de lo "húmedo" y lo "ardiente".

plación del caos cósmico enceguece al alma, que se ve obligada a retirarse a la sombra y, siguiendo el consejo de Galeno, toma una pequeña medida del veneno que nubla los ojos para poder mirar bien, desde la oscuridad, la gran cadena del ser: sueño imposible, pues el cuerpo despierta y el alma viajera debe regresar a su casa sin haber llegado a su fin.

No me cabe duda de que para Paz el poema de Sor Juana es una gran metáfora para comprender la crisis de la cultura mexicana del siglo XX. Leamos el poema con esa clave. Se trata del vuelo del alma, que despega de la tierra, que escapa de la jaula de un cuerpo que es descrito mediante la teoría humoral. Es el viaje cósmico del poeta que escapa del cuerpo mexicano. El alma aprovecha el sueño del cuerpo para emprender su viaje. El dormir transforma el cuerpo en "un cadáver con alma, / muerto a la vida y a la muerte vivo" (vv. 202-203). Sor Juana nos da una visión de la forma en que la carne se va adormeciendo: la "templada hoguera del calor humano" (v. 253) envía al cerebro los húmedos y claros "vapores de los atemperados cuatro humores" (v. 256), con lo que se empañan las imágenes y la fantasía se desencadena; un "pincel invisible" (v. 282) dibuja figuras mentales de criaturas sublunares y de ideas que no se ven. Calores, vientos, humedades y espíritus vitales permean un cuerpo dominado por el corazón, "miembro rey" (v. 210), ayudado por el fuelle pulmonar, "imán del viento" (v. 213), y caldeado por el alambique que digiere los manjares (v. 243). Cuando el alma regresa, terminado ya su viaje platónico, a la casa corporal, Sor Juana describe de nuevo el funcionamiento somático: termina el "hervor que resultaba bullicioso / de la unión entre el húmedo y ardiente, / en el maravilloso natural vaso" (vv. 840-841). De allí dejan de emanar los vapores soporíferos que embarazaban el "trono racional" (v. 847) y poco a poco los miembros, los nervios, los sentidos y los huesos abandonan el descanso nocturno del sueño:

Y del cerebro, ya desocupado,
las fantasmas huyeron
y —como de vapor leve formadas—
en fácil humo, en viento convertidas,
su forma resolvieron [vv. 868-872].

Las fantasías oníricas se disuelven y las imágenes que proyecta la "linterna mágica" (v. 873) en la blanca pared cerebral se desvanecen. Los "negros vapores" (v. 8) de la noche se retiran ante la llegada del sol que despierta al mundo.

Pero Octavio Paz no siempre estuvo convencido de que la luz del amanecer solar podía despertar al mundo. En *La llama doble* (1993) se pregunta si la segunda mitad del siglo XX no estará iluminada por la luz crepuscular del melancólico Saturno y ya no por la luz ambigua pero violenta del Lucifer que iluminó la primera mitad. "Tal vez —dice Paz—, aunque Saturno ama los matices. La mitología lo pinta como el soberano de una edad de oro espiritual minado por la bilis negra, la melancolía, ese humor que ama el claroscuro. En cambio, nuestro tiempo es simplista, sumario y brutal." Tendríamos, así, una melancolía despojada de sus matices poéticos y de sus tonalidades eróticas: una melancolía atrapada en la jaula de hierro, y no el humor mágico, triste y oscuro que invocaron los poetas renacentistas y románticos.

Octavio Paz absorbió la inspiración saturnina y barroca del siglo de oro español gracias, entre otras figuras, a la presencia poética de Sor Juana. En realidad, el imperio español parece iniciarse y terminar bajo el signo de Saturno: tanto en su nacimiento, en el siglo de oro, como en su muerte, en los albores de lo que se ha llamado la edad de plata,[8] se halla presente el mito de la melancolía. Esta edad de plata, en cuyo corazón encontramos la generación del 98, ejerció una estimulante influencia en la gestación de *El laberinto de la soledad*. Quiero destacar el hecho de que Octavio Paz protegió *El laberinto de la soledad* bajo la sombra melancólica de Antonio Machado. La cita inicial es una referencia evidente al espíritu de la generación del 98, que encarna en el gran poeta español, y que hizo de la melancolía un emblema para referirse a la malograda identidad nacional en tiempos aciagos,

cuando a fines del siglo XIX se vive el ocaso del otrora grande imperio español. *El laberinto...*, como las reflexiones angustiadas de Unamuno, Ganivet, Ortega y Gasset o Azorín, ofrece una crítica lúcida pero amarga de una cultura política cuyos ímpetus se apagan conforme se institucionaliza la Revolución y en la medida en que el imperio del nacionalismo revolucionario adopta las formas más autoritarias.

No quiero especular sobre la generación del 98 o el derrumbe final del imperio español. Hay abundante literatura al respecto (de hecho, un verdadero alud de publicaciones en estos días). Me propongo solamente dibujar un esbozo del mapa de la melancolía española moderna, de la que abrevó Octavio Paz y de la cual hizo, en cierta medida, una paráfrasis. Para comenzar, es importante señalar que no hay un vacío entre las antiguas melancolías barrocas y las modernistas o las del 98, como ha mostrado, aunque en forma poco articulada, el libro de Guillermo Díaz-Plaja, *Tratado de las melancolías españolas* (1975). Por ejemplo, un eslabón importante en la cadena de humores adustos paralizantes lo hallamos sin duda en José Cadalso en el siglo XVIII. En sus *Cartas marruecas* (1773-1774) describe la vida mediocre, aburrida y repetitiva de unos españoles cortesanos que, al no aspirar ni siquiera a la fama póstuma, se hunden en el tedio de la vida cotidiana de quienes sufren un gran abatimiento al comprender que, al llegar la muerte, serán igual que el último de sus

[8] José Carlos Mainer.

esclavos (*Cartas marruecas* 27:154). El abatimiento al que se refiere es la melancolía, aunque no la nombra. Su ideal es que los hombres renuncien a su sed de fama póstuma y que miren con "tedio" a los héroes y a los grandes escritores. Más adelante Cadalso rectifica su desprecio por la sed de trascendencia, pues se da cuenta de que el tedio sume a los españoles en esa horrenda falta de voluntad que después denunció Ganivet. Hay que señalar, entre paréntesis, que el tema del tedio melancólico fue también retomado por Mariano José de Larra en su singular ensayo de 1833, titulado "Vuelva usted mañana", donde la pereza española contrasta con el espíritu emprendedor del francés, monsieur Sans-délai, que desea que las cosas sucedan sin demora. Octavo Paz realizó un contrapunteo similar entre el utilitarismo optimista de los norteamericanos y la desconfianza contemplativa de los mexicanos.

En otro texto, las *Noches lúgubres*, Cadalso nos da una muestra de que la exaltación tétrica de la muerte y el deambular por los cementerios no es un atributo exclusivo de los melancólicos del 98. ¿Acaso no estamos frente al complejo proceso de la gestación de una conciencia imperial trágica y desdichada? ¿No se está aquí modelando la lúgubre visión del mundo de una clase hegemónica que no logra gobernar la nave nacional en las turbulentas aguas de la modernidad y que acude a la melancolía para atenuar sus penas?

El imperio español, como se ha dicho repetidamente, entra a la modernidad tropezando con grandes escollos. La cultura hegemónica española se adapta con dificultad a los tiempos modernos, y es posible percibir en la manera en que se tejen las ideas en torno a la melancolía ciertos síntomas de este problema. El cultivo de la melancolía sirvió en toda Europa para impulsar la gestación de una conciencia moderna de la individualidad, y proporcionó modelos de sufrimiento controlado para resistir sin desfallecer los terribles males de la mecanización, la industrialización y la masificación. El romanticismo fue, al mismo tiempo, un vehículo y un tamiz de los sentimientos melancólicos: rescató la antigua tradición de los humores tristes pero filtró hasta cierto punto sus efectos más desorganizadores (utópicos y revolucionarios). En España, podemos suponer, un romanticismo relativamente precario dejó sin tamizar los aspectos más trágicos del humor negro y amplificó sus aspectos negativos, de tal manera que a fines del siglo XIX nos topamos con muchos quijotes amargos, duros, rabiosos y ciegos, obsesionados por el rescate de una identidad nacional dañada o en peligro de desaparecer y por la falta de unidad de España. La melancolía barroca fue mal digerida por la cultura española decimonónica, especialmente por la generación del 98, al punto que quedó disociada de la ironía y del humor propios de la tradición cervantina. Y sin estos ingredientes, ha sido difícil la asimilación de la llamada decadencia de España y del derrumbe del imperio. La modernidad necesita de la melancolía, pero el humor negro en dosis excesivas se convierte en un lastre conservador y reaccionario.

No debe extrañar, entonces, esa obsesión por la búsqueda de caminos muy típico de la generación del 98. Esta angustia la expresó Antonio Machado en sus famosísimos versos: "caminante, no hay camino, se hace camino al andar" (*Campos de Castilla* 220). Pero la inexistencia de caminos fue también la tradicional amenaza del famoso "demonio del mediodía" –la acedia– que paralizaba las voluntades. Rosalía de Castro, cuya extraordinaria poesía es un eslabón fundamental en la larga cadena de la melancolía, se refiere a ella en 1884:

> Bien pudiera llamarse, en el estío,
> la hora del mediodía,
> noche en que el hombre, de luchar cansado,
> más que nunca le irritan
> de la materia la imponente fuerza
> y del alma las ansias infinitas.
> [*En las orillas del Sar* 6: 13-18]

La generación del 98 hereda la tristeza de románticos como Rosalía de Castro y Bécquer, pero la melancolía de éstos –ha dicho Maurice Cranston– no es dulce ni gentil, sino amarga y profunda, pues el romanticismo español carece de esa cualidad lacrimosa que impulsó Rousseau y que encantó a muchos alemanes (Cranston 134).

Además, la generación del 98 vivió y sufrió la idea de una melancolía típicamente española. Antonio Machado, en conocidos versos, aludió a la agria melancolía que puebla las sombrías soledades de Castilla. Su hermano Manuel, en un poema titulado "Melancolía", exhibe sus propios sentimientos lúgubres:

> Me siento a veces triste
> como una tarde de otoño viejo,
> de saudades sin nombre,
> de penas melancólicas tan lleno...

Describe en tonos románticos el típico divagar junto a las tumbas de los muertos. Azorín, en su conocido libro sobre Madrid (*Madrid. Guía sentimental*, 1918, artículos publicados en *Blanco y negro*, 1913-1914), describió sentimientos similares:

> ... divagamos en el silencio de la noche entre viejas tumbas. Nos sentíamos atraídos por el misterio. La vaga melancolía de que estaba impregnada esta generación confluía con la tristeza que emanaba de los sepulcros. Sentíamos el destino infortunado de España, derrotada y maltrecha más allá de los mares, y nos prometíamos exaltarla a nueva vida. Todo se enlazaba lógicamente en nosotros: el arte, la muerte, la vida y el amor a la tierra patria.

La apreciación de Azorín nos lleva directamente al tema de la "decadencia" y de las "derrotas" del imperio español, y de su vínculo con la melancolía. Creo que hacia fines del siglo XIX se ha consolidado en España un complejo y peculiar tejido cultural que logra convertir la adversidad en fortaleza anímica, los fracasos en identidad y la decadencia en patriotismo y casticismo. Para que este tejido creciese fue necesario un largo proceso de decantación histórica que logró desarrollar el arquetipo de la melancolía hasta alcanzar las formas perversas pero efectivas que se suelen asociar a la generación del 98. Es necesario reconocer y analizar este proceso histórico para evitar la idea simplista de que los reveses políticos y económicos –que se agudizan a fines del siglo XIX– ocasionaron en los españoles justificados sentimientos de melancolía y tristeza.

Para concluir esta rápida excursión arqueológica por las ruinas de la melancolía española, quisiera citar a Ángel Ganivet (*Ideárium...* 129). En su defensa conservadora de la identidad española frente a la potencia de Estados Unidos, escribió refiriéndose a un género musical latinoamericano:

La "habanera" por sí sola vale por toda la producción de los Estados Unidos, sin excluir la de máquinas de coser y aparatos telefónicos, y la "habanera" es una creación del espíritu territorial de la isla de Cuba, que en nuestra raza engendra esos profundos sentimientos de melancolía infinita, de placer que se desata en raudales de amargura y que en la raza a que pertenecen los súbditos de la Unión [Americana] no haría la menor mella.

Es curioso que Ganivet no percibiese la contradicción entre esta exaltación de la melancolía española y la condena de su expresión bajo la forma de abulia colectiva, que no es más que otro síntoma morboso del humor negro, y que los medievales llamaron acedia. Ganivet era un ramillete de contradicciones, y de allí su interés; por ejemplo, a pesar de criticar la falta de voluntad española, quiere calmar la manía castellana por la unificación. En una irónica comparación con el famoso dilema de Omar, para justificar la quema de la biblioteca de Alejandría, Ganivet sostiene que si creemos que los hombres tienden a la unidad, debemos tener paciencia en que esta idea terminará triunfando; y si por el contrario los hombres tienden a la diferenciación o al pluralismo, sería inútil marchar contra la corriente. No cree tampoco que los hombres caminan sin dirección, en espera de un genio que les guíe. En conclusión: no hagamos nada.

Nada... Ésa es la melancólica clave de esas situaciones en que los hombres no quieren hacer nada, pero ocurren muchas cosas: muchos hechos trágicos que ensangrentaron la historia de España y que terminaron, no con un genio, sino con un caudillo que se creyó destinado a ser el guía de todos los españoles férreamente unificados.

El laberinto de la soledad forma parte de ese inmenso arco cultural que une el siglo de oro con el siglo XX hispanoamericano, que liga al Quijote con Juan de Mairena y a Sor Juana con Octavio Paz. Es una larga veta de la cultura literaria que puede ser definida como un laberinto existencial barroco. Parto de la afortunada expresión de Manuel Durán, quien en una brillante anatomía de un soneto de Quevedo define lo que llama un "barroco existencial", una vasta red de temas y actitudes que abarca varios siglos y muchos escritores hispanos. Una de las piedras fundacionales de ese laberinto existencial barroco es precisamente el soneto de Quevedo que comienza así:

Miré los muros de la patria mía,
si un tiempo fuertes, ya desmoronados,
de la carrera de la edad cansados...

¿Qué encierran los viejos muros de la patria, que son los de la nación tanto como los de la persona? Es la angustiada pregunta –el enigma– de los poetas que se aventuran por los caminos del laberinto barroco. La respuesta de Quevedo es premonitoria:

... y no hallé cosa en que poner los ojos
que no fuese recuerdo de la muerte.

Octavio Paz se hizo la misma pregunta en *El laberinto de la soledad*. Su libro tiene el inmenso poder de capturar toda la fuerza secular de una cultura que ha tejido inquietantes respuestas al enigma del laberinto. ¿México, y América Latina, podrían ser una continuación ultramarina de la decadencia española?

Hay que decir que ha terminado la edad del laberinto. Los muros se han derrumbado. Es cierto que la Revolución mexicana y la Guerra Civil española –además de las dos grandes guerras mundiales– avivaron el rescoldo de las antiguas preguntas. *El laberinto de la soledad* nació de la llama reavivada y se convirtió en el gran ensayo que cerró las puertas del barroco existencial. Para ello recogió creativamente nuevas formas de expresión, como el surrealismo y el existencialismo, que se mezclaron con ingredientes nacionalistas, marxistas y freudianos para enfrentarse creativamente a la modernidad. El resultado me parece que forma parte de lo que Bolívar Echeverría (20 y ss.) ha llamado el "*ethos* barroco": una peculiar forma de vivir la modernidad, que reconoce sus inevitables estragos pero realiza una crítica desesperada que busca la apertura de una dimensión poética y dramática. Por supuesto, el barroquismo existencial, en *El laberinto de la soledad* y en los textos de Paz que continuaron sus reflexiones sobre la identidad nacional, quedó muy atemperado por un curioso espíritu al mismo tiempo estoico y gótico, que permitió la aceptación del nacionalismo autoritario combinada con una interpretación antropológica de corte estructuralista. Yo creo que la forma específicamente hispana y latinoamericana del barroquismo existencial queda sellada por *El laberinto de la soledad*. Y en un efecto circular, el laberinto mismo queda cerrado, aun cuando todavía podemos escuchar los ecos de voces y murmullos fantasmales que vienen de su interior. Los oímos pero no los comprendemos cabalmente: no tenemos más remedio que parafrasearlos desde fuera del laberinto, refrasearlos y reinterpretarlos, sabiendo que nuestra traducción será una traición.

Uno de los ecos apagados que más resuena es el que repite con insistencia la palabra "todos". *El laberinto...* abre con una afirmación: "A *todos*, en algún momento, se nos ha revelado nuestra existencia como algo particular, intransferible y precioso." La frase final del libro, antes del apéndice, que ha sido muy citada y repetida, sostiene que somos, por vez primera, "contemporáneos de *todos* los hombres". Dentro del laberinto ha quedado enterrada toda una pirámide construida con grandes bloques de voces colectivas: nosotros, ellos, los otros, los europeos, los indios, los norteamericanos, los pelados, los pachucos... Los ecos del laberinto repiten con insistencia un contrapunteo (un ritmo, dirá Paz) de las voces corales de los conglomerados con la crónica poética del descubrimiento personal de la individualidad. Sabemos que este contrapunteo contiene una guía colocada allí por Paz para orientarnos en nuestras zozobras míticas e históricas, pero las claves han quedado sepultadas. Sin embargo, aunque esas voces colectivas no corresponden a las inquietudes de nuestra época posmoderna, no cabe duda que nos dibujan un mapa de la cultura mexicana del siglo XX. Ese mapa no dibuja la ruta de escape, pero en cambio es un retrato poético con paisaje moralizado del México posrevolucionario. No nos entrega el hilo de Ariadna ni tampoco una terapéutica, como Paz hubiera querido, para curar la soledad laberíntica. Porque —y vuelvo a parafrasear a Paz— más vasta y profunda que el laberinto de la soledad yace la melancolía.

El mapa de la melancolía dibuja la accidentada topografía de la condición humana. Nos enseña que somos seres originalmente desprovistos de un nicho natural —como ha señalado Hans Blumenberg (159 y ss.; 164 y ss.)— y sometidos al delirio de una pluralidad de conductas sin nada que restrinja la extraordinaria diversidad. La gran diferenciación ocasiona problemas de comunicación entre grupos e individuos, que cada vez con más agudeza experimentan formas de soledad desconocidas en el mundo animal. Estas formas cristalizan en la melancolía. Vivimos una paradoja inquietante: para auspiciar la comunicación requerimos de un cierto desequilibrio entre sintaxis y semántica. El sufrimiento de la soledad impulsa la búsqueda de formas nuevas de comunicación. Los animales nunca están solos, la comunicación es perfecta aunque limitada. Cualquier disturbio semántico puede ocasionar el fin de la especie: los animales no pueden ser melancólicos: si no se comunican se extinguen y mueren.

La humanidad, por el contrario, saca ventaja de las perturbaciones semánticas que, mientras no rebasan ciertos límites, nos impulsan a diversificar la comunicación. Así pues, la "enfermedad del lenguaje" a la que se refirió Friedrich Max Müller, para explicar los mitos, es más bien una fuente de salud. Los mitos de la melancolía aluden a las consecuencias de la soledad, la incomunicación y la angustia, sensaciones ocasionadas por la siempre renovada diferenciación y diversificación de las experiencias humanas. La melancolía se convierte en una vasta red mediadora que comunica entre sí a seres que intentan comprender la soledad y el aislamiento, la separación y la dislocación. Podemos imaginar que quienes recorren el mapa de la melancolía –como lo hizo Octavio Paz– se entienden y se desentienden, se comunican en la soledad y codifican el misterio de la separación.

Hay algunos viajeros privilegiados –como Paz– que al sufrir las perplejidades de la melancolía nos han legado, además de un laberinto, una inmensa cartografía abierta, lúcida, descubierta y franca. Es el mapa antiguo, desgarrado y fracturado, que nos muestra cómo sería el laberinto si hubiese sido, por así decirlo, destripado y vuelto al revés, de manera que sus sinuosas entra- ñas quedasen afuera, expuestas a las miradas de todos, como vísceras íntimas en el obsceno mercado de la posmodernidad.

Podemos imaginar que, como un Minotauro benévolo, Octavio Paz ha quedado fuera de su laberinto, condenado al exilio pero dotado de una nueva vitalidad. Desde afuera de su gran obra, Paz vive ahora entre nosotros con más fuerza que nunca.

BIBLIOGRAFÍA CITADA

ALCÁZAR, Jorge. "La figura emblemática de la melancolía en *El sueño* de Sor Juana", *Poligrafías* 1 (1996).

BARTRA, Roger. *La jaula de la melancolía*. México: Grijalbo, 1987.

———. *Oficio mexicano: miserias y esplendores de la cultura*. México: Grijalbo, 1993.

BLUMENBERG, Hans. *Work on Myth*. Cambridge, Massachusetts: MIT Press, 1985.

CRANSTON, Maurice. *The Romantic Movement*. Oxford: Blackwell, 1994.

DURÁN, Manuel. "Existencial Baroque: Francisco de Quevedo's Sonnet 'Miré los muros de la patria mía'", *Calíope* I (1995).

ECHEVERRÍA, Bolívar. "El *ethos* barroco", en *Modernidad, mestizaje cultural y ethos barroco*. México: UNAM/El Equilibrista, 1994.

PAZ, Octavio. *Sor Juana Inés de la Cruz o las trampas de la fe*. México: Fondo de Cultura Económica, 1982.

———. *El laberinto de la soledad*. Ed. Enrico Mario Santí. Madrid: Cátedra, 1993.

———. *La llama doble: amor y erotismo*. Barcelona: Seix Barral/Círculo de Lectores, 1993.

TRABULSE, Elías. "El hermetismo y Sor Juana Inés de la Cruz", *El círculo roto*. México: Lecturas Mexicanas, 1984.

YATES, Frances A. *The Occult Philosophy in the Elizabethan Age*. Londres: Routledge & Kegan Paul, 1979.

Una lectura filosófica de *El laberinto de la soledad*[*]

(A cincuenta años de su publicación)

Juliana González V.

> *Me reconozco hombre, no en la respuesta sino en la pregunta [por "lo que da sentido a nuestra presencia en la tierra"]. No hay sentido: hay búsqueda de sentido.*
>
> Octavio Paz,
> "Vuelta a *El laberinto de la soledad*"

¿Filosofía en Octavio Paz? No la habría, en principio, por la misma razón por la que, según él, no hay filosofía en Sor Juana: porque carece "del poder que abstrae". Paz está lejos, es cierto, de discurrir en la mera abstracción y romper el lazo con las realidades concretas y singulares; está lejos igualmente de la sistematización del filósofo, de los requerimientos metodológicos, epistemológicos y lógicos de un filosofar académico. Su pensamiento, además, no queda circunscrito al contexto teórico de la filosofía; sus parámetros culturales son más amplios y diversos: son literarios, históricos, psicológicos, sociológicos, políticos, artísticos en general. Y más distante aún se encuentra de una concepción *racionalista* de la filosofía, y de algunas filosofías

* Texto leído en el Aula Magna de la Facultad de Filosofía y Letras de la UNAM, el 24 de agosto de 2000. La presentación estuvo a cargo de Josu Landa.

contemporáneas que desembocan en la desesperanza y el sinsentido.

Y no obstante, *hay una significativa presencia de la filosofía en la obra de Octavio Paz*. Desde luego, esto se explica por las indudables influencias que la obra recibe de diversas filosofías, unas expresamente reconocidas, otras implícitas pero igualmente determinantes. Y no sólo: hay también en Paz una manera original de dialogar con sus fuentes y un filosofar propio nacido de preocupaciones genuinamente filosóficas, así como una clara capacidad de abstracción que le permite pensar los hechos en su universalidad y en su "esencialidad", aun cuando no pierda el contacto con lo singular, ni prescinda de la imagen poética y de las múltiples libertades del lenguaje ensayístico. Y si además se recobra la memoria de los significados de *sophía* (sabiduría o sapiencia), así como de *philía* (amor y búsqueda del saber), que definen originariamente a la filosofía, no puede dejar de reconocerse en Octavio Paz al genuino filósofo, quien existe en permanente "estado interrogante" –como él lo expresa– ni puede dejar de verse el carácter filosófico de su obra.

Se trata, desde luego, de la filosofía en algunas de sus vertientes: de la filosofía moral y política, de la filosofía de la historia y de la cultura; y no de la lógica, la epistemología o la metafísica. Y en ese ámbito, Paz aporta todo un caudal de intuiciones e ideas filosóficas de enorme lucidez, profundidad y sapiencia.

Por lo que respecta a las posibles influencias filosóficas de *El laberinto de la soledad*, destaca, ciertamente, la del existencialismo francés, el de Sartre en especial, pero también la de Heidegger así como las de los vitalismos de Bergson, de Ortega y Gasset y, destacadamente, las ideas de los llamados pensadores de "la sospecha": Marx, Nietzsche y Freud. Aunque tratándose de éstos, Paz precisará después: "Estoy más cerca de Nietzsche y de Freud que de Marx y Rousseau" ("Vuelta a *El laberinto de la soledad*" 259).

Estas corrientes de pensamiento convergen además con otra, no menos determinante en el pensamiento de Paz, que es la dialéctica, tanto en su versión hegeliana como en la originaria de Heráclito. Las relaciones que guardan entre sí –particularmente el existencialismo y la dialéctica–, se tornan muchas veces decisivas para la interpretación filosófica que ofrece Paz de la soledad.

Desde luego, *El laberinto de la soledad* es forma eminente del ensayo, creación magistral en este género. Cercana a lo que es, dentro de la tradición francesa, el "ensayo moral":

Libro polémico y, aún hoy, combatido –como lo describe uno de sus comentaristas–, constituye un complejo cruce entre el ensayo moral y la filosofía de la historia, la antropología de la cultura, la psicohistoria y la autobiografía [Santí 14].

Cabe decir asimismo que *El laberinto...* responde a lo que sería un genuino pensar *humanístico* que discurre más allá de disciplinas escindidas y de visiones "especializadas" e impide, por tanto, cualquier intento de clasificación o encasillamiento. De ahí algunas de sus dificultades, pero también su propia riqueza y su *areté* o excelencia. Paz se distingue, en todo caso, por su espíritu de búsqueda, por su imperativo inquebrantable de pensar con libertad, reconociendo con Nietzsche que "el valor de un espíritu ... se mide por su capacidad para soportar la verdad" (*El laberinto...* 239).

En muchos sentidos, en efecto, *El laberinto de la soledad* está próximo a ese pensamiento crítico capaz de "sospecha", o sea, de poner en tela de juicio las creaciones, o más bien las ilusiones de la conciencia, de la moral, de la cultura entera; de ver en ellas máscaras y disfraces que ocultan una verdad más originaria –y no propiamente excelsa ni sublime– de reconocer que en las expresiones humanas y en la historia subyace una realidad que se necesita desenmascarar y descifrar. No en vano Paz reconoce la importancia de una obra como *La genealogía de la moral* de Nietzsche y, sobre todo, del psicoanálisis freudiano, el cual tendrá un papel verdaderamente determinante en *El laberinto...*

La "psicología de las profundidades" –como la llamó el propio Freud– tiene ciertamente una importancia decisiva en esta obra de Octavio Paz. Éste toma de la concepción freudiana la idea básica de la existencia de un psiquismo inconsciente –tan inconsciente como fundamental–, en el cual permanecen "enterradas", pero no por completo destruidas, las distintas edades psíquicas, sobre todo las más arcaicas. El psicoanálisis intenta que salga a la luz ese fondo y traer a la memoria las experiencias psíquicas originarias y reprimidas; y Paz se propone eso mismo, con un sujeto (no individual sino colectivo) que es *el mexicano y su historia*.[1] Éstos son vistos, así, en términos de "contenidos manifiestos" y "contenidos latentes", de "censura" y "represión"; sobre la base, en suma, del reconocimiento de una dualidad interior, o de la *otredad* que el ser humano tiene respecto de sí mismo.

Al igual que el individuo neurótico, el mexicano va a revelar en los análisis de Octavio Paz su propia psicopatología; sus conflictos no resueltos, sus desgarradas contradicciones, sus prisiones interiores y deseos reprimidos.

"Nada pasa, nada termina, nada se olvida en el inconsciente", dice Freud. Y el poeta por su parte afirma: "Las épocas viejas nunca desaparecen completamente y todas las heridas, aun las más antiguas, manan sangre todavía." Hay para Paz una "realidad escondida y que hace daño", la cual

---

[1] Freud había abierto también el camino del psicoanálisis social en sus interpretaciones del tótem y el tabú, y Paz reconoce expresamente la importancia que tuvo para él la obra de Freud sobre *Moisés y la religión monoteísta*.

coincide concretamente con "la persistencia del fondo precortesiano" (*El laberinto...* 115).[2] Y en la entrevista con Claude Fell sobre *El laberinto...* precisa:

> Una de las ideas ejes del libro es que *hay un México enterrado pero vivo*. Mejor dicho, hay en los mexicanos, hombres y mujeres, un universo de imágenes, deseos e impulsos sepultados [...] Intenté una descripción del mundo de represiones, inhibiciones, recuerdos, apetitos y sueños que ha sido y es México [325]. [Las cursivas son mías.]

El psicoanálisis conlleva consecuentemente una idea de la temporalidad como "superposición" de las edades, que se correlaciona de manera notable con la historia de México destacada por Paz.

En México —dice el poeta— predominan los cortes históricos, las escisiones, los hiatos y la discontinuidad, a la vez que coexisten en el fondo las distintas edades. Y tales separaciones tienen su correspondencia en la geografía de México, como lo destaca en un memorable pasaje de su obra sobre Sor Juana:

> La verdad es que la historia de México es una historia a imagen y semejanza de su geografía: abrupta, anfractuosa. Cada período histórico es como una meseta encerrada entre altas montañas y separada de las otras por precipicios y despeñaderos [24].

Esta asociación entre lo temporal y lo espacial ya se daba en Freud cuando éste, precisamente tratando de explicar la coexistencia de las distintas edades psíquicas, acudía a la imagen de las distintas construcciones de Roma en su historia (desde la primitiva Roma *quadrata*, hasta la actual, pasando por la Roma imperial). En el espacio —decía— las sucesivas etapas se van desplazando: la nueva destruye o se monta sobre las ruinas de la anterior; al contrario de lo que ocurre con la vida psíquica, pues "sólo en el terreno psíquico —afirma Freud en *El malestar en la cultura*— es posible esta persistencia de los estados previos junto a la forma definitiva".

Pero Paz posee una imagen excepcional para aludir a la superposición espacio-temporal: la de la *pirámide* prehispánica. En ésta coexisten diversas etapas; cada una se construye en el lugar sagrado de la anterior y la conserva en su propio interior, sin destruirla.

Así ocurre con la historia y con la psique histórica del mexicano. Perviven en ellas sus tres grandes etapas: la indígena precortesiana, la colonial y el México moderno, a pesar de que cada una de ellas pretende construirse negando la anterior. En el fondo todas sobreviven, más allá de

---

[2] En *Postdata* hablará también de "la persistencia de traumas y estructuras psíquicas e infantiles en la vida adulta".

las "censuras" que cada etapa ejerce sobre su pasado.[3]

Pero a diferencia del psicoanálisis freudiano, lo que Paz encuentra en el fondo del psiquismo del mexicano y como clave de sus conflictos, no es propiamente la pulsión sexual, ni siquiera las pulsiones de vida y de muerte (aunque una y otras no están del todo ausentes en sus descripciones caracterológicas), sino justamente "el laberinto de la soledad" –más cerca Paz, en este sentido, de otros psicoanalistas posfreudianos y sobre todo próximo a Jean-Paul Sartre.

Frente a lo que había afirmado Samuel Ramos en su búsqueda del ser del mexicano, o sea de aquello que define la "mexicanidad", Paz –como se sabe– encuentra que no es "el complejo de inferioridad" –como quería Ramos– lo que nos define sino algo más radical y determinante: la soledad:

> ... más vasta y profunda que el sentimiento de inferioridad, yace la soledad. Es imposible identificar ambas actitudes: sentirse solo no es sentirse inferior, sino distinto. El sentimiento de soledad, por otra parte, no es una ilusión –como a veces lo es el de inferioridad– sino la expresión de un hecho real:

[3] Es necesario, por tanto, el reconocimiento de estas censuras y estos hiatos en nuestra historia, así como la toma de conciencia del fondo verdadero en el cual subsisten las distintas etapas (reprimidas, pero no por completo destruidas –no al menos en sus significaciones primordiales).

somos de verdad, distintos. Y, de verdad, estamos solos [*El laberinto...* 22].

Pero además, la soledad es universal, no es rasgo exclusivo del mexicano. Lo específico es la manera concreta y particular de vivirla, e incluso las formas en que se busca trascenderla. Lo distintivo es si acaso el acento, el estilo, la intensidad, la cualidad específica con que cada pueblo vive y expresa su soledad. "En todos lados el hombre está solo. Pero la soledad del mexicano, bajo la gran noche de piedra de la Altiplanicie, poblada todavía de dioses insaciables, es diversa" (22).

La soledad del mexicano queda particularmente intensificada por una conciencia tan honda como imborrable, la de la Conquista:

> Y el drama de esta conciencia que ve derrumbarse todo en torno suyo y en primer término sus dioses, creadores de la grandeza de su pueblo, parece presidir nuestra historia entera. Cuauhtémoc y su pueblo mueren solos, abandonados de amigos, aliados, vasallos y dioses. En la orfandad [105].

Es cierto que Octavio Paz reconoce que el libro de Ramos sobre *El perfil del hombre...*

> ... continúa siendo el único punto de partida que tenemos para conocernos. No sólo la mayor parte de sus observaciones son todavía válidas, sino que la idea central que

lo inspira sigue siendo verdadera: el mexicano es un ser que cuando se expresa se oculta; sus palabras y gestos son casi siempre máscaras [173].

Pero para Paz los análisis de Ramos están demasiado cerca de los modelos psicológicos de Adler y aunque su explicación no es falsa –dice– es limitada. Sin lugar a dudas la interpretación de Octavio Paz apunta en otra dirección muy distinta a la de Ramos –y se entiende así que la discrepancia, que no es menor, haya dado lugar a insuperables controversias.

Lo que en principio el autor de *El laberinto de la soledad* defenderá es que no hay propiamente *ser* sino *historia*; que el hombre *es* su historia y no cabe, por tanto, hablar de una "esencia" inmutable (afirmación que sin duda tiene claros antecedentes historicistas y existencialistas).

"El hombre, me parece, no está en la historia: es historia" (28). Consecuentemente, la historia, y en concreto la historia de México, no es para Paz un mero acontecer externo, impersonal. Ella tiene un *sujeto*, y éste no es otro que los hombres concretos en su *proceso* de ser. Es por esta razón que para él, la historia tiene un significado "moral", cualitativo, fundamentalmente humano.

Y es en la historia de México donde cabe "leer" precisamente el drama de la soledad y su laberinto, así como de sus luchas por trascenderse a sí misma. Paz se propone desentrañar al mexicano en dicha his-

toria, aunque también en algunas expresiones reveladoras de su carácter –a las que presta particular atención en la primera parte de *El laberinto...* [4]

El mexicano, a juicio de Octavio Paz, vive, en efecto, encerrado, prisionero en el laberinto de su soledad. Existe replegado en sí mismo y enmascarado, esencialmente *in-comunicado*. Su soledad coincide con su orfandad y con su ocultamiento. Así, afirma en varios pasajes de la obra:

El mexicano no quiere o no se atreve a ser él mismo [80].

El mexicano y la mexicanidad se definen como ruptura y negación. Y, asimismo, como búsqueda, como voluntad por trascender ese estado de exilio. En suma, como viva conciencia de la soledad, histórica y personal [97].

La mexicanidad, así, es una manera de no ser nosotros mismos, una reiterada manera de ser y vivir otra cosa. En suma, a veces una máscara y otras, una súbita determinación por buscarnos, un repentino abrirnos de pecho para encontrar nuestra voz más secreta [183].

En los célebres y controvertidos análisis de Paz (sobre "el pachuco", las máscaras, la Fiesta de Muertos, los "hijos de la Malinche", la "revuelta", la "inteligencia"

[4] Los análisis en un orden o en otro son complementarios: en la primera parte de *El laberinto...* –como es sabido– atiende al carácter y en la segunda a la historia.

mexicana, etc.), la soledad revela significativas contradicciones: es afán de distinción o diferencia y, al mismo tiempo, deseo de no ser diferentes y asimilarse a otros; es búsqueda de la propia identidad y huida de sí mismo. Es "ninguneo" del otro y autoinvalidación. El mexicano se encierra en sí mismo y a la vez reniega de sí. La soledad le duele sin que logre trascenderla. Vive, de hecho, en los vericuetos cerrados y en los desiertos de su propio laberinto. Su ser es conflicto, escisión interior.

Pero Paz presta particular atención a dos hechos privilegiados en que México se expresa y que tienen correspondencias y algunas analogías entre sí: uno de carácter social y el otro histórico. El primero es la Fiesta, y el segundo la Revolución mexicana, pasajes verdaderamente clásicos de *El laberinto de la soledad*.

En la Fiesta (particularmente en los días de "Todos Santos" y de "Muertos") el mexicano hace estallar su soledad. La Fiesta es participación comunitaria, dispendio; libre expresión de las emociones. "Fiesta, cruzada por relámpagos y delirios, es como el revés brillante de nuestro silencio y apatía, de nuestra reserva y hosquedad" (54).

Es tiempo de excepción. En él, el mexicano logra, por una horas, entrar en el Tiempo mítico, el del Origen: "El tiempo deja de ser sucesión y vuelve a ser lo que fue, y es, originariamente: un presente en donde el pasado y futuro al fin se reconcilian" (52).

Y en la Fiesta, el mexicano logra la apertura y la unión con la comunidad; sale de

sí, vence aunque sea transitoria e ilusoriamente su soledad. Supera hipocresías y su ser reprimido logra expresarse en la borrachera y la fusión con los otros. Pero la Fiesta se acaba y revela su fondo ilusorio:

> Todo termina en alarido y desgarradura: el canto, el amor, la amistad. La violencia de nuestros festejos muestra hasta qué punto nuestro hermetismo nos cierra las vías de comunicación con el mundo. Conocemos el delirio, la canción, el aullido y el monólogo, pero no el diálogo [58].[5]

Y Paz encuentra señaladas analogías entre los significados liberadores de la Fiesta y los de la Revolución mexicana. Todas las revoluciones expresan de un modo u otro, según él, un intento por volver a tiempos originarios, a una edad mítica, verdadera "edad de oro", estado primigenio de unión y concordia. Y así ocurre en la Revolución mexicana, especialmente por todo cuanto Zapata representa a los ojos de Octavio Paz. La Revolución implica una vuelta al mundo indígena precortesiano y un intento de recuperar la liga originaria con la tierra, por "restablecer una justicia y un orden antiguos". El *calpulli*, como propiedad comunal no representa para Paz únicamente un valor social y económico, meramente "agrario" –valga decir– sino

[5] "No hay nada más alegre –dice también Paz– que una fiesta mexicana, pero también no hay nada más triste. La noche de fiesta es también noche de duelo" (57).

una literal reunión con el pasado indígena y una reivindicación de la vida primigenia y auténtica. La Revolución, como la Fiesta, es expresión de autenticidad, de reconciliación con el ser propio y, consecuentemente, de trascendencia de la soledad.

> La Revolución mexicana es un hecho que irrumpe en nuestra historia como una verdadera revelación de nuestro ser [...]. Por la Revolución el pueblo mexicano se adentra en sí mismo, en su pasado y en su sustancia, para extraer de su intimidad, de su entraña, su filiación [161].
> La Revolución es una súbita inmersión de México en su propio ser [...]. Es un estallido de la realidad: una vuelta y una comunión, un trasegar viejas sustancias dormidas, un salir al aire muchas ferocidades, muchas ternuras y muchas finuras ocultas por el miedo a ser. ¿Y con quién comulga México en esta sangrienta fiesta? Consigo mismo, con su propio ser. México se atreve a ser [162].

En ambas, en la Fiesta y en la Revolución, el mexicano, en efecto, hace estallar su soledad. La Fiesta es fugaz y termina revelando un fondo ilusorio, y la Revolución, sus propias contradicciones:

> Como las fiestas populares, la Revolución es un exceso y un gasto, un llegar a los extremos, un estallido de alegría y desamparo, un grito de orfandad y de júbilo, de suicidio y de vida, todo mezclado [162].

La Revolución en suma es promesa: "forma parte de un proceso general "que aún no termina".

> El mexicano –escribe Paz en otro pasaje– se esconde bajo muchas máscaras que luego arroja un día de fiesta o de duelo, del mismo modo que la nación ha desgarrado todas las formas que la asfixiaban. Pero no hemos encontrado aún ésa que reconcilie nuestra libertad con el orden, la palabra con el acto y ambos con una evidencia que ya no será sobrenatural, sino humana: la de nuestros semejantes. En esa búsqueda hemos retrocedido una y otra vez, para luego avanzar con más decisión hacia adelante [209].

Soledad es separación, exilio, expulsión del "paraíso". Es un hecho que concierne al género humano pero que se reproduce en cada acto concreto y singular de nacer. El nacimiento es como una "caída" en el mundo, dice Paz (no sin ecos heideggerianos). Y tal caída expresa para cada ser humano singular el hecho de desprenderse de la madre y, para la especie humana, separarse de la Naturaleza y perder así la "inocencia" original del reino prehumano; separarse de la "sustancia primigenia" (Santí). De ahí la *universalidad y radicalidad de la soledad*. Ésta tiene un alcance filosófico, justamente por su carácter universal y fundamental. No es un simple hecho psicológico ni social.

"La soledad es el fondo último de la condición humana" (211). Paz encuentra, en este punto, el enlace profundo, íntimo y latente que existe entre la culpa original, el caos y el sacrificio humano. Los mitos del origen del hombre coinciden en esencia, según él, en que el nacimiento del hombre como hombre quebranta el orden universal, el cosmos compacto y cerrado; su aparición produce una especie de grieta, de hendidura en el seno del ser y del cosmos, a través de la cual tiende a irrumpir "la gran boca vacía del caos".[6] El propio cosmos habría surgido tras la victoria heroica de los dioses sobre lo informe.

Y desde este encadenamiento interno, Paz propone una original interpretación del sacrificio humano en el mundo prehispánico, particularmente entre los aztecas. El sacrificio expresa el ritual de sangre y muerte por el cual los hombres buscarían reparar o compensar su "falta", o sea su separación, y detener con ello la posibilidad de que el caos retorne. O quizás buscan también conjurar el deseo mismo de una vuelta tanática al desorden original; pues como lo expresa Hölderlin, y lo recuerda Paz: "... *un deseo de volver a lo informe brota incesante. Hay mucho que defender. Hay que ser fieles*".[7]

El significado de la soledad se remonta así hasta el origen mismo; ella es el nombre de ese desprendimiento del estado primigenio de fusión con la Tierra. La soledad coincide con la orfandad original (bíblicamente, con la expulsión del Paraíso). "Pecado –dice Paz– es la noción mítica de la soledad."

Para los prehispánicos, el sacrificio sería la vía de "redención". Para nosotros, sería la de "ser fieles" "porque hay mucho que defender" –como dice Hölderlin y repite Paz; y sería, asimismo, para éste, asegurar "la vigencia de un orden en que coincidan la conciencia y la inocencia, el hombre y la naturaleza" (30).

Es revelador, por otra parte, que Octavio Paz tenga como epígrafe de *El laberinto de la soledad* un pasaje de Antonio Machado en el que se habla de "la esencial heterogeneidad del ser" y de "la incurable *otredad* que padece *lo uno*". La heterogeneidad del ser –diríamos– fundamenta la soledad; ésta es, en efecto, *otredad*, diferencia; es saberse *otro*; *ser*, de hecho, *otro*, distinto y separado, no sólo respecto a los otros, sino respecto de sí mismo. Y esa otredad intrínseca es decisiva para la comprensión de las contradicciones de la soledad, puestas de relieve por Octavio Paz. El otro, en efecto, habita en el fondo de cada ser humano. "La otredad es nosotros mismos" –dirá en *Postdata*.

Cada uno es primeramente *otro de sí mismo* como ya lo develaba el psicoanálisis. En esta medida, estamos separados o

---

[6] En otro momento, es la idea que de la muerte tiene el hombre moderno la que Paz describe como "gran boca vacía que nada sacia, habita todo lo que emprendemos" (62).

[7] "Los frutos maduros", citado por Octavio Paz en *El laberinto...* 29.

escindidos en nuestro interior, solos de nosotros mismos. Nos ocultamos nuestro propio ser, le huimos, al mismo tiempo que existimos en búsqueda de él. La conciencia de nosotros mismos coincide en este sentido con la "conciencia desgarrada" o "conciencia infeliz" de que hablaba Hegel. La alienación fundamental es interna, asevera Paz; la llevan los seres humanos en sí mismos.

Y la soledad revela, de este modo, su esencia contradictoria y ambigua. Ella equivale, por un lado, a encontrarse perdido en el laberinto sin ser en verdad "sí mismo"; es, en este sentido, inautenticidad, autonegación, enemistad del hombre consigo mismo y *mala fe* –como lo describe Paz–. Pero lo decisivo es que también en la soledad radica la autenticidad, esto es, la sinceridad y la aceptación verdadera del propio ser, de la identidad y la diferencia. En la autenticidad, la soledad se reconoce a sí misma y el ser humano asume su condición separada, su nacer y su morir, superando la propia otredad o enajenación interna.

Y en tanto que autenticidad, la soledad se torna, ella misma, apertura a la otredad del mundo y de los otros; se convierte en soledad abierta, desde la cual se logra la trascendencia y la comunicación, o más precisamente la *comunión* (como la llama Octavio Paz). "Nos buscábamos a nosotros mismos y encontramos a los otros."[8]

Una sería, entonces, la soledad cerrada que da vueltas en su propio laberinto, y otra, la soledad abierta cifrada en la posibilidad de ser sí mismo y, a la vez, en comunión con los otros y con el mundo. Estamos condenados a la soledad. Pero, más allá de las aporías existencialistas de la incomunicación, estamos condenados, a la vez, a trascender la soledad.

... en conciencia: estamos condenados a vivir solos, pero también lo estamos a traspasar nuestra soledad y rehacer los lazos que en un pasado paradisíaco nos unían a la vida. Todos nuestros esfuerzos tienden a abolir la soledad [211-212].

En su historia moderna, la soledad del mexicano adquiere una significación especial en tanto que entronca con la soledad del hombre del siglo XX, con el desierto creciente de la vida moderna y sus propios laberintos; o sea, con la desolación espiritual que ofrecen tanto el mundo capitalista como las dictaduras del socialismo real –aún vivas cuando se escribe *El laberinto...*

Pero paradójicamente, esta desolación universal, pone al mexicano –según ve Paz– ante una soledad, ahora *desnuda*, que le abre la posibilidad de ya no seguir buscando por fuera esquemas, ideas y valores

---

[8] La soledad tiene de este modo una significación positiva, es formativa de sí mismo. Concuerda con esa soledad de que hablaba Paz en una obra previa, "Y en ti soledad que me irás revelando la forma de mi espíritu y la lenta maduración de mi ser" ("Vigilias": *Primeras Letras* 95, citado por Santí en su "Prólogo" a *El laberinto de la soledad*).

externos, máscaras y subterfugios de los que se sirve para evadirse de sí mismo y protegerse del otro.[9] Al fin estamos solos ante la posibilidad de no buscar ya evasiones ni simulaciones. La propia soledad del mundo moderno, su esterilidad, su vacío, deja al mexicano a la intemperie en esa situación de desamparo, favorable ella misma al vuelco sobre sí y a la apertura; ella propicia la autenticidad y simultáneamente la trascendencia; hace posible, en suma, que se concilien la singularidad del ser separado y su pertenencia a un mundo común y a un destino humano universal.

En un sentido estricto, el mundo moderno no tiene ya ideas. Por tal razón el mexicano se sitúa ante su realidad como todos los hombres modernos: a solas. En esta desnudez encontrará su verdadera universalidad [...] La mexicanidad será una máscara que al caer, dejará ver al fin al hombre [185].

Y en uno de sus pasajes más memorables, el poeta dice:

Allí, en la soledad abierta, nos espera también la trascendencia: las manos de otros solitarios. Somos por primera vez en nuestra historia, contemporáneos de todos los hombres [210].

Es decisiva la profunda conciencia dialéctica de Octavio Paz. Él posee, sin duda,

esa honda sapiencia de los contrarios, que es tan propia de la poesía y del mito. Pero tienen además en su obra una importante presencia las filosofías de Heráclito y de Hegel. Recordemos que, del efesio y su "acople de tensiones", Paz toma el título de esa obra suya fundamental que es *El arco y la lira*. Y hay muchos indicios de que la dialéctica de Hegel no fue indiferente al autor de *El laberinto de la soledad*.[10]

La sensibilidad dialéctica de Paz, se expresa, en efecto, tanto en su constante percepción de los contrarios y las contradicciones, como en su capacidad de poner de relieve los conflictos, los antagonismos y desgarramientos, así como de reconocer, más allá de éstos, la intrínseca implicación o compatibilidad de los opuestos, y, consecuentemente, sus posibilidades de conciliación o armonía.

En el mundo moderno –afirma Paz– se quieren abolir las contradicciones y las excepciones: *"Se cierran así las vías de acceso a la experiencia más honda que la vida ofrece al hombre* y que consiste en penetrar la realidad como *una totalidad en la que los contrarios pactan"* [219]. [Las cursivas son mías.]

El ritmo interno de *El laberinto...* está dado por sus conciliaciones dialécticas. Las principales son, en efecto, la que se produ-

---

[9] La disyuntiva se le presenta así entre desnudez, o mentira y nueva máscara.

[10] Así lo destaca Enrico Mario Santí, quien incluso afirma que es posible pensar a Paz como un "hegeliano" (aunque reconoce también que sería un Hegel visto sobre todo a través de los poetas románticos alemanes).

ce entre la singularidad y la universalidad y, por eminencia, la que constituye el eje mismo de la obra: la dialéctica de la soledad y la comunión.

Por lo que se refiere a la implicación de lo singular y lo universal, ya se ha dicho que Paz afirma –y lo reitera, una y otra vez– que la soledad es reveladora del ser del mexicano, pero al mismo tiempo es experiencia universal, inherente a la condición humana.[11]

> El destino de cada hombre no es diverso al del Hombre. Por lo tanto, toda tentativa por resolver nuestros conflictos desde la realidad mexicana deberá poseer validez universal o estará condenada de antemano a la esterilidad [*El laberinto...* 187].

De ahí que sean falsos los caminos que se empeñan en la búsqueda de una "mexicanidad" irreductible, e incluso de una "filosofía mexicana", como si se tratara de algo cerrado en su "peculiaridad". Falsos, en concreto los caminos del nacionalismo, el cual es incluso valorado por Paz como "enfermedad". Pero falsa también, a la inversa, la afirmación de un supuesto "cosmopolitismo" o de una pretendida universalidad que es emulación de lo externo, fuga de la autenticidad.

> No puede existir auténtica universalidad sin tener los pies sobre la tierra que nos crió.[12]
> [...]
> Debemos pensar por nuestra cuenta para enfrentarnos a un futuro que es el mismo para todos ["Prólogo" 31].

Dialécticamente concebida, la universalidad incluye, la diversidad y la pluralidad. De ahí que, en concreto, Paz pueda afirmar también que universalidad y "*democracia*" "son inseparables". Y "democracia" –vista, precisamente desde el nivel de las motivaciones más básicas y poderosas de la historia universal– no se refiere sólo a una forma de régimen político –una entre otras–, sino que tiene, ante todo, un significado "moral" –en el sentido que "lo moral" adquiere en Paz–. Tiene, de hecho un alcance filosófico, en tanto que la democracia concuerda con lo constitutivo de lo humano (su libertad esencial), y coincide asimismo con esa "heterogeneidad de lo uno" que menciona Paz (la cual es aquello que justamente se quiere invalidar dentro de las dictaduras y totalitarismos –cualquiera que sea su signo).[13]

En otro contexto, escribe Octavio Paz:

---

[11] "... aunque *El laberinto de la soledad* –escribe el propio Paz– es una apasionada denuncia de la sociedad moderna en sus dos versiones, la capitalista y la totalitaria, no termina predicando una vuelta al pasado" ("Prólogo" 31).

[12] Octavio Paz. "Vigilias": *Primeras Letras* 26 (citado por Enrico Mario Santí en "Prólogo" a *El laberinto de la soledad* 24).
[13] "Universalidad, modernidad y democracia son hoy términos inseparables. Cada uno depende y exige la presencia de los otros. Éste ha sido el tema de todo lo que he escrito sobre México desde la publicación de *El laberinto de la soledad*" (Octavio Paz, "Prólogo" 31).

... la idea que me inspira —el ritmo doble de la soledad y la comunión, el sentirse solo, escindido, y el desear reunirse con los otros y con nosotros mismos— es aplicable a todos los hombres y a todas las sociedades ["Prólogo" 25].

La salvación se centra, ciertamente, en la posibilidad de conciliar soledad y comunión. Y Paz habla, en efecto, de comunión, la cual remite a la vivencia fundamental de saberse unido, de vencer las oposiciones y tener acceso así a lo que él ha descrito como "la experiencia más honda que la vida ofrece al hombre": *penetrar en la conciliación de los contrarios*. En la comunión —según el poeta— todo queda cualitativa y sustancialmente transfigurado. Es vivencia que se halla en el orden de la sacralidad —sin que ello implique ningún pronunciamiento religioso, ni ir más allá de la existencia histórica y mundana—. Es trascendencia en el ámbito mismo de la vida y de esta realidad mortal. Es la experiencia, en suma, de esa otra realidad que se revela, dentro de la realidad misma, al ojo del poeta, del creador, del amante, del genuino buscador. "... el hombre accede a un mundo en donde los contrarios se funden" (*El laberinto...* 229).[14]

[14] Se funden señaladamente: pensamiento y mito, conciencia e inocencia, principios e instintos, *razón* y *vida* en definitiva. Pues de modo muy significativo, *El laberinto de la soledad* termina con el reconocimiento de que "los sueños de la razón son atroces" (231).

Y las vías de la comunión, son ciertamente, la poesía, el amor, el mito:

El amor —escribe Paz en *El laberinto...*— es uno de los más claros ejemplos de ese doble instinto que nos lleva a cavar y ahondar en nosotros mismos y, simultáneamente, a salir de nosotros y realizarnos en otro: muerte y creación, soledad y comunión [219].

El principal mal que conlleva el racionalismo —dice también— es privarnos del Mito y, con él, de la comunión con la vida y la existencia.

Por obra del Mito y de la Fiesta —secular o religiosa— el hombre rompe su soledad y vuelve a ser uno con la creación. Y así el Mito —disfrazado, oculto, escondido— reaparece en casi todos los actos de nuestra vida e interviene decisivamente en nuestra historia: nos abre las puertas de la comunión [229-230].

Y la comunión es en definitiva otra manera de vivir el Tiempo, tema al que se presta singular atención en *El laberinto de la soledad*.

En notable cercanía con la filosofía de Bergson, Octavio Paz distingue entre el tiempo cronométrico, cuantitativo, el de los relojes, y el que es para él el tiempo mítico y que corresponde en gran medida al tiempo vivido, cualitativo (de la *durée* bergsoniana), el cual, en función del contenido real de la experiencia vital puede ser tiempo breve o interminable, feliz o desdichado, así como puede, disolverse a sí mismo en la vivencia de eternidad.

> El tiempo mítico [...] no es una sucesión homogénea de cantidades iguales, sino que se halla impregnado de todas las particularidades de nuestra vida: es largo como una eternidad o breve como un soplo, nefasto o propicio, fecundo o estéril. Esta noción admite la existencia de una pluralidad de tiempos. Tiempo y vida se funden y forman un solo bloque, una unidad imposible de escindir [228].[15]

Pero más allá de Bergson, Paz reconoce el carácter, también cualitativo y vital, del *espacio mismo*. Hace suya, de hecho, la idea de la unidad espacio-tiempo, que significativamente era esencial en el mundo prehispánico. Ya en la Fiesta también se hacía patente que tiempo y espacio quedaban ambos unidos y sacralizados.

La experiencia primordial que tiene presente Octavio Paz es, ciertamente, la del tiempo como eternidad. O sea, la vivencia del tiempo mítico como percepción de la unidad de la temporalidad, que trasciende la apariencia de un tiempo escindido en pasado, presente y futuro, reconociendo la verdad subyacente de la unidad psíquica de los tiempos. El tiempo mítico se revela así como pervivencia, como presencia eterna y no como caducidad; es el tiempo que se une y concilia consigo mismo y con la vida en su plenitud. Tiempo sagrado, es cierto, de Fiesta y comunión.

> Hubo un tiempo en el que el tiempo no era sucesión y tránsito, sino manar continuo de un presente fijo en el que estaban contenidos todos los tiempos, el pasado y el futuro. El hombre desprendido de esa eternidad en la que todos los tiempos son uno, ha caído en el tiempo cronométrico y se ha convertido en prisionero del reloj, del calendario y de la sucesión [227].

"Tiempo eterno", "comunión", "trascendencia", sacralidad del "espacio-tiempo", "Mito", todo ello cobra pleno sentido, en fin, en el símbolo del "laberinto", con toda su riqueza y complejidad.

Paz atiende a tres de sus principales "momentos" o componentes cuando señala que

> [El laberinto es] uno de los símbolos míticos más fecundos y significativos: la existencia, en el centro del recinto sagrado, de un talismán o de un objeto cualquiera capaz de devolver la salud o la libertad al pueblo [...] la

---

[15] El tiempo cualitativo hace patente asimismo ese otro hecho decisivo que pone de relieve Paz: la implicación recíproca de la vida y la muerte. Como quiera que esta se conciba, ya como tránsito, ya como aniquilación (Paz se detiene socráticamente ante el misterio y asume la ignorancia), la muerte tiene sentido cualitativo, no es indiferente, como no lo es la vida; todas las propensiones del hombre moderno a evadir la conciencia de la muerte, son consecuentemente formas de evadir la vida misma.

presencia de un héroe o un santo quien tras la penitencia y los ritos de expiación [...] penetra en el laberinto [...]; el regreso, ya para fundar la Ciudad, ya para redimirla [226].

Pero cabe añadir que hay en el mito del laberinto –en especial en su versión cretense– otros significados (también dialécticos), que implícitamente corresponden a la dialéctica de la soledad destacada por Octavio Paz.

Ha de recordarse que el *labrintos* toma su nombre de la *labris*, el "hacha doble" o más bien "el hacha una y doble" al mismo tiempo. El laberinto conlleva una significativa dualidad de sentidos: es *prisión* y, simultáneamente, contiene en su "centro" la *liberación*. Es prisión y es *prueba* para el recorrido del iniciado. Representa, él mismo, los impedimentos y obstáculos para el trayecto, sus movimientos erráticos, sus caminos cerrados, aporéticos. Paz habla de "selvas y desiertos", "vericuetos y subterráneos" del laberinto de la soledad.

En la soledad cerrada, el solitario está perdido en su laberinto, sin llegar al centro ni encontrar salida. Simbólicamente, sólo el héroe mítico (Teseo) llegará a él, si vence las pruebas "laberínticas", si destruye al monstruo interior (el Minotauro) y si dispone del hilo de Ariadna, símbolo –diríamos– del trayecto, el riesgo y la memoria, de la fidelidad-amor que une consigo mismo y con la otredad, con el interior y el exterior. Se hace expresa, así, la sapiencia del mito: quien accede –iniciáticamente–

al centro del laberinto, ha de tener a la vez el secreto de la salida.

Y el centro del laberinto es expresamente sagrado para Paz, justamente porque en él se contiene la conciliación suprema de los contrarios, su más íntima unión. El centro mismo –cabe decir– es a la vez "dentro-fuera"; contiene también simbólicamente la síntesis soledad-comunión. En el más íntimo recinto, eterno y sagrado del laberinto los contrarios muestran su unidad primigenia, su esencial concordia. Y ahí se alcanza la autenticidad; es en esencia el centro de nosotros mismos –dice Paz–, de donde habríamos sido expulsados. La penetración en el centro del laberinto coincide, por tanto, con la vivencia del espacio-tiempo sagrado, del tiempo mítico; coincide en suma, con esa experiencia fundamental que tiene presente Paz cuando dice: "...y finalmente la gracia, esto es, la comunión" (227).

Se entiende así que ingresar al centro del laberinto sea trascender al fin la soledad. O como lo expresa el poeta: "... la plenitud, la reunión, que es reposo y dicha, concordancia con el mundo, nos esperan al final del laberinto de la soledad" (212).

Sin duda la visión de Octavio Paz es una visión esperanzada. Lo era hace cincuenta años cuando pensaba que los tiempos eran propicios para que el mexicano trascendiera el laberinto de su soledad; lo era hace veinticinco años cuando revalida expresamente "la concepción central" de su obra, o hace siete en que revisa el texto para su edición en las *Obras completas*, y lo es ahora en que lo releemos nosotros medio siglo después. Éste es uno de los principales signos de la fuerza y de la vigencia del nuevo mito creado por Paz, "mito ordenador" –como lo define Alejandro Rossi.

El laberinto de la soledad está impulsado, de principio a fin, por la búsqueda crítica y la mirada moral. La obra entera de Octavio Paz, nacida de su "idea fija", o más bien de su "amor fijo" por México, se halla impulsada, de principio a fin, por la Esperanza. Pues hemos de creerle, en definitiva, que:

Quien ha visto la Esperanza, no la olvida. La busca bajo todos los cielos y entre todos los hombres. Y sueña que un día va a encontrarla de nuevo, no sabe dónde, acaso entre los suyos. En cada hombre late la posibilidad de ser o, más exactamente, de volver a ser, otro hombre [31].

BIBLIOGRAFÍA CITADA

PAZ, Octavio. *Sor Juana Inés de la Cruz o las trampas de la fe*. México: Fondo de Cultura Económica, 1982.
———. "Prólogo". "Vuelta a *El laberinto de la soledad*. Conversación con Claude Fell". *Obras completas 8. El peregrino en su patria. Historia y política de México*. México: Fondo de Cultura Económica, 1994.
———. *El laberinto de la soledad*. Madrid: Cátedra, 1993.
SANTÍ, Enrico Mario. "Prólogo" a *El laberinto de la soledad*. Madrid: Cátedra, 1993.

LA NAPA MITOPOÉTICA*

Saúl Yurkievich

INQUISICIÓN ACERCA DEL MEXICANO, *EL LABERINTO DE LA soledad* intenta develar su singularidad. Pone en juego una conciencia interrogante que procura responder a la pregunta fundadora de esta interpelación: qué es el mexicano y cómo realiza lo que es.

A través de su pujante examen, Octavio Paz por fin colige que el mexicano es un ser a medias, un ser en vías de ser, un ser que no se atreve a ser lo que esencialmente es. El mexicano, según Paz, no consigue recobrar su ser original, entrañarse, volver a sus raíces, restablecer el vínculo con el pasado primordial, con lo matricio, reinstalarse en la placenta regeneradora de la tierra madre.

El laberinto de la soledad es una búsqueda ontológica. *El laberinto de la soledad* en tanto obra literaria, es una ontología figurada; es de cierto modo, de modo artístico, una ficción (un como si, una metáfora) ontológica.

El laberinto de la soledad es un discurso artístico, pensamiento conllevado por la forma y la figura, sujeto siempre a un principio de selección estético y portado por la escansión prosaria, por el ritmo-imagen que opera de sostén y de activante del flujo verbal, por ese encauce cantarino que va configu-

* Texto leído en la Fundación Octavio Paz, el 25 de agosto de 2000. La presentación estuvo a cargo de Guillermo Sheridan.

rándolo y no deja pasar sino lo que conviene, lo concertante semántico y sonoro.

Cuanto léxico, cuanta posible enunciación, cuanta palabra (la terminología técnica, lo documental, lo estadístico), tanto vocablo aliterario, lo cacofónico, las construcciones inelegantes no pasan si no armonizan con este fraseo orquestal. Paz descarta aquello que no condiga con la equilibrada arquitectura del escrito, con sus simétricos recortes y distribuciones armoniosas, con el cadencioso despliegue de sus partes.

Aunque Paz filosofa, psicologiza, sociologiza, antropologiza, su discurso ensayístico es distinto del filosófico, del psicológico, del sociológico, del antropológico propiamente dichos, sujetos todos a una disciplina sistematizada. La ideación de Paz está configurada como forma artística. La forma es visión subordinada a una *compositio* y *dispositio* específicas. En *El laberinto de la soledad* el concepto hace alianza con el sortilegio. Este discurso artístico, exento de razón utilitaria y de prueba de veracidad, asegura su perduración.

Muchas de las aseveraciones, versiones o conjeturas de *El laberinto de la soledad* pueden ser invalidadas por el curso real de la historia. Lo histórico efectivo en la historia subyace, la infra o intrahistoria inmemorial, la arquetípica, la modelada por las matrices de la imaginación profunda. No caduca esta recreación regresiva, reminiscente, que abreva en la napa mitopoética. Ella recobra los sueños de la especie, detiene la progresión horizontal del tiempo profano y lo hace gi-

rar en redondo para restablecer el vínculo entre mito, rito, ciclo y ritmo. No limita esta captura imaginativa que liga el acontecer humano con los acontecimientos cósmicos, con la historia naturalizada, historia ancestral que es historia sagrada.

Reiteradamente dice Paz el anhelo de restablecer ese tiempo original que coincide con el íntimo, rescatar ese presente puro, manantial que renueva y recrea sin cesar. Paz insiste en la necesidad de completar el ser recuperando la dimensión mítica que nos devuelve a la solidaridad primigenia, que nos reintegra al concierto cósmico.

"El laberinto... –afirma Paz– fue una tentativa por descubrir y comprender ciertos mitos y, al mismo tiempo, en la medida en que es una obra de literatura, se ha convertido en otro mito." Se ha convertido en otro mito porque esencialmente es el fruto de una visión y una proyección míticas.

El laberinto inextricable simboliza la confusión de la mezcla dispar, el extravío que impide acceder el centro reparador y reconciliador. El laberinto aleja, apoca, asola, degrada. Representa la deambulación desorientadora en oposición a lo central o axial que dota de entidad e identidad, de sentido y de destino. Para Paz, este centro restaurador implica la reunión reconciliadora, el reintegro a la grey, a la comunidad originaria, a la solidaridad y a la integridad del comienzo.

Este laberinto de la soledad no se asemeja al de Borges, arquetipo de intrincada arquitectura y metáfora de un universo irreductiblemente caótico, de su enmarañado e inescrutable desorden. No es entrevero de tortuosos recorridos, "de perplejos corredores y vanas antecámaras", de puertas que no dan acceso, de calles circulares, de falaces recorridos. No es esa endemoniada disposición de salas y patios que se repiten, de simetrías equívocas, de bifurcaciones desconcertantes, de inútil desvarío.

Símbolo de un sistema de defensas, el laberinto presupone la presencia de un centro reservado al iniciado que, a través de una progresión de pruebas, se muestra digno del acceso a la revelación. Como en el mito de Teseo y el laberinto de Creta, el del vellocino de oro de la Cólquide o el de las manzanas de oro de las Hespérides, quien alcanza el centro se convierte en un consagrado, conocedor de las claves, y queda ligado al secreto del acceso.

El laberinto de la soledad preconiza que el mexicano debe buscar el centro a través de los vericuetos y escondites de su propia conciencia. Ese centrarse en sí mismo posibilita el retorno a la concordia del comienzo, permite actualizar el pasado armonioso, volver a instalarse en el tiempo cíclico, aprehender el tiempo como perpetuo presente. Gracias a la participación comunicante, el tiempo original de la comunión del hombre con el cosmos coincide con el subjetivo y con el colectivo. Se vuelve manantial que renueva y recrea sin cesar. Por el mito y la fiesta, según Paz, el hombre se hace uno con la Creación. La historia entonces cesa su loca y destruc-

tora carrera, la sociedad se autentifica, arroja sus máscaras y todos los partícipes logran conocerse a sí mismos y conocer a sus semejantes, ser en concordia con todos y con todo.

El laberinto de la soledad es un ensayo o sea obra de agudeza y arte de ingenio. Es prosa literaria sujeta a una especificidad genérica. Es portadora de conocimiento y está portada por una forma persuasiva, elocuente. Adopta una escritura discursiva, sapiente, pero atenta a la belleza de expresión, a la tensión rítmica, al armonioso equilibrio de sus partes, a un despliegue elegante. Porta un cuidado especial a cada instancia del texto. Es una disquisición amena que recurre al lenguaje figurado, que hace abundante uso de imágenes y de metáforas, que busca una atractiva alianza de gusto, intelecto y fantasía. Por eso, en medio de un razonado examen suele irrumpir una fulguración figural, el estallido ilustrativo y sintetizador de una imagen que alegoriza lo disquisitivo, que torna sensible por aprehensión fantasiosa lo que la andadura reflexiva expone en sucesión discursiva. De pronto, el decurso sesudo se transforma en poema:

Oscilamos entre la entrega y la reserva, entre el grito y el silencio, entre la fiesta y el velorio, sin entregarnos jamás. Nuestra imposibilidad recubre la vida con la máscara de la muerte; nuestro grito desgarra esa máscara y sube al cielo hasta distenderse, romperse y caer como derrota y silencio. Por ambos caminos el mexicano se cierra al mundo: a la vida y a la muerte.

Bajo la advocación de Alfonso Reyes, Paz declara que el escritor participa de la vida social depurando o expurgando el lenguaje. En *El laberinto de la soledad*, el primer ensayo largo que emprende, Paz preconiza y practica como premisa clarificadora esta depuración idiomática. Quiere sacar la lengua informe de su adocenado uso común, sacarla de su pedestre horizontalidad, erguirla e individualizarla. Paz aspira a dilucidar con una lengua bien conformada, aguzada, esclarecedora, el ser incierto, la soledad balbuciente del hombre enmarañado que no acaba de ser y que no se conoce a sí mismo. *El laberinto de la soledad* se aplica a una materia oculta y confusa, saca a la luz y analiza ese conflicto íntimo y central, esa irresoluta puja entre soledad y comunión, entre mexicanidad y universalidad que condiciona tanto las conductas privadas o las artísticas como las sociales y políticas. Aparece ya en el estilo de Paz esa tendencia a disponerlo todo en díadas de opósitos a la vez antagónicos y reversibles.

El cuidado formal determina no sólo los modos de enunciación del libro; lo formal adquiere una dimensión trascendente. Paz se propone captar la forma que configura ese universo singular o esa singularidad universal que es México. Tal búsqueda de una figura englobadora, postulada como clave del proceso de formación de la enti-

dad nacional, es el designio que conforma y cohesiona el derrotero histórico de México, y es el diseño que rige la puesta en obra de *El laberinto*... Toda la historia de México aparece aquí como búsqueda de una Forma (con mayúscula) que posibilite la autoexpresión de lo mexicano, expresar su particularidad pero con proyección universal. *El laberinto de la soledad* se construye como búsqueda literaria de un lenguaje mexicano, de una forma donde resida la mexicanidad como matriz formativa, y se construye como inquisición sobre esa forma mexicana que enlaza, da continuidad y coherencia a un devenir histórico identificador:

Toda la historia de México, desde la Conquista hasta la Revolución, puede verse como una búsqueda de nosotros mismos, deformados o enmascarados por instituciones extrañas, y de una Forma que nos exprese.

Todo es cuestión de forma. *El laberinto de la soledad* es un ensayo o sea una tentativa hipotética, es una obra literaria o sea una conformación artística del lenguaje que (como diría Darío) persigue una forma, que privilegia su forma inherente y que pone en evidencia una forma más vasta que involucrándola la dota de sentido. Merced a esa forma suprapersonal, la historia ya no es tumulto, atolladero, barullo sino una búsqueda vectorial del destino y del sentido, del sentido como destino. Búsqueda de la Forma que amalgame mexicanidad, modernidad y universalidad, debe ser manifestación de lo humano integral, debe reconciliar al mexicano con sus pasados, permitirle reencontrarse y reintegrarse.

La historia, para Paz, es a la vez una flecha que apunta a la tierra prometida y una rueda que devuelve al origen, a la madre traicionada, a la Malinche, a la madre aborigen que inaugura la progenie nacida de la mezcla, que procrea la estirpe bastarda, o sea mestiza. México resulta así el fruto de una doble violencia imperial y unitaria, la de los aztecas y la de los españoles. Pero a la vez, los dos imperios, el azteca y el español implantan esa Forma universal que organiza y reglamenta integralmente el mundo terreno y el ultraterreno.

Los aztecas, los últimos en establecerse en el valle de México, consuman con su estado teocrático y militar la síntesis del triángulo civilizador Teotihuacan, Tula, Tenochtitlan; fundan el Imperio Universal y erigen el modelo orgánico que rige las concepciones religiosas, políticas y sociales. Está simbolizado por la pirámide sacrificial, arquetipo que se fija entrañablemente en el imaginario mexicano. Los aztecas fundan la unidad religiosa: "Las divinidades agrarias –los dioses del suelo, de la vegetación y de la fertilidad, como Tláloc–, y los dioses nórdicos –celestes, guerreros y cazadores, como Tezcatlipoca, Huitzilopochtli, Mixcóatl– convivían en un mismo culto."

Con la Conquista, el catolicismo se superpone al fondo religioso precortesiano,

siempre vivo en la nueva simbiosis entre Guadalupe y Tonantzin. También la España colonizadora aporta a México una organización completa y una visión universal del mundo. España implanta en América un Estado que incorpora a todos los pueblos indígenas, que integra y ampara a todos sus súbditos. Impone una voluntad unitaria. Pese a las diferencias de cultos, etnias y lenguas, postula un solo idioma y una única fe. A imagen y semejanza de la metrópoli, los españoles fundan un sólido edificio social reglado conforme a principios jurídicos, económicos y religiosos coherentes. Merced al catolicismo, los indios reencuentran su lugar en el cosmos. La nueva fe llena el vacío dejado por el abandono de sus dioses y el exterminio de sus jefes. A partir del bautismo, pasan a integrar un orden universal abierto a todos los hombres y restablecen así su relación con lo sagrado. La creación de un orden universal justifica, según Paz, a la Colonia; la redime de sus limitaciones. La era colonial crea una civilización. Sus cimas son el *Primero Sueño* de Sor Juana, la *Grandeza mexicana* de Sigüenza y Góngora, las Leyes de Indias, la arquitectura barroca, sus sabios, sus historiadores. Para Paz, este orden colonial, empresa renacentista y por tanto utópica, todo lo integra y armoniza. Como cualquier civilización, la Colonia es una totalidad viva y contradictoria que involucra lo magnánimo y lo cruel, lo digno y lo atroz, lo bello y lo horrible. De modo semejante, la civilización azteca presenta el contraste entre la magnificencia de sus templos y el culto al sacrificio, la calidad de sus artes y el canibalismo ritual, la crueldad del Estado teocrático y sus portentosos mitos.

Pero la fe se petrifica, la tradición asfixia y el Estado colonial se cierra sobre sí mismo; aplica, adapta pero nada inventa. Cunden las nuevas ideas, sopla en América el ciclón revolucionario y los pueblos se sublevan contra el dominio español. Después de la síntesis de los aztecas en Mesoamérica y la de Cortés en la Nueva España, el cuerpo muerto del imperio se disgrega en una pluralidad de nuevas naciones. Afecto a las perspectivas amplias, a la visión a distancia, al cosmorama, para ilustrar, para hacer ver los grandes vaivenes de la historia, Paz recurre con gusto a la imagen, no sólo como complementaria del pensamiento, también como su congénita culminación:

> Conquista e Independencia parecen ser momentos de flujo y reflujo de una gran ola histórica, que se forma en el siglo XV, se extiende hasta América, alcanza un momento de hermoso equilibrio en los siglos XVI y XVII y finalmente se retira, no sin antes dispersarse en mil fragmentos.

En México, la guerra de Independencia es una revuelta del pueblo contra la metrópoli y los latifundistas nativos; es una revolución agraria, una guerra de clases. Los liberales proclaman las nuevas ideas, los derechos del hombre y del ciudadano, la igualdad ante la ley, la democracia representativa, el federalismo, el racionalismo revolucionario y romántico, el Estado laico. Pero más que modificar la realidad, legislan, cambian las leyes. La Reforma consuma la Independencia, funda las bases de la sociedad mexicana a partir de una triple negación: de la herencia española, del pasado indígena y del catolicismo. Destruye dos instituciones que aseguran la continuidad histórica: las asociaciones religiosas y el *calpulli*, la propiedad comunal indígena. Funda el México moderno negando su pasado, perpetra un matricidio. Destruida la teocracia indígena, el indio venera a la Virgen como a una madre. El liberalismo es una doctrina utópica que no reconforta, combate e ignora la mitad del hombre que se refugia en los sueños, que se expresa en los mitos, la comunión, el festín, el erotismo. La Reforma, con su razón geométrica, postula una libertad abstracta, predica una igualdad vacía. No genera una burguesía ilustrada y se queda sin base social. Por pérdida de filiación histórica, las ideas desencarnadas se convierten en máscaras.

El Estado laico propicia la historia positiva del progreso, ignorando la historia oculta, la retrospectiva, la intrahistoria subterránea. Esta aflora periódicamente para probar la persistencia de símbolos oscuros que remiten a los acontecimientos del pasado primordial, siempre vigentes en la memoria de los pueblos. Las invariantes históricas resurgen y actualizan ese pasado que es presente oculto. Las invariantes son complejos, propensiones inconscientes, presuposiciones que resisten con terquedad a la erosión de la historia y a los cambios. Representan un perpetuo presente en rotación que cada tanto vuelve para restaurar el tiempo primigenio. Así, la matanza del 2 de octubre de 1968 en la plaza de Tlatelolco es simbólicamente la emergencia del sacrificio ritual, representa el tiempo petrificado de la pirámide azteca, el lugar de la inmolación sagrada que asegura la perpetuidad del culto solar, fuente universal de la vida.

La historia visible es un palimpsesto lleno de lagunas que dejan presumir la historia subyacente. O es un códice cuyos jeroglíficos representan enigmáticamente la historia invisible. Escritura cifrada, traducción de una traducción, nunca leemos la historia original. Tal como Paz lo apunta en "Crítica de la pirámide": "Vivimos la historia como si fuese una representación de enmascarados que trazan sobre el tablado figuras enigmáticas; a pesar de que sabemos que nuestros actos significan, dicen, no sabemos qué es lo que dicen y así se nos escapa el significado de la pieza que representamos." Las claves de la historia son herméticas, se relacionan tanto con condicionamientos culturales, materiales, como con visiones, imágenes simbólicas. La historia es indisociable de las eras imaginarias, se confunde íntimamente con el mito.

El mito representa en imágenes cautivas aquello que la documentada, minuciosa y metódica historiografía no devela, lo que está debajo de la superficie tumultuosa de los acontecimientos humanos, de las efemérides, los enfrentamientos, las transacciones, las distribuciones de poderes, su ejercicio, las acciones que inciden sobre los grupos. La historiografía no saca a luz lo subsumido, lo que subyace a las causalidades verificables. El mito retrotrae simbólicamente a la historia originaria, es la metáfora secreta o el oscuro arcano que despierta una inmensa sed de desciframiento.

Por debajo de la historia eventual, la que registra y analiza cierta categoría de acaecer colectivo, por debajo o por dentro de la crónica epocal, del curso sucesivo de conservaciones, enfrentamientos y cambios, están los recurrentes modelos ancestrales, fundados en las experiencias primiciales, están las actitudes y los actos matrices, están las motivaciones atávicas, las propensiones o pulsiones basamentales, los oscuros mandamientos instintivos. Allí, en esa intrahistoria, arraiga el repertorio de símbolos que recrean la escena primordial, esas figuraciones fantásticas, lo fantástico trascendental del que habla Novalis en sus *Schrifften*. Allí se entraña un régimen universal de la imagen, una fenomenología de la imaginación que alegoriza ese pacto, ese punto de convergencia entre matrices sensomotoras y experiencias perceptivas, modales para generar los más persistentes símbolos: la rueda y la flecha para el tiempo, el cetro y la espada para la conducta del señor, el padre sol, la madre tierra y el sexo tumba para las generaciones humanas.

La historia de México vuelve a nutrirse en el humus mítico con el estallido de la Revolución. Y cuando la evoca, la pluma de Paz se inflama, recobra su poder mitopoético. La Revolución nace del corazón mortificado del pueblo. Insurrección de los despojados y postergados es un fruto violento de la tierra. Emiliano Zapata muere abrazado a la tierra natal: "Como ella –indica Paz– está hecho de paciencia y fecundidad, de silencio y esperanza, de muerte y resurrección." Zapata, el hijo sacrificado por su madre tierra, se transfigura en un mito perdurable. Es un auténtico mito: un modelo ejemplar que reencarna un arquetipo inmemorial. Zapata representa la filiación, la ligazón umbilical con el terruño, con la uterina originalidad de la tierra. Personifica la revuelta que reivindica el *calpulli*, el reintegro al orden ancestral. La Revolución agraria restablece el vínculo con lo raigal, con la propiedad colectiva de la edad de oro. La Revolución es una insurgencia justiciera, reclama el elemental derecho a la tierra. La Revolución es una explosión popular que postula una verdad primordial. Por eso no tiene programa.

La Revolución hace aflorar algo que está por debajo de las ideologías. Tiene que ver con experiencias profundas, con el antiguo asentamiento, con un paisaje y un modo de vida complementarios, con una remota genealogía, con la concreta vivencia de la implantación del ser en el lugar que le es connatural, con la autoctonía del que vive en trato materno-filial con la tierra que lo aposenta, lo nutre y lo ampara.

Zapata es el único mito moderno memorable, constantemente evocado, redivivo, vigente. Es un auténtico mito heroico que adquiere pronto dimensión legendaria. No es un prócer sino algo más conmovedor, más sugestivo, más alegórico, algo que afinca en el imaginario colectivo y que activa la fantasía. Zapata es un mito o sea, un generador imaginante. Pocos personajes del pasado mexicano encarnan mitos, en el sentido propio y potente del término, mitos trasnacionales. Sin duda, el melancólico Moctezuma y su antagonista, el arrojado y cruento Hernán Cortés que arrasa con todo para suplantar la barbarie indígena, pagana, por la cristiana civilización europea, quien conquista para España, con tanta astucia como valentía, con un puñado de soldados, otro Catay en las Indias Orientales. Cortés, el civilizador y el destructor, el letrado y el rapaz, el chingón que siembra la tierra usurpada a sangre y fuego con su progenie nacida del abuso. Como todo mito, el de Cortés es ambivalente, plurívoco, cargado de antitéticas proyecciones simbólicas. Es como el de su cómplice aborigen, la Malinche.

Zapata es el mitológico héroe de la mítica guerra agraria. La Revolución subvierte planes y programas. La impulsiva, la pujante insurrección popular no puede ser interpretada sino como acontecimiento mítico, llamado o reclamo ancestral de restablecimiento de un orden primigenio. La historiografía, la del análisis de los anales, la tributaria del documento probatorio, la de la distancia objetivante, la del inventario, el catastro y el cómputo se queda corta o queda afuera frente a la exuberante y explosiva vitalidad de tan raigal como radical ruptura del orden injusto. Queda inerme ante tan catastrófico aflujo de un colmo, del caos regenerativo, del desmadre que posibilite la recuperación de la plenitud del comienzo. La Revolución persigue lo ínsito, lo oriundo; sale de la historia lineal, se naturaliza, entra en un movimiento circular en que hombre y tierra se consubstancian y trasfunden, entra así a participar en los ritmos cíclicos del cosmos.

El examen reflexivo, la disquisición conceptual con que Paz aborda la materia histórica es de alcance insuficiente. Lo retiene, lo modera. En prosa siempre elegante, con perspicacia y probidad, versadamente discurre, diserta. Pero a sus consideraciones les suele faltar levadura. Lo histórico nunca le basta. Siempre trata de bucear por debajo, de penetrar imaginariamente, por medio de la oscurvidencia, en lo intrahistórico que es intrapsíquico. Intenta así captar las movilizaciones emotivas y figurales, los impulsos ligados a la imaginación nuclear o placentaria, cernir las simbolizaciones motoras y matrices del imaginario colectivo. Busca trascender o introyectar la historia eventual, busca los complejos inconscientes, busca esas predisposiciones particulares con que cada cultura aprehen-

de lo real, busca el doble oculto con el cual cada pueblo dialoga o se disputa, busca eso que en lo que pasa no pasa, o pasa sin pasar del todo, busca un presente soterrado, en el presente busca la perpetuación del pasado.

La manzana de los jóvenes insurrectos, la de octubre del 68 en Tlatelolco, es un histórico derramamiento de sangre, pero más profundamente es una resurgencia de la intrahistoria. Perpetra y perpetúa un sacrificio ritual, devuelve al estado antecesor, a lo precolombino, a la imagen ancestral del cosmos, a México montaña sagrada, a la pirámide, lugar del sacrificio divino, al modelo instaurado en el principio, al pacto original de alimentar con muerte la vitalidad de la vida.

Cuando descifra los signos de la historia invisible, cuando penetra en el entramado simbólico, cuando su poder de penetración se confabula con el visionario poder de evocación, el mitopoético, Paz adquiere su mayor capacidad expresiva y cognitiva. Allí la palabra torna en conjuro y el ritmo-imagen que la anima se vuelve cosmovisión, nos reintegra al universo analógico, al de las correspondencias irrestrictas donde todo comunica, se coaliga, comulga con todo.

La Revolución reconquista el primado ancestral de la madre-tierra. La Revolución reconcilia al mexicano con su historia autóctona. Es la tentativa de redención y comunión de los desesperados. La Revolución es la palabra talismán que va a cambiarlo todo, que prodiga euforia vital y muerte fogosa. Por ella el pueblo se adentra en su sustancia para extraer de su terrestre entraña su filiación. Súbita inmersión de México en su propio ser, es la fiesta de las balas, un exceso, un despilfarro de energías, una mezcla de explosiva alegría y de desamparo. La revuelta comunitaria es la comunión por la revuelta:

> ¿Y con quién comulga México en esta sangrienta fiesta? Consigo mismo, con su propio ser. México se atreve a ser. La explosión revolucionaria es una portentosa fiesta en la que el mexicano, borracho de sí mismo, conoce al fin, en abrazo mortal, al otro mexicano.

La historia de México es, según Octavio Paz, la del hombre que busca su filiación, que "cruza la historia como un cometa de jade que de vez en cuando relampaguea". En su descentrada carrera quiere volverse sol, volver al centro de la vida de donde fue desprendido, remediar el reclamo de su conciencia recóndita, hacer que cese la orfandad por haber sido arrancado del Gran Todo. Mitopoéticamente, la Revolución es un retorno redentor que reanuda los lazos umbilicales que ligan a los mexicanos con la Creación. La verdadera historia de México es para Octavio Paz, historia sagrada.

Libertad en el laberinto[*]

Enrico Mario Santí

I

Hace siete años, en una carta escrita al final de un largo periodo durante el cual Octavio Paz y yo trabajamos en la edición crítica de *El laberinto de la soledad*, el poeta me hizo la siguiente observación sobre mi introducción:

> Leer esas páginas fue como abrir una ventana, después de años de encierro, y comprobar que el mundo –el sol, el aire, los árboles, la gente– existe y que un poco de luz puede disipar todos los fantasmas. Es el primer ensayo en el que me siento realmente comprendido y leído [Paz, 9 de marzo, 1993].

Cito este testimonio inédito, y venzo mi pudor al citarlo, para dejar en claro una paradoja acerca de *El laberinto de la soledad* que tal vez se pierda en la barahúnda de este homenaje nacional. *El laberinto de la soledad* es un libro clave en la historia espiritual de la nación mexicana. Al mismo tiempo, ha sido uno de los libros más combatidos, más ninguneados y menos comprendidos de toda su his-

* Texto leído en la sala Adamo Boari del Palacio de Bellas Artes, el 26 de agosto de 2000. La presentación estuvo a cargo de Anthony Stanton.

toria. Así al menos lo veía su autor, como lo comprueba este testimonio, en el que veo, más allá de cualquier elogio personal, indicio de algo asombroso: que a pesar de su estado canónico, a pesar de sus éxitos de venta, a pesar de toda la bibliografía dedicada a Octavio Paz, a pesar incluso, y a la altura de 1993, del otorgamiento del premio Nobel, un libro clave como éste pueda no haber sido comprendido y leído.

Ya en otras ocasiones, y especialmente en la edición que acabo de mencionar, abordé algunas de las razones que explican la resistencia colectiva a *El laberinto de la soledad*, sobre todo en lo que toca a su primera edición. No repetiré lo dicho. Pero sí quisiera repasar hoy el lugar que ocupa el libro dentro de la biografía intelectual de Octavio Paz. No hay tiempo, por desgracia, para hablar de sus resonancias en la obra posterior a 1950. Mejor contribución puede ser el análisis de este momento clave en la vida del joven Paz –los años entre 1943 y 1950– que le vieron producir, en lo que no puede menos que llamarse su primer exilio, no una sino dos de las grandes obras de la literatura moderna: *Libertad bajo palabra* y *El laberinto de la soledad*.

II

"Fue una ausencia de nueve años. Repito esa cifra con reverencia: fue una verdadera gestación. Pero una gestación al revés: no dentro sino fuera de mi país nativo" ("Cua-

renta años..." 56). Tal fue, en parte, lo que en 1975 recordaba Paz sobre los primeros años que pasó fuera de México. Tantas veces invocó esa metáfora de autogestación, que muchos hoy la repiten sin sacar la cuenta. Harto sabido es que fueron casi diez años, y no exactamente nueve, entre enero de 1944 y septiembre de 1953, los que estuvo fuera de México. De lo cual podemos deducir que Paz deliberadamente estiró o encogió esa mítica cifra con el propósito de inventar una metáfora de autogestación, y por tanto un símbolo de renacimiento. Lo que importa de ese símbolo no es la verdad literal de la cifra, sino su carácter de símbolo como explicación de la obra. Paz interpretó esa coyuntura en su vida como un renacimiento.[1]

En la introducción a *Primeras letras (1931-1943)*, el libro que Paz y yo armamos hace tiempo, traté de demostrar cómo hacia 1943 la vida se le había vuelto intolerable. "Me ahogaba en México", le repitió a MacAdam luego, "y llegué a la conclusión de que tenía que salir del país" (MacAdam 14). Así, en aquel lejano 1943, durante el cual solicitó y obtuvo una beca Guggenheim que lo llevaría por primera vez a Estados Unidos, las sucesivas rupturas de Paz con su familia, sus aliados políticos y con su sociedad, reflejaron una crisis de dimen-

---

[1] "No fueron ocho sino *nueve* años", le volvió a señalar a Alfred MacAdam, en vísperas del anuncio de su premio Nobel. "Si tú cuentas cada año como un mes, encontrarás que esos nueve años de ausencia fueron nueve meses vividos en el vientre del tiempo."

siones políticas y espirituales que irrumpió en el exilio transformador de una década.

Dos aspectos de esa transformación deben tomarse en cuenta. Primero, que la transformación –lo que simbólicamente denomina su "gestación"– ocurrió *fuera* de México, más allá de las fronteras nacionales, y expuesto a culturas diferentes a la suya. Para decirlo en términos de un lenguaje crítico que ya no se usa, pero al que de vez en cuando debemos recurrir, el antiguo Paz "nacionalista" da lugar a un Paz "cosmopolita y universal". Segundo, Paz se transforma, literalmente, en otro escritor. La afirmación sugiere que la ruptura había sido no sólo en el orden familiar, político o social, sino en el psicológico y moral. La ruptura fue, sobre todo, consigo mismo. De hecho, será después de 1943 que Paz rechazará casi toda la poesía que había escrito hasta entonces. Y no será hasta 1988, con la publicación de *Primeras letras...*, que recogerá (y por tanto autorizará) la mayor parte de la prosa que escribió durante esos mismos años.[2]

Muy otra, en cambio, resulta la situación con *Libertad bajo palabra*, el libro de poemas que escribió casi en su totalidad en Estados Unidos y Francia y publicó en México en 1949. Como se sabe, el propio Paz llegó a llamarlo "mi *verdadero* primer libro", aun cuando todo el mundo también

sabe que se trata de su sexto tomo de versos.[3] La publicación de este llamado "primer" libro de poemas en 1949 coincidirá con la de *El laberinto de la soledad*, su primer libro orgánico en prosa, en 1950. Todo lo cual sugiere un dato: fue hacia el final de la década de los cuarenta, a la edad de 35 años, que Octavio Paz finalmente logró alcanzar, tanto en poesía como en prosa, lo que solemos llamar "su propia voz".

Reflexionemos sobre este momento crucial, que parece haber sido no sólo de conflicto y ruptura, sino de renacimiento y resolución. También, de fundación: inaugura un periodo en la vida y obra de Paz que él mismo autorizó como original, en su doble sentido de nuevo y primero. Existe, por tanto, todo un dispositivo de relaciones entre *Libertad bajo palabra* y *El laberinto de la soledad*, piedras angulares en la fundación de esa nueva y original modalidad. Se trata, superficialmente al menos, de dos libros muy distintos, empezando por sus respectivos géneros: poesía lírica y ensayo moral e histórico. Y, sin embargo, además de la fecha de composición, comparten temas y estructuras. ¿Qué revela este suelo en común, y hacia qué apunta en la futura obra de Octavio Paz? Mis reflexiones, como verán, están lejos de agotar el tema. Por último, mi título "Libertad en el laberinto" alude al dispositivo temático de los dos libros. Pero, como también veremos, el título pudiera aludir

---

[2] Aun cuando finalmente la recoja, a la altura de 1988, no dejará de llamarla "una exploración solitaria ... llena de fantasmas y voces".

[3] Para un listado véase la bibliografía de Hugo Verani.

igualmente al reverso de esa fórmula: algo como "el laberinto de la libertad".

Empiezo con datos tal vez pedestres: la cronología de ambos libros. Aunque son elocuentes sus respectivas fechas de publicación, sería engañoso concentrarnos exclusivamente en ellas y excluir otros detalles menos salientes. *Libertad bajo palabra*, por ejemplo, se publicó en 1949, pero es evidente que Paz escribió la mayor parte de los poemas no en París, donde vivía cuando se publicó el libro en México, sino en Estados Unidos, donde había vivido casi dos años antes de mudarse a París a fines de 1945. De hecho, sabemos que ya había terminado el libro en los últimos meses de 1946, casi un año después de llegar a París. Al menos así se lo indicó Paz a Alfonso Reyes, que fue quien gestionó su publicación en la colección Tezontle del Fondo de Cultura Económica, en una carta con fecha de 8 de julio de 1949. Ahí dice: "Perdone que abuse tanto de su buena disposición, pero estoy seguro de que usted comprende mi impaciencia: el libro debería haberse publicado a fines de 1946" (Stanton 92).

Las razones que demoraron la publicación del libro tuvieron que ver, en gran parte, con las dificultades de Paz para hallar un editor. A Anthony Stanton, por ejemplo, Paz le reveló que fue a José Bianco, cuando entonces era secretario de redacción de la revista *Sur* de Buenos Aires, a quien primero se lo envió para que lo publicara en esa casa editorial (Stanton 16). Bianco, a su vez, le pasó el libro a Guiller-

mo de Torre, quien lo rechazó.[4] Las cartas de Paz a Bianco, que se pueden consultar en la biblioteca de Princeton, demuestran, sin embargo, que sólo en marzo de 1948, dos años después de haberlo terminado, fue que le envió el libro. Un año después, en marzo de 1949, apenas cuatro meses antes de publicarlo, Paz le escribía a Bianco: "He agregado, eliminado, corregido y, sobre todo, lo he ordenado de manera distinta. Hay varios poemas que tú no conoces y otros que no reconocerás, pues han sido transformados" (Bianco, 3 de marzo, 1949). Por tanto, a pesar de que fue enviado a México desde Francia, y desde allá supervisó su publicación, *Libertad bajo palabra* fue resultado más de los años de Paz en Estados Unidos y su contacto con la poesía norteamericana que de los años en París, que solemos asociar con su contacto con el surrealismo. Fue en París, en cambio, y tan tardíamente como marzo de 1949, que el libro alcanzó su forma definitiva.

Igualmente engañosa puede resultar la cronología de *El laberinto de la soledad*. Su primera edición se publicó en México en 1950, y por su contenido, y en particular sus alusiones a la vida en Estados Unidos y sus comparaciones entre ese país y México, se tiende a pensar que el libro se escribió entre 1943 y 1945, cuando Paz vivía en San Francisco y Nueva York, y antes de trasladarse a París. Es decir, sole-

[4] De Torre, al parecer, tenía un grave problema de gusto: pocos años antes había rechazado nada menos que *Residencia en la tierra*, de Pablo Neruda.

mos leer el libro de ensayos como una crónica de esos años, cuando lo cierto es que Paz escribió éste, su primer libro orgánico de prosa, de un tirón durante el verano de 1949, toda vez que esos años habían pasado. Por eso no es exagerado decir que *El laberinto de la soledad* es, en gran parte, un libro de recuerdos, unas memorias de medio siglo.

En efecto, para julio de 1949 Paz le vuelve a escribir a Alfonso Reyes que había escrito un ensayo dentro de una serie "sobre el ya no vestido de plumas sino andrajoso mexicano". En la entrevista de MacAdam, cuarenta años después, le reveló que "escribí *El laberinto de la soledad* en unos meses" (MacAdam 14), revelación que ya había hecho en el prólogo a *El peregrino en su patria* (*Obras completas* 8): "la ciudad se había quedado desierta y mi trabajo en la embajada mexicana, en donde yo tenía un empleo modesto, había disminuido. La distancia me ayudaba. Vivía en un mundo alejado de México e inmune a sus fantasmas. Tenía para mí las tardes de los viernes y, enteros, los sábados y los domingos" ("Entrada retrospectiva"). De toda esta cronología derivamos, por tanto, precisamente lo inverso de lo que observamos anteriormente sobre *Libertad bajo palabra. El laberinto de la soledad* es tanto un resultado de los años de Paz en París, cuando estuvo en contacto con el surrealismo francés, cuanto de sus años en Estados Unidos, cuando estuvo en contacto con la cultura norteamericana.

Una vez que aclaramos las respectivas cronologías podemos aclarar también la secuencia de los dos libros y tal vez su mutua relación. Es evidente, en primer lugar, que *Libertad bajo palabra* precedió en el tiempo a *El laberinto de la soledad.* Valga la pedestre observación para negar lo que se suele dar por sentado: que los poemas se escribieron después que la prosa, y de ahí que *El laberinto de la soledad* podría tal vez proveer una poética o estructura discursiva de la que los poemas se derivan. La secuencia de redacción y publicación prueba, si acaso, lo contrario: que fueron los poemas los que dieron lugar a la estructura discursiva del ensayo. La prosa fue la que salió, por así decirlo, de los poemas. Lo cual no significa, desde luego, que no podamos considerar *El laberinto de la soledad* como una suerte de lectura de *Libertad bajo palabra.* Al contrario: podemos y hasta cierto punto debemos verlo así. Pero sólo si esa lectura constituye el resultado dialéctico de su relación con los poemas, que le precedieron en el tiempo. El mejor planteamiento de esa cuestión lo ha hecho el poeta mexicano Manuel Ulacia Altolaguirre cuando apunta que "*El laberinto de la soledad* es un espejo, en forma de ensayo, de ciertos temas tratados en su creación poética" (Ulacia 116). El resto de este trabajo lo dedicaré a contestar a la pregunta: precisamente ¿qué muestra ese "espejo, en forma de ensayo"?

III

Para contestarla debemos empezar no precisamente con *El laberinto de la soledad* sino con *Libertad bajo palabra*. No sólo porque, como he dicho, los poemas son cronológicamente anteriores dentro de la obra de Paz, sino porque en ellos auscultamos la base común de los dos libros a la que me quiero referir. Una primera observación es que el libro de poemas se divide en siete secciones de 1, 9, 27, 10, 16 y 1 poemas, respectivamente. Es de notar que tanto la primera como última secciones constan de un solo poema: "Libertad bajo palabra", poema titular, e "Himno entre ruinas", respectivamente. Esa distribución a lo largo del libro sugiere una estructura circular: la primera unidad dividida en un número creciente de fragmentos (del 1 al 9 al 27, etc.) que al final converge en otra unidad. La trayectoria entre esa primera "Libertad bajo palabra" y el "Himno entre ruinas" atraviesa cinco secciones o estaciones, tituladas respectivamente: "A la orilla del mundo", "Vigilias", "Asueto", "El girasol" y "Puerta condenada".

Hace tiempo, en mi introducción a la edición crítica de *Libertad bajo palabra*, sugerí que el contenido de esa trayectoria tenía las siguientes cuatro características. *Primero*: que traza las distintas etapas de una biografía metafórica: un itinerario espiritual hacia la formación de una personalidad *poética* que el propio título proclama, y el prólogo homónimo explica.

Segundo: que el itinerario espiritual de ese poeta se puede dividir, a su vez, en tres etapas o estaciones: una primera de dos secciones ("A la orilla del mundo" y "Vigilias"), cuyo tema es el testimonio; una segunda, consistente de las siguientes dos secciones ("Asueto" y "El girasol") con una temática más ligera y poemas de ensoñación y descanso existencial; y una tercera ("Puerta condenada") que contiene poemas de soledad y sufrimiento, o como diría mi amigo Roger Bartra, testimonios de melancolía.[5] No es un azar que los poemas de "Puerta condenada" se refieran y aludan biográficamente a los momentos más difíciles en la vida de Paz durante la etapa inmediatamente anterior a su salida de México en 1943. De ahí que "Himno entre ruinas", el último poema y sección del libro, sea la destinada a reparar la soledad y el sufrimiento personal que aparece en la sección inmediatamente anterior. Dentro de la estructura del libro, esa reconciliación de "las dos mitades enemigas", que reconocemos como los célebres últimos versos de ese poema ("La inteligencia al fin encarna/ se reconcilian las dos mitades enemigas", vv. 305-306) se refieren igualmente a dos cosas: primero, a la experiencia divisoria del sufrimiento que vemos a todo lo largo de las seis secciones del libro; y segundo, a las dos mitades de la simbólica naranja que aparece al final del poema.

[5] Véase, de este mismo autor, *La jaula de la melancolía*.

Asimismo, las ruinas del título "Himno entre ruinas" se refieren no sólo a Teotihuacan, sino a la memoria herida del poeta que los poemas melancólicos nos muestran.

El *tercer* punto sobre *Libertad bajo palabra* es que su estructura de tres etapas o partes es la de la sonata: un intermedio feliz, o *allegro*, al que le preceden y siguen dos momentos graves, o *adagios*. Para decirlo con el lenguaje más sencillo del propio Octavio Paz: un momento de comunión entre dos de soledad. En este sentido, el itinerario espiritual transita de la marginalidad poética a la canción central –de la *orilla* de la primera sección al *himno* de la última–. El tránsito de uno a otro está marcado, a su vez, por una estructura cíclica o circular: la unidad regresa a la unidad. Sólo que una unidad al final ya distinta a la del comienzo a consecuencia precisamente de la experiencia que atraviesa el hablante. De ahí mi *cuarto* y último punto: el viaje espiritual no es mero registro neutral de una serie de cambios personales, sino una búsqueda simbólica análoga a la del *Bildungsreise*, o viaje de formación romántico –la historia progresiva de una educación artística, sentimental y moral cuya trama implica, necesariamente, una serie de pruebas o capítulos dentro de una historia de crisis personal–. Esos capítulos se justifican, a su vez, a partir del final del viaje –lo cual en este caso, se trata, precisamente, del logro del "Himno entre ruinas", el canto de la vida y la poesía entre, o más bien *sobre*, la fragmentación del silencio y la

muerte–. El logro de ese canto o himno coincide, por tanto, con el autoconocimiento del hablante, ése del que no disponía al principio de su itinerario; vale decir, con los primeros poemas del libro.[6]

Sin duda es ésta una descripción tediosa. Pero no sería necesaria de no ser porque hemos sugerido que la organización colectiva de los poemas de *Libertad bajo palabra*, la estructura de este libro, es la semilla de *El laberinto de la soledad*. A lo cual podríamos de inmediato objetar: ¿de qué manera puede un libro de ensayos como éste, que suponemos trata sobre México y el mexicano, su historia y su carácter, derivar de la biografía espiritual que acabamos de describir? Si en efecto, como sugiere Ulacia, *El laberinto de la soledad* es el espejo o reflejo de *Libertad bajo palabra*, entonces ¿cómo se manifiesta ese reflejo?

A primera vista al menos nada en *El laberinto de la soledad* refleja *Libertad bajo palabra*: ocho capítulos que a su vez se dividen en dos mitades, dedicadas respectivamente al carácter del mexicano y a la historia de México. Los primeros capítulos describen mitos y rasgos del carácter nacional que configuran síntomas; los últimos explican esos síntomas como causas o explicaciones históricas. A la fenomenología de rasgos de carácter nacional a lo

---

[6] A Anthony Stanton le dijo Paz: "pensé en *Libertad bajo palabra* como una arquitectura que, en sus divisiones espaciales, reflejase la corriente temporal" (16).

largo de la primera parte corresponde la filosofía de la historia de la segunda. El último capítulo (que a partir de la segunda edición es un apéndice) resume todo el análisis histórico bajo el rubro de "La dialéctica de la soledad".

No es un accidente que el resumen del libro lleve el nombre de "dialéctica". El título delata el subtexto hegeliano que opera en todo *El laberinto de la soledad*. A primera vista al menos, los síntomas y causas de las dos mitades del libro se basan en un modelo psicoanalítico: contenidos latentes y manifiestos aplicados a la interpretación de la historia. Según este modelo, sólo al hacerse explícito y manifiesto lo que ha permanecido implícito y latente –al explicar el trauma de la Conquista, por ejemplo– es que podemos empezar a "curar" el contenido manifiesto o síntoma –en el caso de la Conquista, la dialéctica de lo cerrado y lo abierto.[7]

En este sentido, todos retenemos de nuestra lectura de *El laberinto de la soledad* una afirmación a la vez célebre y típica: "La historia de México es la de un pueblo que busca una forma que lo exprese." De ahí la tesis que en la búsqueda de una identidad nacional, México ha ensayado un número de proyectos históricos –empezando con la propia Conquista y terminando con la Revolución de 1910. Son estos proyectos los que el libro llama "formas his-

tóricas". La totalidad de estas formas diversas se puede describir, a su vez, como la relación dialéctica entre dos polos: soledad y comunión. La reforma liberal de Juárez –para dar un ejemplo concreto– intentó conectarse con los principios del liberalismo europeo y, por tanto, con la modernidad. Esto constituye un momento de comunión. Sin embargo, como explica Paz, su fallida adaptación en México terminó desnudando al mexicano de sus raíces psicológicas y morales: al liberalismo le interesaba más la identidad universal que la peculiaridad nacional. El intento de comunión universal podrá haber sido correcto, y hasta cierto punto inevitable, pero la "forma histórica" que escogió tuvo el efecto, al menos en el caso particular de México, opuesto al que se deseó originariamente. Paz llama a este efecto negativo "soledad", aunque es evidente que con este término quiere designar otra cosa que no es exclusiva o particularmente mexicana: me refiero, claro está, al fenómeno de la alienación moderna. Soledad es la imagen concreta del concepto abstracto alienación.

El análisis de la búsqueda de una *forma* que exprese al mexicano se basa, en efecto, en uno de los principios o imágenes centrales de Hegel en su "Introducción" a la *Fenomenología del espíritu*:

... el camino del alma, que viaja a través de la secuencia de sus formas, como estaciones señaladas para ellas por su propia naturaleza para que se purifique como espíritu,

[7] Sin duda el modelo psicoanalítico contamina gran parte del argumento del libro, pero el argumento histórico lo rebasa.

alcanzando así, a través de la experiencia de sí misma, el conocimiento de lo que es [Hegel 135].

Lo que debemos retener de esta fuente o imagen no es tanto si Paz entendió o no a Hegel (de hecho, no hay una sola cita de Hegel en *El laberinto de la soledad*), cuanto que el argumento acerca de las "formas históricas" y la alienación se relaciona, en uno y otro, con lo que en la misma introducción Hegel llama "el viaje circular": ese viaje que "a través de la experiencia de sí mismo, llega al conocimiento de lo que es".

No nos equivocaríamos al ver ese viaje como el mismo itinerario espiritual que ya vimos en *Libertad bajo palabra* –la unidad regresando a la unidad después de un periodo de fragmentación. Sólo que aquel viaje poético aparecía entonces desprovisto de toda referencia específicamente histórica y se presentaba únicamente como la evolución espiritual de un hablante, lo que antes llamé una biografía poética o imaginaria. Con el señalamiento de este común denominador tampoco quiero sugerir la peregrina tesis de que Hegel fue la fuente común de los dos libros de Paz. El hegelianismo de Paz se deriva más bien de segunda mano y proviene de las lecturas que hizo el poeta del romanticismo alemán, y en particular de la obra de Hölderlin y Novalis, que el joven devora durante los años cuarenta. Para comprobarlo, basta revisar los poemas de libros anteriores a *Libertad bajo palabra*, como *A la orilla del mundo*

(1942), o incluso algunos de los poemas de *Libertad bajo palabra*, como "Himno entre ruinas", para confirmar la frecuencia prácticamente obsesiva con que se invocan esas "formas".

IV

Si además revisamos el texto de *Libertad bajo palabra* (me refiero siempre a la primera edición de 1949) comprobaremos hasta qué punto los poemas exploran lo que llamaremos una "poética del laberinto". También, cómo *El laberinto de la soledad* es la versión discursiva e histórica de la poética que vemos en los poemas y que conforman, como ya he dicho, la autobiografía imaginaria. Para empezar, observemos que la palabra soledad o sus variantes más cercanas –"solitario", "soliloquio", "a solas", "en soledad", etc.– es una de las más fecuentes en los poemas. Aún más notable resulta que de todos los poemas de *Libertad bajo palabra* el que mejor encarnó y resumió en este momento lo que llamo la poética del laberinto haya sido uno que Paz eliminó a partir de la segunda edición de 1960 y que jamás volvió a incluir en su obra. Se trata de "El regreso", el octavo poema de la sección "Puerta condenada", que como hemos dicho simboliza la etapa de sufrimiento y soledad inmediatamente anterior a la de gracia y comunión de la última, "Himno entre ruinas". Dice lo siguiente:

A mitad del camino
me detuve. Le di la espalda al tiempo
y en vez de caminar lo venidero
–nadie me espera allá–
volví a caminar lo caminado.

Abandoné la fila en donde todos,
desde el principio del principio, aguardan
un billete, una llave, una sentencia
mientras desengañada la esperanza espera
que se abra la puerta de los siglos
y alguien diga: no hay puertas ya, ni siglos...

Crucé calles y plazas,
estatuas grises en el alba fría
y sólo el viento vivo entre los muertos.
Tras la ciudad el campo y tras el campo
la noche en el desierto:
mi corazón fue noche y fue desierto.
Después fui piedra al sol, piedra y espejo.
Y luego del desierto y de las ruinas
el mar y sobre el mar el cielo negro,
inmensa piedra de gastadas letras:
nada me revelaron las estrellas.

Llegué al cabo. Las puertas derribadas
y el ángel sin espada, dormitando.
Dentro, el jardín: hojas entrelazadas,
respiración de piedras casi vivas,
sopor de las magnolias y, desnuda,
la luz entre los troncos tatuados.

El agua en cuatro brazos abrazaba
al prado verde y rojo.
Y en medio del árbol y la niña,
cabellera de pájaros de fuego.

La desnudez me pesaba:
ya era como el agua y como el aire.

Bajo la verde luz del árbol,
dormida entre la yerba,
era una larga pluma
abandonada por el viento, blanca.

Quise besarla, mas el son del agua
tentó mi sed y allí su transparencia
me invitó a contemplarme.
Vi temblar una imagen en su fondo:
una sed encorvada y una boca deshecha,
oh viejo codicioso, sarmiento, fuego fatuo.
Cubrí mi desnudez. Salí despacio.
El ángel sonreía. Sopló el viento
y me cegó la arena de aquel viento.

Viento y arena fueron mis palabras:
  no vivimos, el tiempo es quien nos vive.
[1949, 111-113]

Tal vez haya sido el carácter tan explícitamente simbólico del poema lo que ex-
plique por qué Paz terminó eliminándolo
de *Libertad bajo palabra*. Por ejemplo, la
alusión un tanto ingenua a Dante en el primer verso; luego, la entrada en el laberinto donde "aguardan un billete, una llave,
una sentencia", una etapa de sufrimiento
seguido de la llegada al centro del recinto
donde aguarda un "ángel sin espada, dormitando". Después, la transformación del
hablante en una "larga pluma", con toda
la ambivalencia de esa palabra, y la ruptura de su autoimagen, que a su vez re-

cuerda otro poema ("El sediento"), de la tercera sección. Por último, lo más crucial, el descubri niento del vacío que yace en el centro de este laberinto: "Sopló el viento / y me cegó la arena de aquel viento. // Viento y arena fueron mis palabras: / no vivimos, el tiempo es quien nos vive."

Supongo que "El regreso" ha de haber sido uno de los primeros poemas de *Libertad bajo palabra* (no tenemos noticias de su publicación por separado), o al menos que su composición precedió en el tiempo al prólogo del libro. Ese conocido prólogo, con título homónimo, sin duda es el que describe en más detalle la versión poética del laberinto. También es la que Paz retuvo más consistentemente a lo largo de las diversas ediciones:

Allá, donde terminan las fronteras, los caminos se borran. Donde empieza el silencio. Avanzo lentamente y pueblo la noche de estrellas, de palabras, de la respiración de un agua remota que me espera donde comienza el alba.

Invento la víspera, la noche, el día siguiente que se levanta en su lecho de piedra y recorre con ojos límpidos un mundo penosamente soñado. Sostengo al árbol, a la nube, a la roca, al mar, presentimiento de dicha, invenciones que desfallecen y vacilan a la luz que disgrega.

Y luego la sierra árida, el caserío de adobe, la minuciosa realidad de un charco y un

pirú estólido, de unos niños idiotas que me apedrean, de un pueblo rencoroso que me señala. Invento el terror, la esperanza, el mediodía –padre de los delirios solares, de las falacias espejeantes, de las mujeres que castran a sus amantes de una hora.

Invento la quemadura y el aullido, la masturbación en las letrinas, las visiones en el muladar, la prisión, el piojo y el chancro, la pelea por la sopa, la delación, los animales viscosos, los contactos innobles, los interrogatorios nocturnos, el examen de conciencia, el juez, la víctima, el testigo. Tú eres esos tres. ¿A quién apelar ahora y con qué argucias destruir al que te acusa? Inútiles los memoriales, los ayes y los alegatos. Inútil tocar a puertas condenadas. No hay puertas, hay espejos. Inútil cerrar los ojos o volver entre los hombres: esta lucidez ya no me abandona. Romperé los espejos, haré trizas mi imagen –que cada mañana rehace piadosamente mi cómplice, mi delator. La soledad de la conciencia y la conciencia de la soledad, el día a pan y agua, la noche sin agua. Sequía, campo arrasado por un sol sin párpados, ojo atroz, oh conciencia, presente puro donde pasado y porvenir arden sin fulgor ni esperanza. Todo desemboca en esta eternidad que no desemboca.

Allá, donde los caminos se borran, donde acaba el silencio, invento la desesperación, la mente que me concibe, la mano que me dibuja, el ojo que me descubre. Invento al amigo que me inventa, mi semejante; y a la mujer, mi contrario: torre que corono de banderas, muralla que escalan mis espumas, ciudad devastada que renace lentamente bajo la dominación de mis ojos.

Contra el silencio y el bullicio invento la Palabra, libertad que se inventa y me inventa cada día [1988, 71-72].

Si el prólogo comienza y termina describiendo un espacio –"Allá, donde terminan las fronteras ... Allá, donde los caminos se borran, donde acaba el silencio"– se trata, además, de uno por el que el hablante "avanza" y cuya forma física, su orden interno, como la de todo laberinto, resulta imposible precisar. No se trata, por tanto, de un laberinto literal sino de uno espiritual: una alegoría mental o imaginaria que supone un proceso o itinerario conformado de etapas o pruebas que el hablante debe atravesar. Por ejemplo, en lo que equivale a un estadio primigenio, la invención, en la segunda estrofa, del tiempo y la luz; luego, su llegada, en la tercera, a una "sierra árida", ese "pueblo rencoroso que me señala", seguido, en la cuarta, de una caída en prisión. En ella el hablante cae, víctima de un castigo sin explicaciones, y sufre vejaciones y sufrimientos sólo para descubrir, en última instancia, que todo ha sido una alucinación, un espejismo donde él mismo ha sido "el juez, la víctima, el testigo. Tú eres esos tres".

Que estamos dentro de un laberinto físico queda claro, además, cuando afirma: "Inútil tocar a puertas condenadas." Y sin embargo, no existe el laberinto: "No hay puertas, hay espejos." Lo que se recrea es la sensación de un laberinto, o mejor dicho: su imagen. El laberinto es una proyección imaginaria del hablante, especie de prisión, como diría Sor Juana, labrada por su propia fantasía. Lo cual desde luego no la hace menos real. Lo que sí es cierto es que al final de ese largo itinerario se encuentra, en efecto, una recompensa: "La soledad de la conciencia y la conciencia de la soledad." Se trata, en lo que toca a la metáfora del laberinto, del centro mágico de ese recinto sagrado, donde, para decirlo con las propias palabras del "Apéndice" a *El laberinto de la soledad*, se encuentra "un talismán o un objeto cualquiera, capaz de devolver la salud o la libertad al pueblo" (357). Sólo que este talismán en particular dista mucho del que encontraríamos en cualquier otro relato mítico: resulta ser apenas "La soledad de la conciencia y la conciencia de la soledad".

"Lo verdaderamente satánico de la situación", había escrito Paz, siete años antes, sobre Quevedo "es que el pecador se da cuenta de que el mundo que le encanta y al que se siente prendido con tal amor ... no existe" (*Primeras letras...* 300). Desde luego, Paz no es Quevedo. Ambos son poetas de alienación, poetas modernos, pero se apartan en torno a su objeto: en el centro del laberinto este hablante descubre no la fascinación barroca con la nada sino la do-

lorosa conciencia de la soledad. Es a partir de esa conciencia, de ese dolor –que el
prólogo llamará "presente puro donde pasado y porvenir arden sin fulgor ni esperanza"– que el hablante se dispone a inventar:
"Allá, donde los caminos se borran, donde
acaba el silencio, invento la desesperación,
la mente que me concibe, la mano que me
dibuja, el ojo que me descubre." Como vemos, recurre la primera oración del texto, y
al hacerlo indica que el itinerario o laberinto imaginario ha sido, en efecto, circular. Sólo que en la vuelta hay un cambio, o
como dirá el "Apéndice" de El Laberinto
de la soledad: "La repetición se vuelve concepción." Si en la entrada del laberinto
"empieza el silencio", a la salida "acaba el
silencio", es decir, empieza la Palabra y la
Comunión: "libertad que se inventa y me
inventa cada día".

V

Si en Libertad bajo palabra el viaje circular traza una biografía espiritual que termina en la reconciliación del hablante
consigo mismo y en el logro poético –el
"Himno entre ruinas"–, en cambio en El laberinto de la soledad, el mismo viaje circular termina en la promesa de la redención:
el fin de la soledad y la alienación a partir
de la conciencia, o certidumbre, de que
todos estamos solos. A su vez, ambos libros
nos ofrecen mensajes distintos pero igualmente complementarios. La poesía moderna, nos sugiere Libertad bajo palabra, termina en el logro material de la Palabra
–"palabras que son flores que son frutos
que son actos". La historia de México, nos
dice El laberinto de la soledad, posee una
estructura abierta: el laberinto del que es-
peramos ser redimidos algún día. En las
únicas palabras del libro que invocan explícitamente el título: "La plenitud, la reunión, que es reposo y dicha, concordancia
con el mundo, nos esperan al fin del laberinto de la soledad" (354).

Tanto Libertad bajo palabra como El
laberinto de la soledad se derivan por tanto
del mismo momento hegeliano, por así decirlo, que marca los años cuarenta en la
obra de Octavio Paz. Pero señalar únicamente esa común fuente intelectual signi-
ficaría omitir una cuestión más vasta: cómo
se relacionan los dos libros entre sí. Si de
veras es cierto, como le confesó Paz a Bianco, que en marzo de 1949 todavía estaba
revisando el libro a última hora, y si también es cierto que Paz escribió El laberinto
de la soledad en una furia durante los siguientes meses del verano del mismo año,
entonces es evidente que el viaje circular
que estructuró los poemas se proyectó
igualmente a la interpretación de la historia en el libro de ensayos. Los libros se com-
plementan, como dos caras de una moneda.
La búsqueda de la libertad en la Palabra
es laberíntica; en el centro del laberinto de
la Historia hay una versión, una forma
de libertad: la soledad de la conciencia y
la conciencia de la soledad.

Regreso, en estas últimas líneas, a mi primera observación: la proverbial resistencia a las ideas de *El laberinto de la soledad*, pese a la popularidad de que disfruta entre sus lectores.

Se trata, en primer lugar, de una resistencia, tal vez rechazo, de una interpretación específicamente poética de la historia. Que un ensayo sobre historia, política y carácter nacional derive su forma, como hemos visto, de una colección de poemas tal vez no deba sorprendernos hoy, pero sí fue motivo de escándalo en su primer momento. Baste recordar que a la altura de 1951, a un año de su publicación, Samuel Ramos, autor del ensayo precursor más cercano al de Octavio Paz, y por tanto la persona más autorizada a retenerlo o no en el canon nacional, todavía podía afirmar que

... el amor o el gusto por la soledad es atributo de aquellos hombres poseedores de una rica vida interior que sólo puede ser gozada a solas. Es una aristocracia del espíritu que se encuentra, excepcionalmente, en poetas, filósofos o místicos, pero no es un atributo del hombre común [Ramos 113].

Negar que el hombre común tuviese acceso a la soledad significaba ningunear a ese mismo hombre común. Lo importante hoy sería comprobar cómo la ceguera del filósofo se le atribuía entonces al poeta, que en realidad decía todo lo contrario.

Aparte de esa negación de los legítimos derechos de la poesía, en el caso de Octavio Paz existió además otra razón, más profunda y acaso más terrible. Para explicarla aprovecho aquí, una vez más, un breve pasaje de otra carta inédita, la última que en vida el poeta me escribiera, en la que me hacía reparos sobre otro texto mío, aún inédito, sobre la totalidad de su obra:

A lo largo de tu texto no te detienes nunca en el "malentendido", para hablar de un modo eufemístico, entre mi país y yo. En realidad no se trata del país. A los países, incluyendo a los atenienses del siglo V, no se les puede pedir comprensión literaria o filosófica. El malentendido al que me refiero es más bien entre una porción importante de la clase media intelectual y mis escritos (incluso mi persona). Éste es el tema más o menos oculto, pero siempre presente, no sólo de *El laberinto de la soledad*, sino de otros escritos míos. La verdad es que no sé a qué atribuir ese malentendido pero lo cierto es que existe y es un hecho palpable, como tú has podido apreciar. La otra fuente de la animadversión es más fácil de explicar: la política. Los intelectuales de izquierda no me perdonan mis críticas tempranas al socialismo totalitario y menos ahora que con inmenso retraso se han convertido en demócratas. Este sentimiento adverso me ha perseguido desde hace más de cuarenta años. No me quejo porque a otros, como a Camus, les pasó lo mismo.

Tal vez sea éste el momento de empezar a realizar la sencilla tarea que Octavio

Paz siempre deseó: que leyéramos su libro. Pero sobre todo, que comprendiéramos que ese libro se hizo a partir de una visión poética, de la otra voz, de otro México posible. Un México mejor.

BIBLIOGRAFÍA CITADA

BIANCO, José, a Octavio Paz. 3 de marzo de 1949. Princeton: University Library.

HEGEL, G. W. F. *Phanomenologie des geistes*. Edición de Johannes Hoffmeister. Hamburgo: Meiner, 1952.

MACADAM, Alfred. "Tiempos, lugares, encuentros" [Entrevista con Octavio Paz]. *Vuelta* 181 (diciembre de 1991), 10-21.

PAZ, Octavio. "Cuarenta años de escribir poesía". *La onda* (9 de marzo de 1976).

————. *Libertad bajo palabra [1935-1957]*. Edición de Enrico Mario Santí. Madrid: Cátedra, 1988.

————. *Primeras letras (1931-1943)*. Edición de Enrico Mario Santí. México: Editorial Vuelta, 1988.

————. Cartas a Enrico Mario Santí, 9 de marzo de 1993 y 10 de junio de 1997. Archivo Enrico Mario Santí.

————. "Entrada retrospectiva", en *Obras completas* 8. Barcelona/México: Círculo de Lectores/Fondo de Cultura Económica, 1996.

————. *El laberinto de la soledad*. Edición de Enrico Mario Santí. Cuarta edición revisada. Madrid: Cátedra, 1998.

RAMOS, Samuel. "En torno a las ideas sobre el mexicano". *Cuadernos Americanos* X: 3 (mayo-junio 1951), 103-113.

STANTON, Anthony. "Genealogía de un libro: *Libertad bajo palabra*". Vuelta 145 (diciembre de 1988), 15-21.

————. Ed. *Correspondencia Alfonso Reyes/ Octavio Paz (1939-1959)*. México: Fondo de Cultura Económica/Fundación Octavio Paz, 1998.

VERANI, Hugo. *Bibliografía crítica de Octavio Paz (1931-1996)*. México: El Colegio Nacional, 1997.

LA SOLEDAD DEL LABERINTO*

Enrique Krauze

Para Juan Soriano

OQUEDAD

Nadie en México, salvo Octavio Paz, había visto en la palabra soledad un rasgo constitutivo, esencial digamos, del país y sus hombres, de su cultura y su historia. México —su identidad, su papel en el mundo, su destino— ha sido, desde la Revolución, una idea fija para los mexicanos. México como lugar histórico de un encuentro complejo, trágico, creativo de civilizaciones radicalmente ajenas; como el sitio de una promesa incumplida de armonía social, avance material o libertad; como tierra condenada por los dioses o elegida por la Virgen, como una sociedad maniatada por sus complejos de inferioridad: todo eso y mucho más, pero no un pueblo en estado de soledad. Y bien visto, el título mismo del libro de Paz —ese espejo en el que tantos nos hemos mirado— es en verdad extraño. A simple vista, comparado con un norteamericano típico, el mexicano de todas las latitudes y épocas, incluso

* Texto leído en la sala Manuel M. Ponce del Palacio de Bellas Artes, el 27 de agosto de 2000. La presentación estuvo a cargo de Christopher Domínguez Michael.

el heredero del "pachuco" en Estados Unidos, es un ser particularmente gregario, un "nosotros" antes que un "yo", no un átomo sino una constelación: el pueblo, la comunidad, la vecindad, la cofradía, el compadrazgo y, sobre todo, deslavada pero sólida como las masas montañosas, la familia. Nada más remoto al mexicano común y corriente que la desolación de los cuadros de Hopper. Nuestra imagen fiel, hoy como hace siglos, está más cerca de *Un domingo en la Alameda*.

No para Octavio Paz. Desde el principio de los años cuarenta se propuso, como tantos otros,

> ... encontrar la mexicanidad, esa invisible sustancia que está en alguna parte. No sabemos en qué consiste ni por qué camino llegaremos a ella; sabemos, oscuramente, que aún no se ha revelado [...] ella brotará, espontánea y naturalmente, del fondo de nuestra intimidad cuando encontremos la verdadera autenticidad, la llave de nuestro ser [...] la verdad de nosotros mismos.

Esa verdad de Octavio Paz, la llave maestra de su laberinto, tenía un nombre doloroso y singular: soledad.

Pero la clave está en clave. Octavio Paz no escribió su autobiografía: la dejó cifrada en algunos escritos autobiográficos tardíos, fragmentaria y dispersa en entrevistas y, sobre todo, en pasajes de poemas memorables. En *Itinerario* (1993), describe su despertar al mundo, una tarde, como un re-lámpago intuitivo de soledad. Él es un "bulto" que llora en medio de la sordera universal. La sensación no se borraría jamás:

> No es una herida, es un hueco. Cuando pienso en él lo toco; al palparme, lo palpo. Ajeno siempre y siempre presente, nunca me deja, presencia sin cuerpo, mudo, invisible, perpetuo testigo de mi vida. No me habla, pero yo, a veces, oigo lo que su silencio me dice: esa tarde comenzaste a ser tú mismo [...] Ya lo sabes, eres carencia y búsqueda.

El hueco, la carencia, ese "estar allí" primigenio es, por supuesto, universal, pero en su caso llegó a adoptar la forma de una orfandad muy concreta, provocada no por la muerte, sino por la ausencia del padre, Octavio Paz Solórzano. Se "había ido a la Revolución" y, en algún sentido, no volvería nunca. El zapatismo era su misión y su evangelio. Sería un letrado, un representante diplomático, un cronista y, con los años, un biógrafo de Zapata. Mientras tanto, la casona de campo del abuelo, don Ireneo Paz —el "Papá Neo"— en Mixcoac, se iría despoblando de presencias y poblando de retratos, "crepusculares cofradías de los ausentes":

> Niño entre adultos taciturnos
> y sus terribles niñerías:
> niño sobreviviente
> de los espejos sin memoria
> y su pueblo de viento:
> el tiempo y sus encarnaciones

resuelto en simulacros de reflejos.
En mi casa los muertos eran más que
    los vivos.

El primer encuentro real de aquel niño adulto con el padre niño ocurrió en el exilio, en Los Ángeles. Nuevo rostro de la soledad, la soledad como extrañeza en un país y un idioma ajenos. De vuelta a México, inscrito en colegios confesionales y laicos de Mixcoac, otra vuelta a la tuerca de la extrañeza. Por su aspecto físico, los otros niños lo confundían con extranjero: "yo me sentía mexicano pero ellos no me dejaban serlo". El propio Antonio Díaz Soto y Gama, protagonista intelectual del zapatismo y compañero entrañable de su padre, exclamó al verlo: "Caramba, no me habías dicho que tenías un hijo visigodo." Todos menos él se rieron de la ocurrencia. La extrañeza, con todo, no dejaba de tener sus compensaciones: una hermosa joven judía –me contó Paz alguna vez– lo dejó acercarse amorosamente porque "era distinto". Y las "pilastras paralelas" de su madre Josefina y su tía Amalia lo proveyeron de un afecto solar de hijo único y animaron sus primeras incursiones poéticas. Pero la muerte, casi sin agonía, del "que se fue en unas horas / y nadie sabe en que silencio entró", su abuelo de 88 años, debió de ahondar la cavidad solitaria. Desde ese año de 1924 no quedarían sino recuerdos: las caminatas con él por la ciudad, las inocentes labores de cultivo en la casa, las clases de esgrima, anécdotas de sus andanzas

en la Reforma y la Intervención, sus "chaquetas de terciopelo oscuro suntuosamente bordadas", estampas que permanecerían siempre (como aquellas que hojeaba en Doré o en los libros de historia francesa que heredó) ligadas todas a esa silueta estoica del abuelo a la que, misteriosamente, su propio rostro se fue aproximando en la vejez.

Pero la raíz de la soledad era tal vez otra, tan íntima y cercana que era difícil mirarla: su relación, o más bien, los impedimentos de su relación con su padre. Hacia 1986, en una conversación incidental recogida por Felipe Gálvez, biógrafo de Paz Solórzano, el poeta reveló cosas apenas entrevistas en sus testimonios publicados:

Casi me era imposible hablar con él, pero yo lo quería y siempre busqué su compañía. Cuando él escribía, yo me acercaba y procuraba darle mi auxilio. Varios de los artículos suyos yo los puse en limpio, a máquina, antes de que él los llevara a la redacción. Ni siquiera se daba cuenta de mi afecto, y me volví distante. La falla de mi padre, si es que la tuvo, es que no se dio cuenta de ese afecto que yo le daba. Y es muy probable que tampoco se diera cuenta de que yo escribía. Pero nada le reprocho.

Lo había relegado al olvido, "aunque olvido no es la palabra exacta. En realidad siempre lo tuve presente pero aparte, como un recuerdo doloroso". Herida secreta pero abierta. Una noche de fiesta en 1977, quise darle una sorpresa: había descubierto uno de aquellos artículos en *El Universal Ilustrado*. Era la historia del caballo de Zapata. Se lo extendí de pronto, pero con un gesto duro, incomprensible, lo rechazó sin decir palabra, o tal vez refiriéndose a él con desdén: "no vale nada". Hacía poco tiempo había publicado *Pasado en claro*, donde lo recordaba en unas líneas desgarradoras:

Del vómito a la sed
Atado al potro del alcohol
Mi padre iba y venía en llamas.

Porque no era un alcoholismo solitario el del abogado exzapatista sino una fiesta mexicana, una fiesta mortal.

"Para colmo —recordaba Paz—, mi padre tuvo una vida exterior agitada: amigos, mujeres, fiestas, todo eso que de algún modo me lastimaba aunque no tanto como a mi madre." Los campesinos de Santa Marta Acatitla, a quienes el abogado Paz defendía en sus querellas por la tierra, lo recordaban como un "santo varón":

¡Claro que me acuerdo del licenciado Octavio Paz! Hasta parece que lo estoy viendo llegar por allá. Sonriendo y con una hembra colgada en cada brazo [...] si le digo que don Octavio era buen gallo. Le encantaban las hembras y los amigos no le escaseaban.

Para aquel "abogado del pueblo", visitar cotidianamente Acatitla –"lugar de carrizo o carrizal"– era volver al origen, "revolucionar", tocar de nuevo la verdad indígena de México, comer chichicuilotes, atopinas, tlacololes, acociles, atepocates, cuatecones –dieta de siglos–, andar con la palomilla, recordar a Zapata, oír corridos "que todos repetían con gusto y con gritos", buscar "un buen trago de caña y beber el garrafón con mucha alegría", ir de cacería de patos en la laguna, llevárselos a sus queridas, a sus "veteranas". Y, sobre todo, andar en las fiestas:

... a don Octavio le entusiasmaban las fiestas de pueblo donde corría el buen pulque –recordaba el hijo de Cornelio Nava, el amigo de Paz–. Y qué pulque señor. Espeso y sabroso [...] Con Octavio Paz Solórzano anduvieron por aquí personajes [famosos como] Soto y Gama [...] Ah, y casi lo olvidaba: su hijo, el escritor que lleva su nombre. Él era entonces un niño, pero aquí anduvo.

El hijo no olvidó.

Los días del santo de mi padre –recuerda Paz– comíamos un plato precolombino extraordinario, guisado por ejidatarios que él defendía y que reclamaban unas lagunas que antaño estaban por el rumbo de la carretera de Puebla: era "pato enlodado", rociado con pulque curado de tuna.

(Pocas veces lo vi más feliz que en 1978, cuando en Texcoco su medio paisano andaluz Antonio Ariza le preparó una gran fiesta con "pato enlodado".) Pero en el fondo de ese recuerdo festivo con el padre, como en un pozo oscuro, yacía otro, terrible. Ocurrió el 8 de marzo de 1936. Era, claro, "el día de fiesta en Los Reyes-La Paz –recuerda Leopoldo Castañeda– y ahí llegó el licenciado directamente. Dicen que cuando el percance, alguien lo acompañaba". Un tren del Ferrocarril Interoceánico le quitó la vida desmembrando su cuerpo. "Por los durmientes y los rieles de una estación de moscas y de polvo / una tarde juntamos sus pedazos." Llegó a pensar que se trató de un crimen. Las autoridades citaron a aquel acompañante pero nunca se presentó. Poco tiempo después, el joven Paz se enteró de que tenía una hermana, la quiso conocer y desde entonces la trató. Así, "hombreada con la muerte", se apagó la fiesta mexicana de Octavio Paz Solórzano, ese licenciado "tan simpático que hasta sin quererlo hacía reír", pero tan doliente y sombrío en sus fotos finales como en la memoria enterrada de su hijo:

> Su silencio es espejo de mi vida
> En mi vida su muerte se prolonga
> Soy el error final de sus errores.

BÚSQUEDA

La idea de oquedad, la palabra vacío, lo asalta diariamente. Pero, a los 22 años, Octavio Paz tiene ya una obra incipiente –poética y editorial– que lo sostiene. Su vocación es la permanente búsqueda. Es un curioso universal, un lector voraz, un filósofo de día y de noche, en las aulas, los cafés y el tranvía. No hay sombra de desesperación ni mucho menos sentimentalismo en sus afanes. Tampoco ligereza –o incluso humor– sino gravedad, sentido crítico e inteligencia. No lucha propiamente contra la soledad, la trabaja en sus vigilias de soñador: "soledad que me irás revelando la forma del espíritu, la lenta maduración de mi ser". Camina, pero tiene la mitad del camino andado, ama y es un poeta del amor:

> No hay vida o muerte,
> tan sólo tu presencia,
> inundando los tiempos
> destruyendo mi ser y su memoria.

> En el amor no hay formas
> sino tu inmóvil nombre, como estrella.
> En sus orillas cantan
> el espanto y la sed de lo invisible.

Más allá o más acá de la mujer y el amor, su destino personal se inscribe en un lugar, un tiempo y una circunstancia: Paz es una rama joven en el árbol cultural de la Revolución mexicana. Aquel movimiento social, no menos telúrico que la Conquista, había convertido a México en una zona sagrada y a los artistas e intelectuales en sacerdotes de un culto nuevo. Rescate múltiple: se descubren las ruinas precolombinas, se recobra la herencia hispánica, se escucha la voz de la provincia, se reivindica la nacionalidad, el petróleo y la canción. "¡Existían México y los mexicanos!" La portentosa fecundidad cultural sobrevive al crepúsculo de su profeta, José Vasconcelos. Hacia 1937, cuando Octavio Paz deja la casa paterna, el trabajo de la generación precedente –la de 1915, heredera de la del Ateneo– rendía frutos: obras, instituciones, hallazgos de investigación histórica, arqueológica y antropológica, empeños de autognosis (la palabra es de Samuel Ramos en *El perfil del hombre y la cultura en México*) y, en las mejores instancias del arte –poesía, pintura– ya no la celebración o condena de la violencia revolucionaria ni la catarsis inmediata a la lucha, sino un movimiento hacia zonas más profundas, hecho con formas, perspectivas y exigencias universales. Y ligada a la palabra México, otra palabra incitaba aún más las conciencias: la palabra *revolución*, ya no sólo nacional sino socialista y mundial. Parecía que México hubiese nacido o renacido con la Revolución, y que su destino era continuarla hasta alcanzar la utopía. "Para nosotros –escribiría Paz– la actividad poética y la revolucionaria se confundían y eran lo mismo."

Dos ensayos posteriores a la muerte del padre antecedieron al vuelo definitivo. Uno a Yucatán, otro a España, en plena Guerra Civil. Piensa que "'ver las cosas como son' es, en cierta forma, no verlas", por eso en Mérida comienza a *ver* poéticamente la realidad, a ver detrás, debajo:

... el subsuelo social está profundamente penetrado por lo maya; no sólo en el idioma, en todos los actos de la vida brota de pronto: en una costumbre tierna, en un gesto cuyo origen se desconoce, en la predilección por un color o por una forma [...] la dulzura del trato, la sensibilidad, la amabilidad, la cortesía pulcra y fácil, es maya.

Sin embargo, durante los años treinta no es todavía un minero del alma mexicana: su poema sobre Yucatán –*Entre la piedra y la flor*– no se detiene en "lo maya", sino en la máquina explotadora del dinero y la condena del henequén. Y aunque en España se reconoce más íntimamente en su vertiente cultural materna, lo que predomina es su exaltación revolucionaria: "nosotros –proclama en su discurso de Valencia, en 1937– anhelamos un hombre que, de su propia ceniza, revolucionariamente, renazca cada vez más vivo". Creía en la Revolución como una "nueva creación humana", surtidor de "vida nueva", un "fenómeno total", el advenimiento de un "mundo de poesía capaz de contener lo que nace y lo que está muriendo". A su regreso, al fundar junto con los exiliados españoles la revista *Taller*, la concibe como un intento de

... llevar hasta sus últimas consecuencias la revolución, dotándola de un esqueleto de coherencia lírica, humana y metafísica, una revista que fuese el lugar en que se construye el mexicano y se le rescata de la injusticia, la incultura, la frivolidad y la muerte.

Afanes prometeicos para una modesta publicación literaria.

Los avatares de la conciencia revolucionaria de Octavio Paz sufren varios vuelcos a partir de la guerra mundial. Se aparta de los dogmáticos y las ortodoxias, pero su búsqueda de esa revolución renovadora es incesante (lo será hasta 1968). Muy en el fondo, tal vez lo mueve el deseo de emular, superar y hasta redimir el destino del padre: acompañarlo en la revolución compartida, hablar finalmente con él, reconciliarse. Pero algo importante ha cambiado en el contexto cultural de los años cuarenta. Y ese cambio es un viento que lo orienta y favorece. A despecho de la guerra, México es una isla de paz, una isla vuelta sobre sí misma, cada vez más concentrada en discernir sus orígenes, sus mitos y su destino. Las meditaciones históricas de Ortega y las teorías intrahistóricas de Unamuno arraigan gracias a la mirada fresca y al magisterio de los trasterrados. Jorge Cuesta ha muerto pero en sus reflexiones sobre México y el sentido del desarraigo han legado una plataforma de exigencia crítica que nadie asimila mejor que Paz; Alfonso Reyes se atreve por fin a escribir sobre el pasado inmediato; José Gaos dirige los primeros trabajos de Edmundo O'Gorman y Leopoldo Zea. De pronto, el acento ha cambiado de lugar: ya no está en la palabra revolución sino en la palabra México. ¿Quién descifrará su esencia?

En 1942, Octavio Paz escribe: "Y quizás el poeta que logre condensar y concentrar todos los conflictos de nuestra nación en un héroe mítico no sólo exprese a México sino, lo más importante, contribuya a crearlo." Desde Vasconcelos —observa Enrico Mario Santí— no se escuchaba un tono igual. No es casual que, en ese mismo texto, Paz se viera en el espejo de Vasconcelos: "su obra es una aurora". Él sería el sol de mediodía: "¿Por qué en donde tantos han fracasado no ha de acertar la poesía, develando el secreto de México, mostrando la verdad de su destino y purificando ese destino?"

No fracasaría porque su búsqueda era personal y encarnizada. Encontrándose a sí mismo, encontraría la verdad de México. Y al revés. Para su viaje definitivo, no lejos de cumplir los treinta años, su bagaje era insuperable, tanto que compensaba las tristes condiciones materiales en las que el poeta vivía (casado y con una hija, llegó a emplearse contando billetes en la Comisión Nacional Bancaria). Se había formado en la soledad pero también en las buenas aulas de San Ildefonso, en la frecuentación de los Contemporáneos y los trasterrados y en el fragor de las páginas editoriales de *El Popular*. Su mexicanidad, además, tenía diversas raíces: una filiación cultural probada y ganada, una impecable genealogía revolucionaria —los Paz en las guerras mexicanas—, lúcidas y puntuales lecturas críticas de los escritores mexicanos remotos y recientes y hasta una indeleble topografía grabada en la memoria. Todo impelía en Paz a identificarse con México.

Aquel hombre hundía sus raíces en el tiempo de México, pero también en sus espacios sagrados. Mixcoac, la villa aledaña a la Ciudad de México en donde creció, era una miniatura mexicana, una metáfora de los siglos detenida en el tiempo, y la plaza donde vivió era el centro espiritual de esa miniatura. Al lado estaba la casa del gran liberal Valentín Gómez Farías, enterrado en su jardín porque la Iglesia le había negado el derecho a la cristiana sepultura. No lejos, seis escuelas laicas y religiosas para niños y niñas, la plaza Jáuregui, sede del poder civil donde se conmemoraba la Independencia y, justo enfrente, el pequeño templo del siglo XVII, en cuyo atrio se festejaba el día de la Virgen:

En las torres las campanas tocaban. Minuto a minuto brotaban, no se sabía de dónde, serpientes voladoras, raudos cohetes que al llegar al corazón de la sombra, se deshacían en un abanico de luces [...] los vendedores pregonaban sus dulces, frutas y refrescos [...] A media fiesta, la iglesia resplandecía, bañada por la luz blanca, de otro mundo: eran los fuegos artificiales. Silbando apenas, giraban en el atrio las ruedas [...] Un murmullo sacudía la noche: y siempre, entre el rumor extático, había alguna voz, desgarrada, angustiosa, que gritaba: "¡Viva México, hijos de...!"

El texto es de 1943, pero las imágenes corresponden a 1930. Llegarían intactas a París, donde escribirá *El laberinto de la soledad* y permanecerán con él cincuenta años más tarde, cuando en un largo poema "1930: Vistas fijas", Paz "desentierra" al adolescente que había sido, "multisolo en su soledumbre", absorto ante aquella floración festiva. De su mano está la cocinera de la casa, Ifigenia no cruel sino indígena pródiga: "bruja y curandera, me contaba historias, me regalaba amuletos y escapularios, me hacía salmodiar conjuros contra los diablos y fantasmas..." Con ella se inició en los misterios del temascal: "no era un baño sino un renacimiento". Y por si fuera poco, en sus andanzas por las afueras del pueblo, Paz y sus primos mayores descubrieron un montículo prehispánico que ahora está al lado del periférico y que Manuel Gamio —amigo de la familia— testificó como dedicado a Mixcóatl, la deidad fundadora del pueblo.

Ése era el edén subvertido al que alguna vez tendría que volver poéticamente, ése era el paisaje cultural —en verdad "castellano (o, en su caso, andaluz) y morisco, rayado de azteca"— que encarnaba en Octavio Paz. Y enmarcándolo todo, un escenario teológico: los cielos y el sol del valle de México y la dura corteza de su ciudad. La "petrificada petrificante" de su madurez es ya la "ciudad abandonada" de sus primeros poemas de juventud: "Ésta es la ciudad del silencio / patíbulo del tiempo ... ¿Cuándo veremos de nuevo al sol?"

La serie de artículos que Paz publica en *Novedades* en 1943, el año de su partida de México —no volvería sino diez años más tarde— no contienen aún la visión totalizadora de *El laberinto de la soledad*, ni si- quiera han conectado aquella oquedad ori- ginal con el sujeto de su análisis. Pero son anticipaciones fieles de lo que escribiría un lustro más tarde en París: rastreo psicoló- gico de actitudes –vacilón, ninguneo–, críti- ca moral –de la superficialidad y la mentira que "inunda la vida mexicana"–, lecturas de la vida cotidiana –el arte de vestir pul- gas–, zoología de personajes políticos –el agachado, el mordelón, el coyote, el lam- biscón–, hermenéutica y profilaxis del vocabulario político: coyotaje, mordida, borregada, enjuague. Y como una adver- tencia crítica contra la facilidad mexica- nista, una frase: "Montaigne sabía más sobre el alma de los mexicanos que la ma- yor parte de los novelistas de la Revolu- ción." Él encontraría el equilibrio justo para revelar esa alma desde una perspec- tiva universal: un Montaigne mexicano.

Por fin, en California, enfrentado de nuevo a la extrañeza de ser mexicano, vien- do a los "pachucos" y viéndose en ellos, tuvo los primeros atisbos del libro:

> Yo soy ellos. ¿Qué nos ha pasado? ¿Qué ha ocurrido con mi país, con México en el mun- do moderno? Porque lo que les pasa a ellos nos pasa a nosotros. Así que fue un senti- miento de identificación profunda con ellos. En ese sentido, *El laberinto de la soledad* es una confesión, una búsqueda de mí mismo.

Años después, en París, emprende la escritura de esa piedra filosofal de la me- xicanidad, ese poema de comunión en pro- sa. Búsqueda de sí mismo en México y de México en sí mismo. Entrada –y en ese mismo instante salida– del laberinto de *su* soledad.

OTREDAD

Dante sin Virgilio, no por los círculos del infierno –previsibles y concéntricos, al fin– sino por los vericuetos de la vida y la histo- ria de su país. El poeta desciende, hurga en el presente enterrado y en el pasado vivo. Descubre y distingue las capas de México: antes que una historia, una arqueología y, antes aún, una geología. Piedras de sol. Huellas de rupturas y continuidades, de oleajes silenciosos que hablan de cambio y movimiento. Alguna vez hubo un principio, un orden, luego llegó el viento de la historia y se lo llevó, lo trastocó o lo echó a andar. ¿Hacia dónde? Lectura de corresponden- cias, analogías, simetrías, ecos, espejeo de una época en otra, repetición, vuelta, aper- tura. Parménides y Demócrito en una lu- cha a muerte. Visiones: nombrar, bautizar lo que se ve. Y, seguramente también, in- tento de curación, de exorcismo: desente- rrar, desenmascarar, airear lo latente, lo pen- diente, lo oscuro, lo *otro* escondido en lo mismo, en sí mismo. Liberarse, liberar.

El laberinto de la soledad puede leerse como la piedra Rosetta de su biografía. "El pachuco" es él mismo, o uno de sus ex- tremos. Por eso advierte que su texto "tal vez no tenga más valor que el de constituir una respuesta personal a una pregunta personal":

> ... somos en verdad distintos, y en verdad estamos solos [...] La historia de México es la del hombre que busca su filiación, su origen [...] quiere volver a ser sol, volver al centro de la vida de donde un día –¿en la Conquista o en la Independencia?– fue desprendido.

¿Quién es el hombre que –en "Máscaras mexicanas"– "se encierra y se preserva"? ¿El que "plantado en su arisca soledad, espinoso y cortés al mismo tiempo, celoso de su intimidad, no sólo no se abre: tampoco se derrama"? Lo caracteriza "la desconfianza [...] la reserva cortés que cierra el paso al extraño". No es el mexicano esencial, que no existe; es tal vez el mexicano posrevolucionario del altiplano o el mestizo atado al disimulo, al disfraz de español en una tez morena que delata su origen sospechoso. Pero ese hombre también es Octavio Paz.

La fiesta que describe –la que iguala a los hombres, la permisiva y liberadora, el estallido fugaz de alegría– es, en primera instancia, un fenómeno universal: la evoca Machado en los pueblos de Andalucía. Pero si miramos más de cerca, desde el título del capítulo, la de Paz es una fiesta distinta, una fiesta mortal. El pueblo "silba, grita, bebe y se sobrepasa". Hay un "regreso al caos o la libertad original". Una

comunión seguida por una explosión, un estallido. ¿Qué fiestas resuenan detrás de las palabras? Las fiestas buenas, solares, multicolores de Mixcoac, sus propias fiestas: "Extraño el sabor, el olor de las fiestas religiosas mexicanas, los indios, las frutas, los atrios soleados de las iglesias, los cirios, los vendedores", le escribía entonces a José Bianco desde París. Pero también resuenan las otras, las feroces, las del pulque y los balazos, las de Santa Marta Acatitla, las de aquél "santo varón" que "iba y venía entre llamas". Las fiestas sin amanecer, las fiestas de la muerte.

El mexicano no es el único pueblo fascinado con la muerte –los mediterráneos están igualmente hechizados–. Tampoco ha sido una y misma la actitud mexicana ante la muerte: cierto, el estoicismo azteca y el senequismo español se hicieron uno y esa unidad duró siglos, pero desde hace tiempo diversas zonas de la sociedad mexicana han adoptado una actitud "moderna" (es decir, negadora, profiláctica) ante la muerte. Y sin embargo, el poeta en verdad *vio*, en verdad llegó a un límite, en verdad reveló un rostro compartido de la muerte: el mexicano, en efecto, aún el día de hoy, frecuenta a la muerte, "la burla, la acaricia, duerme con ella, la festeja, es uno de sus juguetes favoritos y su amor permanente". La muerte propia y la ajena. Es significativo que pocos años antes de *El laberinto de la soledad*, otro escritor haya recobrado como Paz –en carne propia y en un libro memorable– ese paraíso infernal de la fiesta y la muerte en los pueblos de México, y más sorprendente aún que lo haya hecho en tierra zapatista y "atado —como el padre de Paz— al potro del alcohol": me refiero a *Bajo el volcán*, de Malcolm Lowry.

"Nuestra indiferencia ante la muerte —escribe Paz— es la otra cara de nuestra indiferencia ante la vida." *Alguien* encarna en esta frase. Para alguien la muerte no es lo *otro* de la vida sino lo mismo. Alguien "se la buscó", alguien cerca de él "se buscó la mala muerte que nos mata". Por eso el poeta modifica el refrán popular y remata: "dime cómo mueres y te diré quién eres". ¿Pensó en su padre al escribir estos pasajes? ¿Enmascaró su recuerdo? ¿O estaba tan pegado a su piel que no lo vería, sino muchos años después, de pronto, en una elegía?

Lo que fue mi padre
cabe en este saco de lona
que un obrero me tiende
mientras mi madre se persigna

Ha ocurrido una hendidura, una ruptura, un atropello. ¿Cuántas acepciones de la palabra *chingar* caben en la vida de Octavio Paz Solórzano? ¿O en la de su esposa? Sería un error pensar en la madre de Paz como una encarnación de la mujer sufrida, violentada, chingada. La dimensión de la mujer está en otra parte de su obra, en la poesía. Y sin embargo, la poesía amorosa de Paz revela también esa misma voluntad de autocontención, esa re-serva esencial que impide el desbordamiento de las emociones. El poeta ve y nombra desde la distante y estoica atalaya de su inteligencia y con el instrumento de las palabras. De los capítulos antropológicos del libro, el dedicado a "Los hijos de la Malinche" es, a mi juicio, el más autónomo, acaso porque su tema es el lenguaje. Y en ningún territorio es más diestro, preciso y deslumbrante Paz que en el de las palabras. Sus hallazgos son tan actuales como hace medio siglo. En términos biográficos, lo significativo es el pasaje final del capítulo, el que da pie a la segunda parte de *El laberinto de la soledad* en la que Paz, por primera vez, proyecta sus categorías de introspección poética y su experiencia personal a la historia mexicana:

La Reforma es la gran Ruptura con la madre [...] Pero nos duele todavía esa separación. Aún respiramos por la herida. De ahí que el sentimiento de orfandad sea el fondo constante de nuestras tentativas políticas y nuestros conflictos internos. México está solo como cada uno de sus hijos. El mexicano y la mexicanidad se definen como viva conciencia de la soledad, histórica y personal.

HISTORIA

En el principio fue la orfandad, pero ahora el sujeto es México, en particular el pueblo azteca, en estado de radical soledad. No sólo "naufragan sus idolatrías", sino la identidad misma y la protección divina: los dioses lo han abandonado. Venturosamente, luego de la ruptura cósmica de la Conquista adviene un orden, sustentado en la religión y "hecho para durar". No una "mera superposición de nuevas formas históricas", ni siquiera sincretismo, sino "organismo viviente", lugar en donde "todos los hombres y todas las razas encontraban sitio, justificación y sentido".

> Por la fe católica –agrega Paz– los indios, en situación de orfandad, rotos los lazos con sus antiguas culturas, muertos sus dioses tanto como sus ciudades, encuentran un lugar en el mundo [...] el catolicismo devuelve sentido a su presencia en la tierra, alimenta sus esperanzas y justifica su vida y su muerte.

Ese orden tenía otro elemento de comunión, en el concepto de Paz: la persistencia religiosa del fondo precortesiano: "nada ha trastornado la relación filial del mexicano con lo sagrado. Fuerza constante que da permanencia a nuestra nación y hondura a la vida afectiva de los desposeídos". No es un hispanista quien ha escrito estas frases: es el nieto de don Ireneo Paz, el último de los liberales del siglo XIX. De allí el mérito de una visión que, en su búsqueda, se atreve a rozar la *otra* ortodoxia para corregir la ortodoxia oficial. No es casual que, en una reseña inmediata del libro, el mismísimo José Vasconcelos elogiara al hijo y nieto de esa "estirpe de intelectuales combatientes", que "ha tenido la valentía de escribir líneas de una justicia resplandeciente".

Orfandad, orden, ruptura. Paz ve en el siglo XIX el lugar histórico de un desvío, casi un desvarío. El orden estalla en fragmentos. "La mentira se instaló en nuestros pueblos casi constitucionalmente." Años más tarde, la "triple negación" de la Reforma (con respecto al mundo indígena, católico y español) "funda a México". Paz no le escatima "grandeza" pero agrega, en una línea decisiva: "lo que afirmaba esa negación –los principios del liberalismo europeo– eran ideas de una hermosura precisa, estéril y, a la postre, vacía". El porfirismo no sería sino la continuación extrema de esa tendencia: una máscara de inautenticidad, la simulación convertida en segunda naturaleza. Y la filosofía oficial, el positivismo, "mostró con toda su desnudez a los principios liberales: hermosas palabras inaplicables. Habíamos perdido nuestra filiación histórica".

No sólo Octavio Paz pensó siempre que México había encontrado su propio camino con la Revolución. Lo pensaron Vasconcelos, Gómez Morín, Cosío Villegas, Lombardo Toledano, todo el México intelectual, salvo el porfiriano. Pero una cosa es encontrar el camino y otra la *filiación*, palabra clave en el libro. De allí que la revolución auténtica en Paz sea sólo *una* de las revoluciones mexicanas: la revolución que había arrebatado al padre, la zapatista. Las páginas más intensas y apasionadas del libro son las que el poeta dedica al evangelio del zapatismo –el Plan de Ayala– con su reivindicación de las tierras y los derechos comunales y de la "porción más antigua, estable y duradera de nuestra nación: el pasado indígena". Con Kostas Papaioannou, el filósofo griego con quien trabó una profunda amistad en esos días, Paz hablaba de Marx y Trotsky pero, antes que ellos, de "Zapata y su caballo". Había sido el héroe histórico de su padre. Era también el suyo:

> El tradicionalismo de Zapata muestra la profunda conciencia histórica de ese hombre, aislado en su pueblo y en su raza. Su aislamiento [...] soledad de la semilla encerrada, le dio fuerzas y hondura para tocar la simple verdad. Pues la verdad de la Revolución era muy simple y consistía en la insurgencia de la realidad mexicana, oprimida por los esquemas del liberalismo tanto como por los abusos de conservadores y neoconservadores.

El apartado final de ese capítulo es el cenit del libro: la revolución es el lugar histórico de una comunión. En ella caben todas las palabras de alivio, orden y reconciliación: la que desentierra, desenmascara, vuelve, expresa, cura y libera. El lector casi escucha el latido exaltado del autor que escribe las últimas líneas:

> ¿Y con quién comulga México en esta sangrienta fiesta? Consigo mismo, con su propio ser. La explosión revolucionaria es una portentosa fiesta en la que el mexicano, borracho de sí mismo, conoce al fin, en abrazo mortal, a otro mexicano.

La cifra es ya clara: la fiesta mexicana, la borrachera de sí mismos y el abrazo mortal que por un momento los vincula, ocurre entre dos hombres, padre e hijo, con el mismo nombre: Octavio Paz.

CRÍTICA

Con aquel libro, Octavio Paz llegaba a un plano de reconciliación y diálogo con sus orígenes, es decir, con su padre. En esa fiesta poética de la mexicanidad y la Revolución había encontrado también una porción del alma mexicana. Pero su visión no es estática ni admite complacencia. No hay reposo en el laberinto, porque Paz, en última instancia, debe buscarse a sí mismo, no sólo a su padre en él. El libro no es una meta sino una estación, un recodo. El poeta no llega al destino, tal vez –escribiría en 1986, al recopilar sus textos sobre México– "su destino es buscar".

Una vez concluido el libro, en una carta a Alfonso Reyes, Paz confiesa que el tema de la mexicanidad "comenzaba a cargarlo":

> Si yo mismo incurrí en un libro fue para liberarme de esa enfermedad [...] Un país borracho de sí mismo (en una guerra o una revolución) puede ser un país sano, pletó-

rico de sustancia o en busca de ella. Pero esa obsesión en la paz revela un nacionalismo torcido, que desemboca en la agresión si se es fuerte y en un narcisismo y masoquismo si se es miserable, como ocurre con nosotros. Una inteligencia enamorada de sus particularismos [...] empieza a no ser inteligente. O para decirlo más claramente, temo que para algunos ser mexicano consiste en algo tan exclusivo que nos niega la posibilidad de ser hombres.

Es significativo que a partir de entonces, la palabra mexicanidad desapareciera casi del vocabulario paciano, sustituida cada vez más por la terrenal palabra México. "El mexicano no es una esencia sino una historia", escribirá en *Postdata*, en 1969. Esta vuelta crítica de Paz sobre su propia obra es tal vez el secreto de su extraordinaria vitalidad intelectual. Porque no sólo se separa de la zona etnográfica de su texto sino, parcialmente, de la discusión histórica. Y la separación está en el texto mismo. Pero bien vista, no se trata de una separación sino de una semilla dialéctica, esa fascinación por la dualidad que es una constante en la imaginación poética de Paz.

Aquel orden colonial estaba "hecho para durar" pero no podía durar y, en un sentido, no debía durar. A Paz no se le oculta la *otra* cara del barroco en Nueva España: una sociedad que "no busca ni inventa: aplica y adapta". La escolástica petrificada, la pobreza de creaciones culturales, "la relativa infecundidad del catolicismo co-

lonial", son muestra de que "la 'grandeza mexicana' es la del sol inmóvil, mediodía prematuro que ya nada tiene que conquistar sino su descomposición". ¿Dónde estaba la salud? Afuera, en la intemperie, "los mejores han salido" para desprenderse del cuerpo de la Iglesia y respirar un "aire fresco intelectual".

Ambas imágenes convivirían –y lucharían– en Octavio Paz a partir de entonces. Siempre pensaría que Nueva España era el orden fundador de México y que el zapatismo era la tentativa más auténtica de volver a ese orden. Pero, como un sino labrado en piedra por las deidades aztecas, ese orden tenía su anverso: el patrimonialismo, la intolerancia, la petrificación, la asfixia que Paz exploró también y criticó durante las siguientes décadas. No hay contradicción entre las dos imágenes: hay reconocimiento de una dualidad inescapable, sobre todo cuando en medio de aquel orden, Paz encuentra a su alma histórica gemela: "La solitaria figura de Sor Juana se aísla más en ese mundo hecho de afirmaciones y negaciones, que ignora el valor de la duda y del examen. Ni ella pudo –¿y quién?– crearse un mundo con el que vivir a solas." Su renuncia, que desemboca en el silencio –agrega Paz– "no es una entrega a Dios sino una negación de sí misma".

Destinos paralelos e inversos, Paz y Sor Juana son dos solitarios. Separados por tres siglos, ambos buscan. Él busca el orden, la vuelta, la reconciliación: el mundo de ella. Ella busca el aire, la apertura, la libertad:

el mundo de él. Ella vende sus libros, calla, se sacrifica y muere. Él asiste al incendio de sus libros, nunca calla pero el cruel azar lo sacrifica y muere. Mueren y renacen con cada lectura.

Hay una zona de *El laberinto de la soledad* en donde la dualidad desemboca en la contradicción o, cuando menos, en un juicio erróneo: no en el mundo de las ideas sino en el de la realidad histórica. Me refiero a la ambigüedad de Paz como liberal. Se consideraba un liberal por su estirpe, por su separación de la Iglesia, por sus lecturas de la Revolución francesa y los *Episodios nacionales* de Pérez Galdós. Pero en él, la palabra *liberal* —española, en su origen como sustantivo— aludía a un temple, una actitud, un adjetivo. Su liberalismo es filosófico y literario más que histórico, jurídico y político. Por eso es injusto con el liberalismo mexicano del siglo XIX, y por eso también —como curiosamente le señaló Vasconcelos en esa misma reseña elogiosa— es injusto al omitir toda mención comprensiva respecto de Madero. La Constitución de 1857 y sus creadores, los hombres de la Reforma, no tenían otra opción más que la ruptura —ese "aire fresco espiritual"— y lucharon con denuedo para impedir que el caudillismo —encarnado en Porfirio Díaz— desvirtuara la ley y los principios. Paz se quejó siempre de la falta de crítica en el siglo XVIII mexicano: pero esa crítica existió en los hechos, prematura y frustrada en los jesuitas ilustrados, y mucho más sólida en las leyes, instituciones y escritos de

los liberales. A esa "Reforma vacía" y a su heredero solitario, Francisco I. Madero, debemos el orden democrático constitucional que apenas ahora estamos recobrando. En esto Paz se equivocaba, y con el tiempo, al confrontar la verdad de los órdenes políticos cerrados y opresivos del siglo XX, reivindicó la herencia liberal de su abuelo y tuvo la grandeza de reconocer que "la salvación de México está en la posibilidad de realizar la revolución de Juárez y Madero".

"Las preguntas que todos nos hacemos ahora probablemente resulten incomprensibles dentro de cincuenta años", escribía Paz en las primeras páginas de su libro. Han pasado cincuenta años y no sólo no son incomprensibles sino que están a la orden del día. ¿Hay que corregir el liberalismo con el zapatismo, como predicaba Paz en 1984? ¿O hay que corregir al zapatismo con el liberalismo? No me refiero sólo, por supuesto, a la revuelta indígena que estalló hace unos años, en plena posmodernidad. Me refiero a la tensión irresuelta, insoluble tal vez, entre la gravitación de nuestro pasado y el llamado impostergable de nuestro futuro. ¿Águila o sol? En los años posteriores a la publicación de *El laberinto de la soledad*, Paz se enfrentó innumerables veces a esa pregunta. En su búsqueda —implacable, ferozmente crítica, vuelta sobre el mundo y sobre sí misma— arrojó luz sobre la sombra del orden tradicional y vio las sombras en las luces de la Razón. Al hacerlo, página a página, nos liberó y nos reconcilió. Octavio Paz: águila y sol.

MESAS REDONDAS

EL LABERINTO POLÍTICO*

* Mesa redonda realizada en el auditorio Raúl Bailleres del Instituto Tecnológico Autónomo de México (ITAM), el 21 de agosto de 2000. La mesa estuvo moderada por Jesús Silva-Herzog Márquez.

MÁS ALLÁ DE LA POLÍTICA LABERÍNTICA

Carlos Castillo Peraza

VOLVÍ A LEER *EL LABERINTO DE LA SOLEDAD* DESPUÉS DE los sucedidos del 2 de julio del año 2000, es decir, luego de que el PRI, el partido que se erigió en vocero, heredero y encarnación de la Revolución mexicana, perdiera, si no todo el poder político que tenía, sí una parte sustancial de éste y el elemento clave de su modo de ser y actuar durante largos decenios: la presidencia de la República. La lectura de la obra me llevó a tratar, a mi vez, de leer este hecho a través de los cristales de aquélla.

La inmediatez de los sucesos no me permite más que plantear algunas reflexiones iniciales que probablemente sólo encontrarán comprobación o verificación con el pasar del tiempo y con los hechos nuevos que, en diferentes ámbitos, tal vez sobre todo el de la cultura, suscite el primer gobierno mexicano que, a partir cuando menos de 1917, no se considera heredero explícito de la Revolución, sino expresión política de una de las familias críticas, si no de toda aquélla, sí del modo en que ejerció el poder el grupo que pretendió ser su encarnación en la historia.

Curiosa pretensión, diría tal vez Octavio Paz, en la medida en que, como afirmó en *El Laberinto...*, la Revolución "apenas si tiene ideas". Esta afirmación parece verse confirmada por los hechos, ya que el régimen que se proclamó "de la Revolución" puso en práctica todo género de políticas públicas, especialmente económicas, contrarias y hasta contradictorias entre ellas, y siempre extrajo de las supuestas "ideas revolucionarias" bases no menos supuestamente teóricas y coherentes para justificarlas. En el depósito imaginario de esas ideas encontró la forma de fundamentar con palabras a la "atinada izquierda", a la "izquierda dentro de la Constitución", a la "industrialización", al "nacionalismo revolucionario", al "desarrollo estabilizador" y al "liberalismo social", por sólo citar algunas de las más conocidas etiquetas sexenales para otras tantas políticas presidenciales.

Esta carencia o escasez de ideas señalada por Octavio Paz –y esto es algo que ya se ha hecho notar– nos salvó del totalitarismo ideológico, por un lado, pero propició un pragmatismo en la conservación y el ejercicio del poder, que no se detuvo para utilizar la arbitrariedad, la corrupción, la represión y el fraude electoral cuantas veces fue necesario. Algunos de sus heraldos llegaron a pedirle al gobierno "revolucionario", en 1986, que realizara un "fraude electoral patriótico". Lo más grave del caso es que –como lo denunciara un grupo destacado de mexicanos, entre los que estuvo el propio Paz– las autoridades obsequiaron tan absurda y antidemocrática solicitud.

Lo que sucedió el 2 de julio no llegó a los extremos que describe Paz en *El laberinto...* No fue un grito con mitote y bala-

zos, orfandad, suicidio, vida, muerte, rapto y tiroteo. Tampoco estuvo marcado por un afán de vuelta a los orígenes, de regreso al pasado, de carrera hacia las raíces, de intento desesperado de reconciliación con la historia. Parecería más bien que fue una especie de "¡basta!" a la proclamación hueca de unas raíces, un pasado, unos orígenes y una historia confeccionados para ser útiles al pragmatismo del poder. Una renuncia y un desengancharse no tanto de "ideas hechas", sino de palabras que se quedaron poco a poco vacías, de tanto llenarlas con realidades disímbolas, o tal vez, como leemos en *El laberinto...*, de ideas que "la realidad ... hizo astillas antes siquiera de que la historia las pusiera a prueba".

Bien advirtió Paz que lo que había quedado en la Constitución de 1917 abría las puertas a "la mentira y la inautenticidad", y a que las palabras se redujeran a un velo de vacío, tendido sobre los hechos, útero en el que germinaba la soledad y se consolidaba el laberinto político mexicano.

En efecto, y más allá de los resultados del 2 de julio, vemos laberínticos y solos a los principales protagonistas del proceso electoral que terminó aquel día en las urnas. Y no precisamente en el hondo sentido que a esos términos da el autor, pues no hay aún signos claros de autocrítica, de pensamiento a la intemperie, ni de salida de cada uno de aquéllos hacia los otros.

El Partido Revolucionario Institucional es quizás el que hoy se encuentra en peor situación, porque la derrota lo arrojó a un estado en el que parece no saber de dónde viene ni a dónde quiere ir. En un mal laberinto. No es difícil encontrar, en las claves de la obra de Octavio Paz, una posible explicación a estos hechos. En efecto, la dislocación entre el hacer y el decir fue, para el PRI, una marca constante que llegó a su clímax durante los dieciocho años más recientes. De 1982 para acá, este grupo hizo –solo o con el apoyo del PAN– un conjunto importante y notable de reformas de las cuales no quiso o no pudo o no supo hablar, es decir, que no asumió como obra suya, sino como culpa, y del que, incluso, renegó en sus discursos.

La desarticulación entre lo que se decía y lo que se hacía funcionaba gracias a la victoria electoral que, obtenida por cualquier medio, desvanecía en Los Pinos la contradicción hablar-hacer en y con el ejercicio del poder. La derrota destruyó la máscara: quedaron a la intemperie los hechos sin palabras y las palabras sin hechos. Y surgieron el laberinto y la soledad malos, como el infinito negativo de Hegel. El primero, porque si el fracaso se achaca a lo que se hizo, habría que intentar echar lo realizado para atrás, lo que es imposible. La segunda, porque si se achaca la derrota a lo que se dijo, habría que dinamitar el lenguaje que hasta ahora se utilizó, lo que equivaldría al silencio o a un cambio radical del discurso. Si lo que hizo estuvo mal, el PRI debería reconocer que tuvo la razón el PRD. Si lo que vino diciendo estaba equivocado, entonces tendría que dar la razón al

PAN. Nada más laberíntico y solo que el PRI en esta hora de la nación.

Esto es más cierto, si así puede hablarse, en la medida en que el discurso del PRD no obtuvo respaldo entre los electores, especialmente entre los jóvenes. Y era el discurso de la Revolución mexicana. Quizás aquéllos entendieron lo que hace cincuenta años aseveraba Octavio Paz: era un discurso sin ideas y sin ideas para el futuro, que cayó en lo que el mismo autor predijo: "la adoración de los jefes".

Es por demás notable que la victoria del PAN hubiese podido generarse a partir de una sola palabra, que bien puede ser adverbio o interjección: el término "¡Ya!", que al mismo tiempo expresaba un "¡basta!" y un "¡ahora sí!". Y no es que el partido vencedor careciera de ideas y se refugiara en un monosílabo por falta de éstas. Es que no fue necesario expresarlas ni proponerlas, no obstante constaran en documentos diversos del partido y de la campaña; es que bastó apelar al hartazgo que, incluso a pesar de las cosas buenas que dejó el régimen priísta, había generado esa suma de "la mentira y la inautenticidad" a la que hizo referencia *El laberinto...*, en tanto que causa de "nuestra marcha excéntrica". Los nuevos vencedores, que no tuvieron que recurrir a la violencia ni a la sangre para ganar, tampoco apelaron a los héroes míticos de la Revolución –Zapata, Villa, Carranza, etc.–, ni al mundo indígena igualmente mítico y perdido en el pasado, ni a expresiones supuestamente arraigadas en el pueblo, como "soberanía nacional", "nacionalismo", "liberalismo" o "revolución". No se puso en contra de esos dos "localismos", de esas dos "inercias", de esos dos "casticismos" a los que se refiere Paz y que son "el indio y el español". No se definió ni a favor ni en contra del pasado. No se metió al lenguaje usado durante setenta años –cincuenta de éstos han sido los de *El laberinto de la soledad*– para decir ni para decirse. Si acaso, dijo lo que piensa hacer, pero lo dicho ni siquiera contó. Sólo valió ese "¡Ya!". En este sentido, ni siquiera podría decirse, como escribió Paz en relación con los "banqueros e intermediarios", alertando acerca del peligro de un "neoporfirismo" –en los años cincuenta–, que los vencedores del 2000 gobernarán con la máscara de la Revolución: no se la pusieron para ganar.

Lo que ahora parece necesario preguntarse es si, a partir de ese "¡Ya!", podremos salir de lo que Paz llamó "autofagia" y entrar en lo que llamó "invención de un nuevo sistema" que nos encamine hacia un futuro sin mal laberinto y sin mala soledad. Si vamos a ser capaces de "separarnos del que fuimos para internarnos en el que vamos a ser" y de, simultáneamente, tener conciencia de nosotros y encontrar a los otros: si vamos a aprender a vivir más que a morir, si podremos "oponer a los hielos históricos el rostro móvil del hombre".

Todo lo que acaeció o que culminó el 2 de julio invita, si es que no ordena desde las urnas, a que las partes políticas de México se reconozcan, se acepten, se entiendan y se decidan a cooperar. No va a ser fácil, en la medida en que la política laberíntica, la de las malas soledades, la que tal vez León Felipe llamaría de "átomos que se muerden", ha sido la mejor tratada por los medios de información y por los formadores de opinión. En este mismo sentido es la que más temen poner en práctica los políticos, cuyo ensimismamiento laberíntico es aplaudido y cuya apertura a los otros es frecuentemente presentada como innoble transacción y hasta como traición.

Quizá lo que ahora necesitamos, y lo digo citando a Paz y a *El laberinto...*, es "aprender a mirar cara a cara a la realidad", e "inventar palabras e ideas nuevas para estas nuevas y extrañas realidades que nos han salido al paso". Tal vez, sobre todo para quienes nos encontramos fuera de la política partidista, sea ahora especial y urgentemente cierto e imperativo pensar y expresar que el futuro, para no repetirse como políticamente laberíntico y solo, tiene que ser de encuentro y de diálogo entre personas y sociedades que se atreven a salir de sí hacia los otros, y componer con otros el futuro común. Sólo en esa soledad que es pena, porque es responsabilidad asumida y pensamiento sin censura ni temor, búsqueda consciente del vínculo, construcción de una organización racional de libertades con base en el respeto a la dignidad humana y en la ley, radica lo que Paz llamó "una promesa del fin de nuestro exilio".

EL LABERINTO..., CINCUENTA AÑOS DESPUÉS

Enrique González Pedrero

.

> *Bajo un mismo cielo, con héroes, costumbres, calendarios y nociones morales diferentes, viven "católicos de Pedro el Ermitaño y jacobinos de la Era Terciaria". Lo abierto es mundo donde los contrarios se reconcilian y la luz y la sombra se funden.*
>
> Octavio Paz

1. QUISO EL AZAR QUE TUVIERA YO REPETIDO EL VOLUMEN 8 de las *Obras completas* de Octavio Paz: *El peregrino en su patria. Historia y política de México* y que, al acomodar esos libros en la biblioteca, permaneciera ese volumen en mi mesa de trabajo. Así que, cuando me propuse releer *El laberinto de la soledad* para redactar estas notas, en vez de revisar mis anaqueles, donde habría topado con las ediciones originales de Cuadernos Americanos y del Fondo de Cultura Económica, dialogué con *El peregrino...* que tenía cerca. Y acerté: pude leer la espléndida "Entrada retrospectiva" y luego visitar, con la mayor libertad, el texto clásico, sin esas llamadas de atención que nos hacen, en los libros muy leídos, subrayados y anotaciones anteriores. Recuerdo que don Jesús Reyes Heroles acostumbraba leer cada año *El príncipe* y que lo hacía en ejemplares distintos, lo que le permitía observar cómo mudaban sus intereses, sentimientos y preocupaciones. Al proceder así, Reyes Heroles no sólo leía a Maquiavelo: se leía a sí mismo. Aquel ejercicio de lectura era una especie de "diario" o, mejor, un "anuario" propio, hecho a través del espejo de un clásico.

2. Pues bien, en la riquísima introducción de *El peregrino*..., me encuentro con algo que me sigue conduciendo en el sentido de esta reflexión. El volumen 8 de sus *Obras completas*, escrito a lo largo de medio siglo, advierte Paz, es una especie de diario, pero no de los sucesos de una vida sino de la relación, no siempre feliz, de un escritor con su patria. "Diario de una peregrinación ¿en busca de qué o de quién? ¿En busca de México o de mí mismo? ¿O del lugar, en mí, de México...?" El poeta se busca al buscar a México y la pregunta sobre México es una pregunta sobre su propio destino, sobre su propia extrañeza que vive como un reflejo de la extrañeza del suelo donde nació. De la meditación íntima pasa a la historia colectiva, a volver sobre el recorrido de México desde la Conquista, pasando por la Nueva España, hasta la Independencia, la Reforma, la Revolución.

3. Confieso que este libro me sedujo desde el título: un poema en cinco palabras sobre el encierro del hombre en la fatalidad de su destino. Buscando la palabra "laberinto" en un diccionario de mitología encuentro: "Red inextricable de corredores y de subterráneos cuyo prototipo parece haber sido construido por orden del faraón Amenhotep III, para servirle de tumba." El primer laberinto fue, pues, además, una pirámide. Y mucho antes de hacer explícita la crítica de la pirámide mexicana en *Postdata*, veinte años antes, ya Paz la había apuntado al enfrentarse al enigma mexicano en *El laberinto*... Es verdad que el hombre está solo en todas partes, pero hay algo en la soledad del mexicano que él percibe con zozobra: "... la soledad del mexicano, bajo la gran noche de piedra de la altiplanicie, [está] poblada todavía de dioses insaciables..." No puedo evitar que esas palabras pesen sobre la relectura que hago hoy de *El laberinto de la soledad* aunque también pesa la esperanza de que esos dioses, hoy aletargados, no despierten.

4. Probablemente el más citado de los ensayos de *El laberinto*... sea el dedicado al pachuco, un personaje que hace tiempo desapareció del escenario donde se confronta, más allá de la frontera, la identidad mexicana con la identidad del *otro*. En un contrapunto filoso, Paz descubría entonces los contrastes: ser creyente o ser crédulo; ser nihilista u optimista; embriagarse para confesarse o para olvidarse; ser desconfiado, triste y sarcástico o abierto, alegre y humorista; padecer una soledad de aguas estancadas o una soledad de espejo. Será mucho más tarde, en ensayos que recogió en *El ogro filantrópico*, cuando Paz va a situar en los avatares de la historia y en la oposición entre pobreza y riqueza las modalidades que va tomando esa contraposición, que tanto le apasiona, entre los dos países que comparten la fronte-

ra. Entre el amor y el rencor, la adoración y el horror, advierte, la élite mexicana se planteó, a partir de la Independencia, el propósito de modernizar a México imitando a Estados Unidos. Hay que leer, pues, el capítulo de *El ogro filantrópico* titulado "El espejo indiscreto" y "México y Estados Unidos: posiciones y contraposiciones", incluido en *Tiempo nublado*, para redondear una reflexión que apenas se esboza en el libro de 1950. Una de las grandes aportaciones de Octavio Paz al nuevo proyecto de nación que debemos configurar es, sin duda, la de encontrar nuestro propio camino hacia la modernidad, sin rechazar nuestro pasado y nuestra tradición.

5. Los ensayos que siguen –"Máscaras mexicanas", "Todos Santos, Día de Muertos" y "Los hijos de la Malinche"– apuntan claves para interpretar gestos y actitudes que son propias, sin duda, de esa cultura tradicional que, por mucho tiempo, tendió a cerrarse sobre sí misma para defenderse de lo de afuera. El habla popular le ofrece a Paz términos reveladores: no hay que "rajarse", es decir, no hay que abrirse, no acobardarse. Un hombre puede doblarse, y hasta agacharse y humillarse, pero no "rajarse", porque eso es permitir que el mundo penetre en su intimidad. "El macho –dice Paz–, es un ser hermético, encerrado en sí mismo, capaz de guardarse y guardar lo que se le confía."

De la oposición entre lo "cerrado" y lo "abierto" se vale el poeta para intentar una interpretación histórica. Una máscara, o muchas, han recubierto nuestro rostro y hemos envuelto la realidad en vestimentas ceremoniales, en formalismos que han sido otras tantas camisas de fuerza sobre lo real. El teatro de Juan Ruiz de Alarcón nos muestra cómo el que pretende engañar se engaña a sí mismo y, mucho después, Rodolfo Usigli recogerá el tema en *El gesticulador*, ese simulador que finge ser lo que no es, confundiendo sin cesar apariencia con realidad. Mentir, actuar un papel, simular, son variables de conducta que, también, pueden ser eslabones de una cadena de engaños que invade peligrosamente la vida pública.

Hay quienes simulan y hay quienes se disimulan o "disimulan" a los demás. Paz observa al indio que procura mimetizarse con el paisaje, fundirse y confundirse con la barda blanca donde se apoya por la tarde porque, al disimularse, se protege y se cierra. Pero lo grave es cuando unos cuantos "disimulan" a los demás y los vuelven "ninguno": "El círculo se cierra y la sombra de ninguno se extiende sobre México, asfixia al Gesticulador y lo cubre todo ... vuelve a imperar el silencio anterior a la Historia..." Es lo que suele ocurrir cuando varios, o uno, no ven ni oyen a los demás, cuando el país entero se vuelve Ninguno.

6. En el examen de las actitudes tradicionales del mexicano, Paz elabora una de las teorías más sugerentes de *El laberinto...* en el capítulo dedicado a "Todos Santos, Día de Muertos". La fiesta es lo opuesto del encierro: es la apertura, el paso de lo

hermético a la comunión con el prójimo. Paz empieza a cuestionarse entonces cómo en un país tan triste son tantas y tan alegres las fiestas. En el estallido de la fiesta hay una liberación, aunque también pueda haber un alarido y una desgarradura. ¿Acaso en la fiesta se vuelve diálogo el monólogo? Paz sugiere que "algo nos impide ser", nos maniata, y sólo la fiesta rompe esa atadura pero, a la vez, puede empujar al vacío: "Muerte de cristiano o muerte de perro son maneras de morir que reflejan maneras de vivir ... Dime cómo mueres y te diré quién eres." Y también la fiesta, a veces, encierra agazapada a la muerte.

En este libro fascinante y terrible, el poeta intuye y lanza flechazos deslumbrantes y así hay que leerlo, no con los espejuelos pretenciosos de las ciencias sociales, por lo demás tan inciertas. *El laberinto de la soledad* es, esencialmente, un libro de crítica social, política y psicológica y un ensayo de interpretación histórica, entendiendo a la historia como un conocimiento que se sitúa entre la ciencia y la visión poética de lo mexicano. Oigamos, por ejemplo, esta afirmación: "Todo está lejos del mexicano, todo le es extraño y, en primer término, la muerte, la extraña por excelencia..." Podemos o no compartirla, pero nos toca, nos inquieta y nos incita.

7. Cuando Paz escribe *El laberinto...*, el país está en plena carrera hacia el proceso industrializador. La vertiente modernizadora de la Revolución, instalada en el poder, busca el crecimiento y la urbaniza-ción, arrastrando mal que bien a ese país tradicional del que nos habla, en su libro, Octavio Paz. El poeta presagia que en ese proceso se resolverán acaso, aniquilándolas, nuestras contradicciones y el mexicano, simplificado, dejará de ser un enigma. En todos sus textos sucesivos sobre los errores que se fueron cometiendo en la carrera hacia el Progreso, no dejó de señalar la falacia de un progreso que dejaba en la intemperie a más de la mitad de México. Las contradicciones sólo pueden superarse tomándolas en cuenta y procurando conciliarlas, no negándolas o disimulándolas como ha sido nuestro hábito inveterado. "Las circunstancias históricas explican nuestro carácter –nos recordó Paz–, en la medida en que nuestro carácter también las explica a ellas."

Hoy, cincuenta años después, no leemos *El laberinto...*, por supuesto, con los mismos ojos que en 1950. Aquella visión del talante del mexicano puede parecernos, y a muchos seguramente les parecerá, anacrónica y ajena, como si se refiriera a un país que no es este país y a unos mexicanos que no conocemos. Aquel país y aquel mexicano se fundieron y confundieron con una nueva realidad que con los milagros de la modernización parece haber enterrado constantes de siglos que el ojo avizor de un poeta visionario supo revelarnos magistralmente. Vivimos en la aldea global, en la era de la informática y la alta tecnología, de la polarización de riqueza y pobreza, de las grandes oportunidades y las grandes desigualdades. En un mundo donde la palabra clave es *apertura* –al comercio, a la información, a los servicios– aquella condición cerrada del mexicano que describe *El laberinto...* ha sido, evidentemente, desbordada. Pero, querámoslo o no, y aunque busquemos abrirnos y ser partícipes, estamos todavía, como la mayoría de la humanidad, en desventaja frente a una minoría de naciones ricas y poderosas. Y, desde esa óptica, los mexicanos –como los miembros de cualquier otra sociedad marginal, pero con características peculiares por nuestra vecindad geográfica con el primer mundo– somos vistos con frecuencia como *el otro*, otro diferente y no siempre bienvenido. ¿Se estarán cambiando los papeles?

A muchísimas reflexiones como ésta se presta una relectura de *El laberinto...* Una lectura que, yo diría, es indispensable en las escuelas si pretendemos, ahora que ya hemos estrenado democracia electoral, formar ciudadanos conscientes de nuestros orígenes y nuestra idiosincrasia, y capaces de interpretar con lucidez nuestra historia. Es un libro donde campea la libertad de pensar, que lo atraviesa como una corriente de aire fresco. No se trata de sentirnos huérfanos y desamparados, ahora que el laberinto de nuestra soledad ha quedado abierto, irreversiblemente, a la rosa de los vientos. Se trata de volver la mirada hacia nuestros orígenes, como siempre lo propuso el más lúcido de los mexicanos del siglo XX, para reencontrarnos, por fin, con nuestro verdadero rostro. A la Revolución mexicana, Octavio Paz le reprochó en *El laberinto...* no haber sabido crear, en la nación refundada, "una comunidad o una esperanza de comunidad". Me parece que esa asignatura está pendiente. Él decía que su propia utopía era la de una sociedad plural, donde el presente no se sacrificara a algún supuesto futuro. En la *Postdata* al *Laberinto...*, de 1970, insistió en la urgencia de un desarrollo menos inhumano, costoso e insensato. Creo que esa aspiración ya estaba latente en aquel punto de partida. Y sigue vigente. Releamos a Octavio Paz, pues, para aprender a decidir, cada vez mejor, qué queremos y hacia dónde vamos.

LAS FUENTES DE PAZ

Luis Medina Peña

Es difícil capturar en unas cuantas páginas la sugerente riqueza de *El laberinto de la soledad*. Se trata de un ensayo de gran originalidad que enseñó a varias generaciones a pensar sobre México. Por lo tanto, creo que es un acierto de la Fundación Octavio Paz el convocar a este coloquio para que desde las más diversas avenidas intelectuales y académicas contribuyamos a poner de manifiesto esa riqueza de ideas y su impacto cultural, académico y político. Estoy seguro que de todas las intervenciones saldrá una visión integral y completa de la obra en cuestión. La naturaleza del evento y las limitaciones inevitables de tiempo y espacio, obligan a tomar una vía de exploración, un enfoque, para acometer esta tarea de manera eficaz pero económica.

Pero ¿qué enfoque, qué aproximación podría yo tomar para cumplir con el cometido? Como estoy seguro que otros participantes, que conocen a fondo toda la obra de Octavio Paz, están en mejor posición que yo para destacar la importancia de las ideas del autor en el pensamiento mexicano contemporáneo y, dado que en mis cursos sobre sistema político mexicano e historia política de México en el siglo xx me ha sido indispensable utilizar los ensayos políticos de este autor, después de mucho pensarlo, decidí adoptar una vía de aproximación que podríamos llamar de arqueología del saber, comparando *El laberinto...* con *Postdata*, obra esta última que el autor explícitamente compuso para darle, si no culminación, sí continuidad a la primera. Me explico. Entre las muchas cualidades que como intelectual tenía Paz, se cuenta la de lector. Don Octavio sabía qué leer, cómo leerlo y la forma de sacarle el mayor provecho a las lecturas, a veces complicadas y secas, para construir sus ensayos. Si había un lector "al día" ése era Octavio Paz. En consecuencia, he decidido exponer, más que explorar, las fuentes de que se valió el autor para determinar el estado del saber, el pensamiento sobre México, en los dos momentos de escritura de esos ensayos, 1950-1960 y 1969, respectivamente. Saber al que Paz, con *El laberinto...* y *Postdata*, quizá los más leídos de sus ensayos, dio un empujón cuyas consecuencias e implicaciones nos llevará muchos años aquilatar en todas sus dimensiones.

De entrada cabe aclarar que, en mi concepto, *El laberinto...* y *Postdata* son reacciones a dos momentos cruciales de la reflexión sobre México. Ambos momentos son de pesimismo. Con *El laberinto...*, Paz formuló una respuesta diferente a los ensayos de Daniel Cosío Villegas (1947) y de Jesús Silva-Herzog (1949), publicados en *Cuadernos Americanos*, en los cuales se abordaban el agotamiento de la Revolución mexicana y la crisis moral por la que transitaba el país en la segunda mitad de los años cuarenta; con este ensayo también confrontó las ideas, entonces en boga, de la imposibilidad del país para ponerse a la altura de las grandes naciones debido a un inherente complejo de inferioridad (a lo cual Paz replicaría que lo que nos explica no es ese complejo, sino el sentimiento de soledad, lo cual hace al mexicano contemporáneo de todos los hombres). *Postdata*, en cambio, es la reacción a las promesas incumplidas del crecimiento económico, de la utopía industrial, y a la infausta conclusión del movimiento estudiantil en Tlatelolco. Pero ambos son ensayos en el fondo optimistas porque plantean salidas. La Revolución, nos dice en *El laberinto...*, fue un movimiento tendiente a reconquistar nuestro pasado, asimilarlo y hacerlo vivo en el presente mediante la dialéctica de la soledad. Y en *Postdata* agrega que la crisis de México, es la crisis del México desarrollado frente al subdesarrollado, y que sólo el desarrollo democrático permitirá la asimilación del segundo por el primer México. Hoy por hoy, todo esto suena obvio, pero entonces fueron ideas germinales.

Pero regresemos a lo nuestro. ¿Qué lecturas están detrás de la composición de estos ensayos? ¿Cuál era el estado del conocimiento sobre México en cada una de esas dos épocas? En *El laberinto...* se pueden identificar catorce fuentes extranjeras y veintitrés referencias a autores y a corrientes de pensamiento nacionales. De los extranjeros es claro que Paz deriva buena parte del entramado teórico que gobierna el discurso de este ensayo. Roger Callois, "sociólogos franceses" (quizá Mircea Eliade) y André Malraux contribuyen con sus nociones sobre la fiesta, el mimetismo, y el mito y nuestros instintos (es de notar aquí el deslinde que hace el autor, al no acudir a Adler quien inspiró a Samuel Ramos y los Hiperiones el concepto del complejo de inferioridad como explicación del ser del mexicano). De Scheller deriva las nociones sobre el sentido del progreso, y tres poetas –Rilke, Valéry y Darío– le sirven para apoyar sus ideas sobre el sentido de la muerte, la conciencia de la nada y de la mujer como conocimiento mismo. El novelista D. H. Lawrence le ayuda a reflexionar sobre la inmaterialidad del obrero como individuo. De Darío Rubio, lingüista, toma las indagaciones sobre raíces y significados de diversos verbos de origen náhuatl. Los historiadores Arnold Toynbee y Jacques Soustelle le proporcionan los conceptos de civilización y la oposición Quetzalcóatl/Huitzilopochtli en el pensamiento mágico indígena, respectivamente. Con José Ortega y Gasset introduce la idea de nación como pasado y proyecto histórico. En Menéndez Pelayo se apoya para sus reflexiones sobre Góngora y el siglo de oro español y en Vossler para el conflicto razón-religión en Sor Juana.

Por otro lado, las veintitrés referencias a autores nacionales en *El laberinto...* se pueden clasificar de la manera siguiente: un pintor, un psicoanalista, dos poetas, tres escritores, cinco filósofos y cinco historiadores. Cita tres veces a Jorge Cuesta, dos a Alfonso Reyes y dos al transterrado José

Gaos, más una referencia general a estudios arqueológicos y otra a los historiadores. El mural de la Preparatoria de José Clemente Orozco le proporciona el apoyo para ilustrar el tema del mexicano que rompe con su pasado. A los poetas José Gorostiza y Xavier Villaurrutia los cita en torno al sentido y nostalgia de la muerte. El antropólogo Ricardo Pozas contribuye con la idea del catolicismo superficial en el México indígena, y el psicoanalista Jorge Carrión, con el tema de la religiosidad como vuelta a la vida prenatal ante el trauma de la Conquista. De los escritores, Jorge Cuesta aporta su propuesta de la cultura como algo diferente a la realidad que la sustenta, Alfonso Reyes, su reivindicación del lenguaje y escritos sobre Góngora y Henríquez Ureña con los testimonios de la lucha de Alfonso Caso contra el positivismo. Sin embargo, son los filósofos e historiadores los que más contribuyen al armazón empírico del ensayo. Entre los primeros se cuentan Samuel Ramos y su afirmación de que el mexicano cuando se expresa, se oculta; está también el propio Caso que aporta el concepto de la "imitación extralógica"; ahí está Emilio Uranga, quien para Paz fue el único que entendió que el tema mexicano es parte de una perspectiva más amplia: la enajenación del hombre contemporáneo. José Gaos, por su parte, proporciona su análisis sobre la naturaleza del pensamiento iberoamericano y, finalmente, Leopoldo Zea aparece con su estudio sobre el positivismo como ideología de orden, ideología oficial del Porfiriato, que sustituye a la de desorden de los liberales.

De los historiadores sobresale Justo Sierra, que para Paz es el primero que concibe a México como una realidad en el tiempo, y le sigue Edmundo O'Gorman sobre la invención europea de América y el conflicto entre razón y religión en el siglo XVIII. A ellos Paz agrega a Silva Herzog con sus ideas sobre la Revolución como movimiento propio y original, y a Silvio Zavala, quien había incluido la hostilidad de Estados Unidos al gobierno de Díaz entre las causas de la Revolución. A Cosío Villegas lo cita por los primeros resultados sobre su indagación del Porfiriato así como por su crítica desapasionada y desenvoltura de opiniones.

Como puede verse de este apresurado repaso, el "estado del arte" de la reflexión sobre México no era muy amplio hacia la década 1950-1960 cuando se compone y revisa *El laberinto...*: se reducía a algunos estudios arqueológicos y antropológicos, reflexiones filosóficas, investigaciones de psicología social, análisis históricos sobre los siglos XVIII y XIX y ensayos pesimistas sobre la vigencia y crisis de la Revolución mexicana. Hay que decir que la literatura "política" abundaba, pero estaba compuesta por memorias de revolucionarios o libros apologéticos de la propia gestión de altos exfuncionarios de gobierno. Pero Paz no echa mano de ellos, pues eran inservibles para su propósito. Por otro lado, la división de estudios estéticos de la Facultad de Filosofía de la Universidad Nacional producía ya interesantes estudios sobre el arte colonial, la Escuela Nacional de Antropología consolidaba sus escuelas de antropología y arqueología, y los centros de historia y de estudios internacionales de El Colegio de México apenas iniciaban sus líneas de investigación. En las instituciones de educación superior de los estados, la reflexión sistemática y la investigación eran prácticamente inexistentes. Diez años después, ya en *Postdata*, la perspectiva cambia, pues para entonces Paz intenta, con éxito, componer un ensayo sobre las realidades económica, social, política e internacional del país. Y, en consecuencia, cambian las fuentes y las lecturas. Pero lo más importante a destacar es que, al contrario de lo que sucede con *El laberinto...*, ahora predominan los estudios de extranjeros, principalmente estadunidenses, sobre los nacionales: a saber, ocho contra tres.

Entre los extranjeros se adivina la presencia de Robert C. Scott en la idea de que los revolucionarios crean una dictadura institucional acotada por la no reelección. Ahí se cita también a Frank Tannembaum con su propuesta de que Miguel Alemán crea una clase empresarial bifronte: la privada y la encargada de las empresas paraestatales. No puede faltar Sanford Mosk, sobre la extrema debilidad del mercado interno. Tampoco James W. Wilkie, y sus tres etapas de la Revolución, todas fallidas: la política que no logra un Estado democrático, la social que no produjo una nueva sociedad y la económica que alentó el crecimiento pero falló en producir el desarrollo económico. Aparece el historiador Stanley Ross con sus ideas sobre el Thermidor mexicano y el antropólogo Oscar Lewis, con la cultura de la pobreza que ya apunta, según Paz, a la distinción y contraposición de los dos Méxicos, el desarrollado y el subdesarrollado. Finalmente, Paz agrega a los anteriores, a los franceses Laurette Séjourné y, de nuevo, a Jacques Soustelle, con la distinción entre religión solar/religión agrícola y el sincretismo religioso entre los indígenas.

En cuanto a los nacionales aparecen Miguel León-Portilla con su visión de los vencidos por la Conquista y, de nuevo, Silva Herzog aparece otra vez en relación con la crisis moral del México posrevolucionario. Destaca, finalmente, Pablo González Casanova, cuya obra, *La democracia en México*, primera exploración integral del México contemporáneo desde el punto de vista de las ciencias sociales, llevaba ya seis años de haber sido publicada cuando Paz compone *Postdata*.

Queda clara entonces la evolución que empieza a tomar la reflexión sobre México entre estos dos hitos que marcan *El Laberinto...* y *Postdata*. De la filosofía, la arqueología y la antropología a las ciencias sociales. Si bien en el primer tramo que tan bien ilustra *El laberinto...* predominan los autores nacionales y los extranjeros europeos, en *Postdata*, dominan los científicos sociales estadunidenses. En tanto que en *El laberinto...*, del cual se ha dicho que es uno de los mejores poemas de Paz, predomina la metáfora como forma para aproximarse al tema mexicano dada la escasez de fuentes, en *Postdata*, en cambio, ya acusa el método y conclusiones de las ciencias sociales, si bien las fuentes son predominantemente extranjeras. El ensayo *Postdata* se da a la imprenta en 1969, en vísperas de la gran explosión de los estudios de autores mexicanos realizados con las herramientas que proporcionan las disciplinas sociales. El cómo y por qué es posible esta explosión, es un tema que merece tratamiento aparte, el cual no tenemos ahora tiempo para explorar en todas sus dimensiones. Baste decir que va a aparecer una nueva generación que, alentada por las becas al extranjero y la ampliación de las instituciones de educación superior, y motivada por los sucesos de 1968, va a volcar sus esfuerzos profesionales al análisis de temas mexicanos, pero para la cual, sin duda alguna, estos dos ensayos de Paz inspiraron muchas de sus hipótesis y cumplieron un papel fundamental y fundacional.

EL LABERINTO...: MÁS ALLÁ DEL ESENCIALISMO

Federico Reyes Heroles

A DECIR DE GRACIÁN LA DISTANCIA ENTRE UN HOMBRE Y otro puede ser tan abismal como entre un hombre y una bestia. No es la substancia la que los separa, dice el seguidor de Loyola, sino la circunstancia. Más grave aún, tampoco es la vitalidad lo que los desune, vitalidad que está en uno y otro, sino el ejercicio de ella. Todos la llevamos dentro pero, aún así, surge la diferencia. Hay entonces, siguiendo al pensador, seres que ejercen esa energía potencial y hay otros que, llevándola dentro, la conservan adormilada. Al final amanecen prisioneros de su propia quietud. La vitalidad es, antes que nada, una calidad, la de tener vida. Es la medida de la eficiencia de nuestras facultades vitales. Hubo, hace un par de siglos, toda una corriente que estudiaba las dolencias del cuerpo y del alma, no sólo a partir de las fuerzas de la materia sino de aquellas propias de la vida. No es la substancia, sentencia Gracián, es decir lo que está por debajo y condiciona, lo que permanece y determina, la esencia dirían otros. En ella no encuentra don Baltasar la explicación de las diferencias. Es en el cómo y por qué ejercemos la vida donde viene la separación entre unos y otros.

Machado es la piedra de toque. En el tejido de Octavio Paz nada es casual. Es casi una obstinación de la fe racional-racionalista, dice el poeta español, que al final de cuentas todo sea uno y lo mismo.

Pero lo otro, el otro, la otredad subsiste y persiste. Es el duro hueso en que la razón deja los dientes. Hacer de lo diverso uno y lo mismo para facilitar al entendimiento su marcha triunfal es la trampa. Al final la razón unificadora terminará caminando entre entelequias producto de la imaginación y no de lo que la terca realidad impone. Isaiah Berlin y Popper, cada quien por su propio camino, llegaron a una conclusión semejante y lanzaron sendas advertencias: en el pensamiento de Occidente corre un veneno, la idea primaria de que las partes cuadren en un todo armónico, la tentación permanente de buscar el pensamiento único que es producto de la fe y, por ende, más cercano a la religión que a la razón. Popper señala a Platón en el origen. Berlin sienta en el banquillo de los acusados a la utopía misma. Pero en algo coinciden sin discutir, la idea unificadora, el pensamiento único son fuente de intolerancia, de antidemocracia, de autoritarismo.

Quien no puede aceptar a la otredad, al otro, es incapaz de saber de lo heterogéneo, de lo diverso. Al creer que está en todas partes, sin resistencia, olvida su particularidad, ese universo propio que se define justamente a partir de los otros. Pero en la aventura de ir a lo otro hay múltiples riesgos. No es un paseo entre praderas. El trayecto es muy peligroso, hay abismos repentinos, acantilados que sobrecogen, aguas pantanosas, arenas movedizas, de todo. ¿Cuál fue la ruta de Octavio Paz? ¿Cómo es posible que, a medio siglo de su explo-

ración, su bitácora siga siendo imprescindible? Vale preguntarse, ¿cómo conoció o generó conocimiento Paz? ¿Puede un poeta tener método cognoscitivo? La expresión es poco popular pero precisa, ¿cuál es su epistemología? El reto es muy sencillo: la inserción de lo otro, del otro, en la visión de Paz, por ahí comencemos.

Antecedentes hay varios, algunos de ellos inolvidables, inevitables y complejos. En Hegel había una dualidad básica inquebrantable. Lo universal y lo particular. Conozco a los otros en tanto que parte de mí está en ellos, pero hay un reducto que es mío y sólo mío. Lo universal, en el mayor simplismo de los malos lectores de Hegel es estático y por ende definible. Cayeron así muchos en la trampa mortal de la expresión, naturaleza humana. Lo universal es la naturaleza humana, lo particular, lo propio, lo exclusivo. Pero, ¿quién es el guapo que se atreve a definir esa universalidad de una vez y para siempre? Allí no terminan los peligros de los varios que se perdieron en la ruta hegeliana. Aquellos vanidosos que pretendieron definir eso que es universal resbalaron irremediablemente en el esencialismo. El ser humano es, por naturaleza, y entonces lanzan ahí alguna invención. Una de las críticas vanas a *El laberinto de la soledad* ha sido la de tildar la mecánica mental de Paz como esencialista: el mexicano es... ensimismado o taciturno o alegre o lo que sea. Sugiero una lectura más cuidadosa.

Paz no intenta definiciones inmutables, permanentes, definitivas de la esencia del ser nacional. Con ellas hubiera hundido al texto al colgarle un pesado lastre. Paz camina por otros senderos, describe comportamientos, actitudes, formas de ser, de expresar y ejercer la vida. Rastrea entonces imágenes fugaces de la vitalidad de la que hablaba Gracián. No es un catálogo aristotélico de atributos que definan al ser y atrapen su esencia, sino un desfile de expresiones de la energía humana, de cómo es o fue determinado ser. Así se acerca Paz a la vida y al otro. "Despertar a la historia significa adquirir conciencia de nuestra singularidad", nos lanza Paz como advertencia. Si de esencias se tratara ésas serían válidas sin consideración de latitud o tiempo, estaríamos así ante un geógrafo o quizá, más preciso aún, ante un topógrafo de lo humano. No habría despertar sino descubrimiento. Estaríamos observando a un químico o a un físico de los viejos y no a un pensador.

Paz elude este escollo del esencialismo, tan popular en la primera mitad de siglo. Sabe que cada amalgama histórica entre universal y particular es única e indivisible. No hay reglas escritas y permanentes. Hay seres en la historia. Cada caso es sólo ejemplo para sí mismo. Pero aquí hay otro peligro que un poeta de su talla conoce muy bien. Si cada caso sólo es válido para sí mismo, no habrá entonces argamasa que pueda unirlos. La casuística es la antesala del relativismo.

Los mexicanos –dice Paz– no hemos creado una forma que nos exprese [...] la mexi-

canidad no se puede identificar con ninguna forma o tendencia histórica concreta: es una oscilación entre varios proyectos universales, sucesivamente trasplantados o impuestos y todos hoy inservibles.

Pero un poeta se sabe en tanto que ha tocado las fibras íntimas de muchos otros, no son líneas universales, pero también están ahí, en él y en los otros. Si bien lo universal es ley, es innegable que ciertos tejidos de los otros nos parecen nuestros. A esas reacciones de entraña nos remiten:

... el manantial, para saberse hombre, el agua que habla a solas en la noche y nos llama con nuestro nombre, el manantial de las palabras para decir yo, tú, él, nosotros [...] para decir los pronombres hermosos y reconocernos y ser fieles a nuestros nombres...

En esas líneas de Paz de 1955 encontramos dos pistas que nos permiten rastrear algunos de los trazos del mapa de su razonamiento. Paz escapa del esencialismo banal porque no pretende atrapar lo inmutable dentro del objeto, para el caso, lo mexicano. Su propuesta cognoscitiva es otra. Paz es muy claro, apunta hacia el otro extremo, no hacia el objeto, hacia el sujeto, hacia la conciencia. Hay diferentes grados de conciencia o inconciencia y es ella la que nos lleva a actuar de una forma o de otra. Pero si algo es mutante, incontenible, si algo siempre está en su versión inédita es la conciencia. Por eso Novalis aparece en las primeras líneas de *El laberinto de la soledad*: "Cuando soñamos que soñamos estamos próximos a despertar", palabra, esta última, clave en la lectura del brillante ensayo. Pero, ¿a qué despertar se refiere Paz? ¿Acaso a aquel que viene cuando nos salimos del sueño, *Ausschlafen* dirían en alemán, es un suceso que ocurrió como algo natural que llega, que nos permite ir de un estadio de semiconciencia a otro de mayor lucidez. Creo percibir que Paz se refiere a una forma de conciencia que asciende *con* el tiempo, *en* el tiempo y *por* la conciencia misma. Se transforma *con* el tiempo y por eso el poeta recurre a la imagen del adolescente en varias ocasiones: el adolescente que se ignora y actúa con torpeza de niño; el adolescente que no puede olvidarse de serlo y se sumerge en su pequeña tragedia que sólo por ese acto se transforma en una; y, finalmente, el adolescente consciente de su temporalidad existencial.

Pero la conciencia se transforma *en* el tiempo porque no es lo mismo despertar a la historia, para usar su propia expresión, en el siglo XIX o en el XX. La conciencia, asidero permanente de todo el texto, no es atemporal o intemporal. Tiene fecha de nacimiento, ésa es su inscripción en la Historia. Y finalmente, de nuevo con cierto influjo del romanticismo europeo y en el fondo de Vico, la conciencia es el gran estímulo para el avance de la propia conciencia.

"La singularidad de ser –afirma Paz de entrada– se transforma en problema y pregunta, en conciencia interrogante." Ése es, creo yo, uno de los ejes del razonamiento epistemológico de Octavio Paz, una conciencia que *en* el tiempo asciende sobre sí misma en calidad y, a su vez, es capaz de remover los obstáculos para poder así avanzar más en los territorios externos que terminan por ser propios. Es un flujo incontenible, hermoso, porque siempre encuentra el recoveco para seguir adelante, porque no se detiene, porque "se curva, avanza, retrocede, da un rodeo y llega siempre". ¿O no?

Un río lo llama él, un río de la conciencia. Es un lugar común, pero no por ello menos cierto, afirmar que la obra poética de Octavio Paz está inundada, si se me permite blasfemar, de imágenes, metáforas, términos acuáticos, de flujos: manantiales, veneros, ríos que igual descubren el amor o nos pasean por las indómitas cuencas de la mujer. Pero el poeta no puede dejar de serlo por conveniencia gráfica: hoy es ensayo, mañana poesía. Son los mismos ojos los que nos guían por *El laberinto de la soledad*. Ese flujo es permanente, una constante en su mirada y, por ende, en la conformación de la conciencia.

Pero ese río de saber y saberse se topa frente a una realidad muy concreta, socioeconómica, para usar un término frío como una lápida. El México que vio nacer *El laberinto de la soledad* fue un México básicamente de analfabetas, con poca instrucción, con poca información, incomunicado, y por eso Paz nos advierte que sólo arrojará su mirada sobre aquellos que: "tienen conciencia de su ser en tanto que mexicanos". El universo de estudio está perfectamente definido: tener conciencia del ser —propio— en tanto que mexicanos. Y allí, el *Dasein*, él está allí, no basta pues es la conciencia del estar allí lo que lleva a la existencia cabal, diría Heidegger. En ese México conviven varios "niveles históricos", los llama Paz. "Hay quienes viven —afirma— antes de la historia; otros, como los otomíes, desplazados por sucesivas invasiones, al margen de ella." Antes o al margen, fuera de la historia, todo es posible. Despertar a ella, a la historia, nos ha dicho, es cobrar conciencia de la singularidad y a ello sólo accedemos cuando estamos conscientes de los otros.

Paz no deja margen de duda en su forma de leer la historia. Cuatro décadas después lo hará de nuevo explícito al abordar la complejidad de la India. Simultaneidad es quizás otra clave de su lectura, de su forma de conocer, de su epistemología. "Bajo un mismo cielo —nos dice—, con héroes, costumbres, calendarios y nociones morales diferentes, 'católicos de Pedro el Ermitaño y jacobinos de la Era Terciaria'", deambulan por un mismo territorio donde se pretende erigir una nación. Cualquier vigencia de lo afirmado por Paz con lo que vemos en el 2000, no es mera casualidad. Las diferencias entre unos y otros no son de esencia sino de conciencia, algo bastante más tangible sin duda. Unos junto a los otros, no por encima ni por debajo, al lado

pero viviendo mundos diferentes a partir del grado de inserción en la historia. "Las épocas viejas —nos lanza Paz—, nunca desaparecen completamente y todas las heridas, aun las más antiguas manan sangre todavía." Ésos son los impulsos vitales que Paz persigue, impulsos que son ejercicios de la vitalidad. Por eso la conciencia tiene que remover los obstáculos para así avanzar su marcha nunca finita.

Lo primero es el ensimismamiento que se transforma en aislamiento, negación del otro, puerta de salida de la historia. "Sí, nos encerramos en nosotros mismos, hacemos más profunda y exacerbada la conciencia de todo lo que nos separa, nos aísla o nos distingue." Caemos así en la soledad, la nuestra e inconfundible, que no es ilusión, nos advierte Paz, "... sino la expresión de un hecho real: somos (por esa soledad) de verdad distintos". Esa soledad que conlleva la negación de lo otro y los otros se acerca al sentimiento religioso. "Es una orfandad —dice Paz—, una oscura conciencia de que hemos sido arrancados del Todo (con mayúscula) y una ardiente búsqueda: una fuga y un regreso, tentativa por restablecer los lazos que nos unían a la creación."

Paz ha encontrado su propio enfoque. No hace historia, pero repasa orígenes. No hace sociología, pero igual indaga en las relaciones sociales y compara comportamientos. La filosofía brinca por todas partes, pero no es un *tractatus*. Conciencia e inconciencia son guías en la ruta, pero nadie calificaría esas líneas de psicología social. Paz ensaya y en la libertad de ese ámbito de expresión todo le es permitido, nos puede comparar con los estadunidenses, "ellos crédulos, nosotros creyentes"; ellos se emborrachan para olvidarse, los mexicanos para confesarse. Fuera máscaras, grita, desde los revolucionarios de pacotilla, hasta los verdaderos que, a decir de Ortega y Gasset, no quieren cambiar los abusos sino los usos mismos. Ortega aparece varias veces, en especial para criticar a toda revolución pues, en el fondo, se trata de "una tentativa por someter la realidad a un proyecto nacional".

Estamos hablando de líneas publicadas en 1950, cuando el nacionalismo galopaba sin brida y la Revolución todo lo justificaba. "Toda revolución –dice Paz– tiende a establecer una edad mítica." Paz apunta ya así con toda precisión a las fisuras que se convertirían en grietas del discurso posrevolucionario. Vamos o venimos es la pregunta. "El eterno retorno –remata Octavio Paz– es uno de los supuestos implícitos de casi toda teoría revolucionaria." Si un proyecto es elaboración del futuro, ¿puede haber un proyecto de retorno al pasado, a los orígenes? Y, ¿cuáles son los orígenes? ¿Acaso el liberalismo decimonónico o el pasado indígena como "la porción más antigua, estable y duradera de nuestra nación"?

Se trata dijimos, de encontrar expresiones humanas que nos delaten, nos desnuden y nos expliquen cómo y por qué ejercemos nuestra vida. Pero cuidado porque también por esta vía podríamos fracasar. *El laberinto de la soledad*, es algo más que una sucesión de retratos, una galería inconexa que no captura una época, un estado de ánimo. La multiplicidad de presencias no nos acerca a la radiografía de la existencia. La lección la pagó muy cara el existencialismo francés. En *El laberinto de la soledad*, las interconexiones entre presencias: el pachuco, la mujer, el catolicismo, el macho, el "chingón", el malinchismo, el Don Juan, el lambiscón, el rajado o rajón (varón o mujer), todo ese desfile persigue un objetivo último: indagar o incursionar en cómo nos hemos atrevido a ser y qué nos ha impedido ejercer nuestro derecho a la vitalidad.

En una de las sentencias más severas del texto Paz deja caer su aguda inteligencia y su sensibilidad. "A veces –dice el poeta– las formas nos ahogan." Hemos dado preeminencia a lo cerrado frente a lo abierto, allí nos recogemos, nos cobijamos, nos protegemos del exterior, siempre amenazante. Varios son nuestros escudos: la impasibilidad, el recelo, la desconfianza, la ironía y, sobre todo, el amor a la forma. "Ésta –dice Paz– contiene y encierra a la intimidad, impide sus excesos, reprime sus explosiones, la separa, la aísla, la preserva." Las formas en todo, en la poesía, el soneto y la décima como ejemplos excelsos; la forma en lo jurídico; las formas en el amor, formas que devienen en fórmulas, en política, en arquitectura y que quizá nos impidieron caer en esa necesaria implosión liberadora del romanticismo. ¿Dónde quedó el romanticismo mexicano? En eso Paz es implacable. En lugar de liberarnos, de construir un mundo ecuménico, civil, una lengua franca que a todos acoge y protege, las formas sirvieron para ocultarnos, nos encierran. La expresión sociedad cerrada y abierta, tan de moda hoy por la aportación de Karl Popper, aparece en varias ocasiones en el texto y con un significado muy similar. Abrirnos a nosotros y a los otros, al mundo, pareciera la consigna lanzada hace medio siglo.

Han transcurrido cincuenta años y el tiempo no perdona a nadie. Por supuesto que en *El laberinto de la soledad*, hay afirmaciones que hoy resultan absurdas e impertinentes, como por ejemplo cuando Octavio Paz asevera: "Las preguntas que todos nos hacemos ahora probablemente resulten incomprensibles dentro de cincuenta años". Es claro que en esto don Octavio se equivocó, hay que admitirlo.

Pero si por algo esta lectura sigue siendo, no digo imprescindible pues lleva algo de imposición social, tampoco me encanta la idea de insustituible, pues así convertimos al arte, al pensamiento, en refacción y al libro en una pieza de rompecabezas, pero sí diría apasionante, es por el ánimo que subyace en ella. Hay nuevas aproximaciones al problema de la identidad y algunas de ellas espléndidas. Hay también nuevas metodologías que nos permiten mayor rigor científico aunque mucho menor despliegue de sensibilidad. Pero quizá, insisto, lo que genera pasión, por lo menos en mi caso por esta lectura, es haber puesto el lenguaje al servicio de la libertad, de nuestra libertad, porque de eso, al fin y al cabo, se trata. Ejercer la vitalidad, nos dijo Gracián, acceder al otro, reclamaría Machado, acceder así a nosotros mismos. Encarar nuestras formas de vida, de ser para, con el arma de la conciencia, salir a dar la batalla por nuestra libertad.

ACERCA DE OCTAVIO PAZ Y *EL LABERINTO DE LA SOLEDAD*

Rafael Segovia

En 1950 se imponía en México, en los medios universitarios e intelectuales en general, la llamada "filosofía del mexicano", mezcla de existencialismo sartreano y ontología germánica, que don José Gaos redujo con el gran sentido común siempre presente en su pensamiento y palabra a un "proceso de autognosis". Nos encontramos ahora con el mismo rechazo por parte de Octavio Paz, que reduce *El laberinto de la soledad* a una simple interpretación de la historia de México. Resulta imposible saber si detrás de esta simple interpretación se esconde una modestia franciscana o una soberbia luciferina, pues en *Guerra del Peloponeso* también podemos ver una interpretación histórica de cómo los griegos se hicieron pedazos unos a otros y terminaron con Grecia. Me siento pues en libertad de ver en este libro que hoy nos ocupa lo que se me ocurre llamar un libro matriz.

De la misma manera en que los andaluces ven en el considerado cante grande algunos cantes llamados matrices porque de todos ellos derivan modificaciones de tiempos y ritmos –rara vez de melodías–, de *El laberinto de la soledad* han brotado no sólo otros libros, ensayos, tratados e historias, sino todo un estilo, omnipresente en la segunda mitad de nuestro siglo y, quien diga que esta obra no ha influido para nada sobre él, que levante la mano.

En la historiografía mexicana no abundan los paradigmas en el sentido que Kuhn da a esta palabra en su estudio sobre las revoluciones científicas. Son pocos los modelos seguidos por una o varias generaciones, donde se halle una idea central voluntariamente incompleta pero siempre actuante. En ese sentido el paradigma se acerca al mito fundador de una época, a la nueva visión de la realidad social o a la innovación científica revolucionaria.

El siglo XIX, fuera del momento de la Independencia, deja una historiografía bastante pobre, quizá porque los historiadores del XIX, devorados por escuelas orientadas en primer lugar hacia la erudición, fundaron sus estudios en el derecho y en las instituciones. Raros fueron quienes se separaron de esa base inconmovible, estrecha y engañosa, y quienes se adhirieron a nuevas escuelas, ya a finales de siglo, cayeron por lo general en el positivismo y compitieron para ver cuál podía ser el más dogmático. Sólo a finales de ese siglo XIX, la revolución historicista rankiana liberó, aunque sólo fuera parcialmente, a los historiadores de las dictaduras escolásticas. Quizá por eso, un hombre como Tocqueville destaca tan claramente frente a sus contemporáneos: se alejó de todos precisamente por ser libre, por no estar avasallado por ningún vínculo ideológico, histórico o religioso. Quienes intentaron seguirle, en el mejor de los casos le imitaron. Fue un escritor gigantesco sin ser paradigmático. Sus temas, Estados Unidos, el Antiguo Régimen, Argelia,

no eran las preocupaciones del momento, de manera tal que hubo de esperar a la ciencia política norteamericana para ver su gloria universalmente reconocida.

No es o, para mayor precisión, no fue el caso de Octavio Paz y de su *Laberinto de la soledad*. Conviene, antes de adentrarnos en el tema, detenernos un momento más en el problema de los libros paradigma.

Sólo *La evolución política del pueblo mexicano* de Justo Sierra se coloca a la misma altura de *El laberinto...* Son dos libros con un punto común –la historia de México–, radicalmente diferentes en todo cuanto se refiere a método, fuentes, interpretación, estilo, etc. Pero los une precisamente el haber servido ambos de modelo a toda una época, que por lo demás es la misma para los dos.

Positivista, *La evolución política...* es un libro sin embargo político: es la interpretación liberal de la historia de México que cuajó con los gobiernos del general Díaz. Entre su primera publicación y 1940, cuando la Casa de España vuelve a publicarlo, es un trabajo ignorado. Un porfirista, positivista y liberal por añadidura, laico para mayor pecado, no servía a nadie: ni a una revolución que odiaba a la llamada dictadura porfirista cuanto más se le parecía, ni a un conservadurismo ajeno ya al viejo dictador liberal y a su grupo, con lo que podía recuperar sus orígenes clericales e hispanizantes, y dar rienda suelta a su odio del mundo laico y tolerante del liberalismo. Por sus consecuencias, el nacimiento real de *La evolución política...* es 1940, la edición de la Casa de España.

Cuando aparece *El laberinto de la soledad*, es un trueno en un cielo claro. Los libros de historia publicados en aquel momento y en los años anteriores se refugiaban en las historias de la Revolución mexicana o en historias coloniales o prehispánicas situadas en la línea de la historiografía de fines del XIX. Vistas en conjunto, tienen una intención como toda historiografía, pero ésta es una discusión, una apología o un combate entre maderistas, carrancistas, obregonistas, callistas, cardenistas, zapatistas, villistas y *tutti quanti* participan en la lucha. En resumidas cuentas es mucho más una literatura de coyuntura y lucha política que una historiografía.

El laberinto... va por otro lado, no intenta siquiera dialogar con el mundo político-historiográfico del momento. En *El laberinto...* se monologa mucho más de lo que se dialoga. Su problema y su fuerza radican en un misterio: no sabemos si nos vamos a encontrar con Ariadna, con Perseo o con el Minotauro al salir, si salimos, del laberinto, como tampoco sabemos por boca de quién habla Paz, porque quien de hecho habla es el propio laberinto que se manifestará más tarde, reproducido de manera manifiesta o escondida en una multitud de ensayos, artículos y opúsculos hasta culminar en *Los laberintos del poder* de Peter Smith, uno de sus pocos hijos legítimos.

Por uno de esos efectos perversos tan frecuentes en México, de la obra de Justo Sierra salió el modelo para la historia oficial o de bronce, que desde los años cuarenta inspira el discurso político de México, con un innegable éxito, imponiendo la idea de la reconciliación nacional y fundando el panteón sincrético de la nación mexicana. Como buen positivista don Justo vio en el transcurrir histórico mexicano una evolución, un camino trazado por la razón y la necesidad. En su obra hay una teología que culmina con el general Díaz.

Paz ve uniones, pero sobre todo rupturas: el hecho fundador, la piedra angular es la Revolución, así vuelva después a la Colonia y al México prehispánico, pero para él personalmente la creación nacional no implica el nacionalismo sino, como escribirá después, su mundo y su pensamiento se fincan en la universalidad, la modernidad y la democracia. *El laberinto de la soledad*, como el de Creta, es ante todo inteligencia, es saber contestar al minotauro, y quien no sepa será devorado. La historia será pues inteligencia y por lo mismo libertad. Nada está trazado y dispuesto de antemano.

La Revolución renace en *El laberinto de la soledad*. La novedad absoluta está en haber trascendido la lucha de jefes y caudillos que por más homérica que fuera, se empantanaba en un piélago de detalles presentados como razones y de odios vistos como la historia misma. Hasta ese momento, libros como *El proconsulado* de Vasconcelos dominaban la escena. Martín

Luis Guzmán apenas se reintegraba al mundo nacional; su obra era la de un crítico, un actor y un inmenso narrador, pero la de un hombre de partido. Alfonso Reyes rehuyó, por razones más que comprensibles, hablar de la historia viva.

Paz, lo mismo que Sierra, acepta la creación del gran panteón nacional, aunque conceda a Zapata si no el trono de Júpiter sí la estatua mejor acabada y digna de la mayor veneración. En este panteón se ven no sólo dioses, semidioses y héroes, lo importante es la palabra de las figuras. "Desde la época de Carranza –cito– la Revolución mexicana ha sido un compromiso entre fuerzas opuestas: nacionalismo e imperialismo, obrerismo y desarrollo industrial, economía dirigida y régimen de 'libre empresa', democracia y paternalismo estatal", todo explica "la marcha sinuosa del Estado". ¿Es éste, el Estado, el auténtico laberinto?

Publicada esta obra en 1950, republicada –corregida y aumentada– en 1959, hoy se nos antojan inverosímiles los nueve años transcurridos entre estas dos ediciones. Inverosímiles e injustos, pero así fue el mundo cultural mexicano, absorto en obras menores y sumido en la atonía cultural generada por la guerra primero y después por el alemanismo.

Me siento obligado a pisar un terreno para mí peligroso: el del estilo de Octavio Paz. Pocos libros puede uno encontrar escritos con tal elegancia, con esa inmensa precisión y fluidez que nos lleva a no sentir el tiempo ni a advertir la palabra, a pasar como si no existieran imágenes y metáforas, ignorando de paso cultura y experiencia. Queda la lección y la generosidad, excesiva en algunos casos, al menos para mí. Lo dicho sobre Vasconcelos es noble pero olvidadizo, quizá voluntariamente. Era la crítica del momento, pero crítico es *El laberinto...* y fundador de una corriente que alcanza una vida propia, sin caer en los lamentables extremos vasconcelianos. La justicia de Paz, sin dádivas ni concesiones, la encontramos en su reconocimiento de un autor olvidado en su modestia, como Samuel Ramos, y es también uno de los primeros en rescatar a Jorge Cuesta, el admirable ensayista. La polémica Caso-Lombardo, contrastada con los escritos de Cuesta, nos parece carente de interés, es una discusión que sigue un libro escrito con anterioridad.

Lamentar la influencia del marxismo en este libro, como después lo hizo Octavio Paz, me resulta inexplicable. No encuentro una sola afirmación dogmática; hay, eso sí, mucho atrevimiento, reflejo de la soledad del escritor, entre otras cosas porque es el destino del poeta el estar solo, y, creo que también es importante ver cómo ese marxismo tan poco presente en *El laberinto de la soledad* se manifestó como un optimismo sobre su mundo, su nación y su porvenir, a pesar de estar encerrado en los meandros de una historia que hizo clara para poder aceptarla.

ORIGEN DE *EL LABERINTO DE LA SOLEDAD*[*]

* Mesa redonda realizada en el auditorio Alfonso Reyes
de El Colegio de México, el 22 de agosto de 2000. La mesa
estuvo moderada por Andrés Lira.

EL LABERINTO DE LA SOLEDAD COMO CONCIENCIA HISTÓRICA

Álvaro Matute

I

Durante los años en que impartí la materia historiografía contemporánea de México (1974-1984) los alumnos más inquisitivos se preguntaban por qué no incluía como tema la obra de Octavio Paz, por lo menos, la interpretación histórica que ofrece en *El laberinto de la soledad.* Yo sabía por qué, a pesar de que se tratara de uno de los libros cuya lectura me causó mayor impacto en mis años juveniles. El porqué que yo asumía era claro, al menos para mí: el objetivo de mi materia era trazar una trayectoria de la historiografía como disciplina y el libro de Paz puede ser tomado como uno de los mejores ejemplos de transgresión a la disciplina historiográfica vigente, tanto en el tiempo de su aparición como en el medio siglo restante. Conforme a la disciplina historiográfica, *El laberinto...* es una obra que no cumple con requisitos tales como ser producto de una investigación archivística y si cuenta con notas al pie de página, son escasas y sirven para aclarar algo, no para citar una fuente. Así, no fui yo quien expulsara al libro de la disciplina, fue ella misma quien lo hizo, o mejor, quien lo hubiera hecho en el caso de que a alguien se le ocurriera tomarlo como parte de la historiografía al uso. Afortunadamente, *El laberinto de la soledad* es más que historiografía, es conciencia histórica, que en el mejor de los casos es aquello a lo que debiera aspirar toda buena historiografía.

Sin embargo, hay algo que debe ser tomado en consideración: de los tres componentes básicos de toda historiografía, el libro de Octavio Paz cumple a plenitud con dos de ellos. De hecho sólo es uno el que lo expulsa de la disciplinización historiográfica.[1] Los factores componentes de la historiografía, de manera simplificada, son tres: investigación, interpretación y expresión. La pobreza historiográfica típica se caracteriza por apostarle todo a la investigación. La cliometría valora sus productos por el número de archivos consultados y el de fuentes citadas al pie de página. Si ofrece una interpretación y ésta resulta osada, es sospechosa de no estar bien fundamentada en las fuentes. El factor retórico es considerado como una prenda no fundamental de la pieza. Si hay buen estilo, bueno; si no, no importa porque –dicen– la historiografía no es literatura. Vale más la precisión. Con esto se justifican montañas de libros insulsos, que restringen ofrecer una interpretación inteligente

y descuidan los elementos retóricos más elementales.[2]

El laberinto de la soledad se caracteriza por esos dos de los tres elementos: su interpretación, que lo ubica como expresión de la conciencia histórica, y por su nítida expresión. Incluso es válido preguntarse si es posible separar un elemento del otro: la interpretación descansa en la escritura; la escritura expresa una conciencia histórica. Desde luego que las dos se fundan en un conocimiento, en un *episteme*. No es éste el conocimiento que se apoya en el detalle obtenido en expedientes o en legajos. Eso no hace falta cuando se elabora una síntesis, porque una síntesis asume el conocimiento obtenido por acumulación. Desde luego que existen síntesis divergentes, esto es, no todas parten de la misma asunción del curso de la historia en el cual los hechos tienen la misma significación, o el curso general la misma teleología, pero se parte de la ubicación de los hechos fundamentales del curso histórico, se asume un conocimiento general de la historia, sin pretensiones eruditas o técnicas. *El laberinto de la soledad* contiene esa historia, al ofrecer una interpretación de la historia de México, sin tratarse del objeto exclusivo del libro, sino sólo de una parte, si bien esencial, del mismo.

[1] La palabra "disciplinización" es, a todas luces, fea. Sin embargo, la uso como traducción literal de *disciplinization*, con lo que quiero expresar la manera como la historiografía se convierte en una disciplina canónica, con sus reglas de juego bien establecidas. De acuerdo con Hayden White, esto comienza a suceder con la Ilustración y se perfecciona durante el siglo XIX. No es que antes no lo fuera del todo, pero había mucho más libertad en las maneras de abordar la historia.

[2] Desde luego, mi criterio personal no se ajusta con el que expongo. Para mí los valores fundamentales son el retórico y el interpretativo, que si bien deben descansar en una investigación bien hecha, ésta no es fin sino medio y como tal se le debe concebir.

La historia disciplinizada, si se me permite esta palabra, no es garantía plena de que lo que ofrece es una expresión de la conciencia histórica. Ésta se puede manifestar en cualquier creación y no necesariamente o de manera exclusiva en la historiográfica. Por eso, *El laberinto de la soledad* representa una de las más acabadas expresiones de la conciencia histórica mexicana del siglo XX.

II

En cuanto a su origen, cabe discutir un elemento de la historia genética. Desde el ángulo de la historia de las ideas, sería posible rastrear las diferentes expresiones de conciencia histórica que se refieren a la condición de los mexicanos. En ese sentido, tal vez la manifestación más antigua sea la expresada por José María Vigil en 1878, en una serie de artículos periodísticos titulados "Necesidad y conveniencia de estudiar la historia patria",[3] en los cuales alude al sentimiento de inferioridad que padecen los mexicanos frente a lo externo. Propone una cura, consistente en reforzar la conciencia histórica, mediante una enseñanza y un conocimiento profundos de la historia. El ensayo de Vigil expresa una cuestión que estaba en el aire y que puede

tener su concreción en la realización de una obra monumental como *México a través de los siglos*, para sólo citar una de las muchas obras historiográficas de la época. El segundo escaño corresponde a Ezequiel A. Chávez, quien en 1901 publicó un "Ensayo sobre los rasgos distintivos de la sensibilidad como factor del carácter mexicano", que había presentado en el Concurso Científico Nacional de 1900.[4] El texto avanza sobre el de Vigil en la medida en que incorpora una buena dosis de la psicología prefreudiana al uso, para distinguir los caracteres de indios y mestizos. Colocaría en el lugar siguiente a Samuel Ramos con su muy leído libro *El perfil del hombre y la cultura en México*, donde, como subraya Octavio Paz, es evidente el influjo de la psicología de Alfred Adler. No creo en la causalidad, y por consiguiente, niego el que *El laberinto...* ocupe el peldaño siguiente. No obstante, de Vigil a Ramos hay una continuidad interesante que comienza con "el sentimiento de inferioridad" que plantea don José María hasta el "complejo de inferioridad" que abunda en las páginas de *El perfil del hombre...* No creo, ni me interesa hacer una búsqueda exhaustiva, que el uno haya citado al otro, y así sucesivamente. Paz, sí leyó a Ramos, aunque el libro de Paz se aparta notablemente del de don Samuel.[5]

---

[3] Rescatados en Juan A. Ortega y Medina, *Polémicas y ensayos mexicanos en torno a la historia*, México: Instituto de Investigaciones Históricas/UNAM, 1970, 265-278.

[4] *Revista Positiva* 3 (1 de marzo de 1901), 81-99.

[5] Así lo manifiesta en la luminosa entrevista que le hiciera Claude Fell, recogida en la primera edición de *El ogro filantrópico*. Para este trabajo sigo la

Quienes sí continuarán esa línea serán los psicoanalistas de los años cincuenta: Santiago Ramírez, Francisco González Pineda, Jorge Carrión, que abundan en el problema de los complejos y sí tienen como referentes tanto a Ramos como a Paz.[6] El otro nexo es el que si bien se antoja interesante, es más difícil de probar. Ramos tuvo contacto con Chávez, personal e intelectual. Además de conversaciones, posible asistencia a clases, e incluso, la lectura misma del ensayo de 1901. No es imposible que ello ocurriera. Y el nexo entre Vigil y Chávez también fue personal, aunque sí resulta difícil que don Ezequiel hubiera leído los artículos publicados en *El Sistema Postal*, rescatados por Juan A. Ortega y Medina, por indicaciones de Clementina Díaz y de Ovando, quien los encontró en la Hemeroteca Nacional.

Podría decir que los párrafos anteriores son una suerte de pérdida de tiempo, si la tesis más obvia es que a Octavio Paz le pudieron haber tenido sin cuidado don José María Vigil y don Ezequiel A. Chávez. Pese a ello, no está del todo mal traerlos a co-

lación para dejar establecido que la problemática del o lo mexicano estaba en el ambiente intelectual desde el último tercio del siglo XIX y, también, que no se trata de una filosofía impulsada por la Revolución mexicana, sino acaso fortalecida por ella.

III

En la conversación con Claude Fell, Paz menciona de manera explícita autores de los que obtuvo elementos para pensar y realizar *El laberinto...* El ambiente intelectual de los años cuarenta propiciaba la elaboración de un texto de esa naturaleza, independientemente del genio de quien lo emprendiera, que era el otro factor fundamental. Paz reconoce su deuda y su nexo con Ortega, y Ortega es, además, puerta abierta a Dilthey, a Simmel, a diversas variantes del historicismo.[7]

El laberinto... muestra cómo se va de la conciencia desgarrada a la conciencia histórica,[8] en la medida en que encuentra una unidad y un punto de arribo. Conciencia

---

edición del Fondo de Cultura Económica que recoge *El laberinto de la soledad, Postdata* y "Vuelta a *El laberinto de la soledad*" que es el título de dicha entrevista. De esta edición, que tiene toda una trayectoria, se ha hecho una impresión conmemorativa del medio siglo de la aparición de *El laberinto...* por la misma casa editorial en el año 2000.

[6] Sobre el impacto de la búsqueda de lo mexicano en la historiografía, véase el interesante artículo de Ricardo Pérez Montfort, "Entre la historia patria y la búsqueda histórica de lo mexicano. Historiografía mexicana 1938-1952", *Índice. Revista del Instituto de Ciencias de la Educación*, Cuernavaca: 1, 1 (enero-abril de 1997), 15-27.

[7] La edición conmemorativa citada de *El laberinto de la soledad* se complementa con un volumen que recoge comentarios a la obra. Me interesa destacar el que hizo José Vasconcelos porque uno de los pocos reproches que hace a la obra, a la que recibe con beneplácito, es que cite a Ortega y Gasset, que era una de las fobias de don José. En cambio alaba el que siga a Toynbee sin ser muy explícito al respecto.

[8] La idea de conciencia desgarrada la tomo de Eugenio Ímaz, *El pensamiento de Dilthey*, México: El Colegio de México, 1946, quien dice no aludir "con esta expresión a la idea hegeliana de 'conciencia desgarrada' como 'conciencia de la perversión y, so-

desgarrada es la padecida por México y los mexicanos al no asumir una conciencia histórica. La muy citada frase final de *El laberinto...* es la muestra de una teleología a la que se llega después de avanzar por épocas distintas, cada una independiente de la otra, cada una autosuficiente y regida por sus propios valores. ¿No es eso historicismo? Mi respuesta es afirmativa en la medida en que también, el pasado abordado por Octavio Paz es un pasado que llega al presente, que no se queda congelado en el pretérito, sino que trasciende y pesa en esa tensión entre conciencia desgarrada y conciencia histórica. Pero, claro, el libro de Paz no es únicamente historicista, como tampoco es exclusivamente existencialista, a pesar de que en el momento en que fue escrito pocas cosas inteligentes podían sustraerse al existencialismo, como tampoco es un ensayo psicoanalítico aunque tiene deudas reconocidas con Freud. Asimismo, es clara la deuda de Paz con un marxismo que para 1950 había dejado todo rastro de militancia para sedimentar como instrumento de análisis. *El laberinto de la soledad* es un libro en el que Paz echó mano de todos sus recursos en función de un obje-

to de reflexión, es un libro sin corriente, sin escuela, sin metodología que paradójicamente puede estar en una corriente, formar parte de una escuela y tener, desde luego, una metodología como de hecho la tiene. El caso es que se trata de un ensayo que va más allá de cualquier producto típico de una corriente, de una escuela y de una metodología. De ahí las muchas malas lecturas de que ha sido objeto; aquellas que lo han querido ver como un tratado sociológico, un libro de historia, en fin, como algo que no es lo que es, es decir, un ensayo.

Su riqueza lo lleva a trascender lo que puede aparentar ser, por ejemplo, una interpretación de la historia de México, aunque la contiene; una definición del mexicano, aunque nunca la da o la rechaza abiertamente. O simplemente el llegar a la conclusión de que el mexicano no es una esencia sino una historia, un ser en devenir, un ser en el tiempo, aunque no haya referencias explícitas, ni por fortuna, incursiones en el lenguaje conceptual heideggeriano. Pero también está ahí. Insisto, es un libro de su tiempo, que asume su tiempo como quizá ningún otro y que por eso lo trasciende y lo hace llegar medio siglo después lleno de significado, lejos de ser una curiosidad arqueológica u objeto de interés sólo para los historiadores de las ideas como lo son los textos de Vigil, Chávez e inclusive Ramos. Es un libro vivo, vital, que rejuvenece en su medio siglo.

Hoy en día en que la historia cultural se presenta como una de las alternativas

---

bre todo, de la perversión absoluta' que constituye un momento específico y concreto de la fenomenología ascendente del espíritu. Con bastante menos pretensiones, queremos dar a entender la situación de *división* de la conciencia, que tampoco es la 'conciencia dividida' de Hegel, también específica, sino una situación de división que se siente como desgarro y que se presenta con esa indeterminación, a lo largo de toda la historia de la filosofía", 30.

más viables del quehacer historiográfico, *El laberinto de la soledad* se nos muestra como un texto que ya transitó por esos caminos, como lo hicieron otros libros de naturaleza semejante, que buscaban algo más que la descripción de hechos o situaciones. Son todos esos libros viejos rejuvenecidos que pueden estar en la misma línea como *España invertebrada* o *Radiografía de la Pampa*. Libros todos, que transgreden normas disciplinarias, que trascienden métodos y superan dogmas.

El laberinto... es historia cultural de México en la medida en que recorre las diferentes épocas encontrándoles su significado y analizando sus principales realizaciones y creadores intelectuales. Pero no es una historia que sólo contempla el pasado, sino una historia que le habla al presente. Es, en términos de Gadamer, una historia efectual, una historia que trasciende, que plantea un diálogo al lector, al que puede hacer consciente de su propia soledad, de su inmersión en el laberinto. Desde luego que el propio Paz es el solitario por antonomasia. Es la figura que culminaría el capítulo de "La *intelligentsia* mexicana" y que se abre en los cincuenta años transcurridos para que sean añadidos los nombres de quienes han pensado a México en esos u otros términos catárticos. Mas la propuesta de Paz es hacer partícipe al lector de esa soledad, hacer del lector otro solitario que se confronte consigo mismo y que entre en su dialéctica de la soledad. De ahí su vigencia por encima del cambio en las circunstancias. Ya no hay pachucos, pero sigue habiendo "otros extremos". Los pachucos ahora se llaman de otro modo y construyen otros estereotipos. Sobre cada época de la historia la investigación ha podido arrojar nuevas luces, pero las interpretaciones de Paz siguen dando lugar a reflexiones sobre cada una y el conjunto. Sobre todo, la tensión que Paz hace explícita entre lo que hereda y significa cada época, es decir, lo que la Conquista representa para la época prehispánica o lo que la Reforma pone en tela de juicio con respecto a la Colonia y el significado de la Revolución como resultante de su pasado.

Superada la mitología de la Revolución mexicana, el momento en el que se escribe *El laberinto de la soledad*, el final de los años cuarenta, se ofrece como una de las épocas más ricas de la historia del siglo XX mexicano. Es, en algún sentido, el ombligo del siglo, el momento en el que se abandonan los lastres decimonónicos, en que el verdadero siglo XX comienza a aterrizar en México, el siglo XX urbano en el que la tensión entre lo cosmopolita y lo tradicional se hacen más evidentes. De ahí que en los años inmediatos, anteriores y posteriores a 1950, se produzcan algunas de las reflexiones intelectuales más interesantes. También es momento de cinismo e ironía. Se asocian las palabras revolución e institución, se hace conciencia de la necesidad del pasado como cobertura ideológica, aunque en realidad se le quiere superar a toda costa, pero el verdadero pasado, el de la larga duración, no el ideológico, se resiste. Le pone frenos a la modernización a ultranza. Ésta, por su parte, se dedica a subrayar lo que el pasado tiene de lastre. Es el momento de mayor tensión, que comenzó unos diez años antes y se prolongó otros tantos después. *El laberinto de la soledad* es uno de los libros que mejor expresan ese momento. No el único, por fortuna, pero sí el más logrado.

Los trazos de una poética de la historia en *El laberinto de la soledad*[*]

Javier Rico Moreno

Ancestrales laberintos como el de Moeris, en Egipto, el de Minos, en Creta, o incluso los que en algunas catedrales góticas simbolizaban la peregrinación a la Tierra Santa, tenían todos una sola entrada. Pero *El laberinto de la soledad*, que Octavio Paz imaginó hace más de cincuenta años y que luego edificó por medio de una prosa abundante en imágenes poéticas se distingue, entre otras cosas, porque ofrece a sus lectores múltiples puertas y caminos; desde las perspectivas del psicoanálisis y la psicología histórica hasta la antropología y los estudios de género, pasando por el análisis de la evolución del pensamiento y la literatura hispanoamericanos. Las notas que expongo en seguida son el resultado de un recorrido que se guía por la crítica historiográfica y que conduce al hallazgo de una poética de la historia, una reconciliación de la historia con la palabra, de la historiografía con la poesía.

Sin ser una narración de hechos singulares del pasado, *El laberinto...* constituye un ensayo de interpretación histórica en virtud de su descripción del enigma que es nuestra forma de estar en el mun-

[*] Este trabajo resume las ideas centrales de un capítulo de la tesis doctoral "Interpretación histórica y visión de la historia en la obra de Octavio Paz", que el autor realiza en la Facultad de Filosofía y Letras de la UNAM. El proyecto de investigación obtuvo en 1998 la Beca Octavio Paz en la categoría de ensayo.

do, así como de la representación simbólica que hace del pasado. Sin confundirse, descripción y representación conforman un discurso que en su despliegue atraviesa los terrenos de la teoría y de la filosofía de la historia.

Desde un mirar historiográfico, la arquitectónica de *El laberinto...* permite identificar tres planos distintos: el primero, cuyos trazos abarcan los cuatro capítulos iniciales, corresponde a la indagación de los rasgos del carácter del mexicano. El segundo, que comprende los capítulos quinto a octavo, constituye una representación del pasado que hace del texto un ensayo de interpretación histórica. El tercer plano descansa en una situación paradójica, pues aun tratándose de un laberinto de la soledad se reconoce en su interior múltiples presencias, que son las voces a través de las cuales Paz establece un fecundo diálogo con diversas tradiciones culturales y del pensamiento histórico y filosófico. Están ahí el romanticismo de Nerval y de Novalis, el historicismo alemán y su vertiente española a través de Ortega y Gasset. Se escuchan también resonancias del esquema de las sociedades humanas como campos inteligibles de la historia de Arnold Toynbee; del problema de la autenticidad y la imitación extralógica de Jean-Gabriel de Tarde, y su asimilación por Antonio Caso; de la etnología francesa y su revaloración del mito; de la pregunta, en fin, por la identidad en la cultura mexicana.

El análisis de esos tres planos permite, a su vez, distinguir un entramado historio-gráfico que se funda en la articulación de un supuesto antropológico y del problema de la explicación histórica. Por último, se pueden identificar los trazos de la representación del devenir histórico y su convergencia en una poética de la historia que restaura el vínculo entre los discursos poético e histórico.

I

En la indagación de los rasgos del carácter del mexicano, Paz sigue una vía hermenéutica que consiste en identificar esos elementos a través de lo expresivo de sus actitudes vitales en los ámbitos de su relación con el otro, con el mundo, con el trasmundo y consigo mismo. El examen dará por resultado no un esquema caracteriológico, que supondría una estructura estática, sino la imagen de un proceso histórico que tiene lugar a partir de la interacción entre historia y carácter como factores de la búsqueda de la expresión. Las actitudes vitales que Paz somete a examen no son las relaciones de un sujeto —individual y pasivo— con las circunstancias que lo rodean, pues ni las actitudes ni las situaciones vitales son dispositivos externos que actúan sobre el sujeto.[1]

[1] En una interesante confluencia, Eduardo Nicol señalaba al respecto que "... la situación *vital*, en tanto que es vital, no es el dispositivo de las cosas entorno, no es la circunstancia, ni es tampoco la mera conciencia de *estar* en un cierto dispositivo externo

Toda interpretación de la historia, de su devenir y su sentido, tiene como base una concepción antropológica. El ser humano que el lector reconoce en *El laberinto...* –el mexicano, y al mismo tiempo todos los hombres– es un ser de naturaleza compleja e irreductible. Es, por supuesto, un ser social, sólo así puede oscilar entre la soledad y la comunión, pero es también un ser que se define por su relación con el mundo y con el trasmundo, con lo sagrado y consigo mismo. Por tanto, su situación vital e histórica resulta inseparable de las expresiones simbólicas que dan cuenta de esos vínculos. Si crea y traduce símbolos, también engendra fantasmas, algunas veces a partir de vestigios del pasado, ya que posee una compleja realidad psíquica que se muestra o se oculta.

Ese reconocimiento de los rasgos que definen al ser humano tiene un trasfondo mítico que supone las nociones –caras al romanticismo literario– de la unidad original y del ser caído. En ambas representaciones míticas la ruptura con el orden original genera la escisión entre conciencia e inocencia, entre hombre y naturaleza, cuya reconciliación se vuelve proyecto. De ahí que en *El laberinto...* la historia de México es la del hombre que busca su origen, su filiación, el retorno al todo del que una vez fue desprendido. Pero si el hombre

es un ser social y simbólico, es también –y ante todo– un ser de naturaleza histórica, tesis que el ensayo afirma de manera radical. No se trata de una dimensión temporal que antecede siempre al presente; la idea de historicidad del hombre con la que Paz se identifica es la de una historicidad radical, porque hombre e historia no son dos cosas distintas, ni una produce a la otra unilateralmente: "El hombre –escribe Paz en el capítulo primero– no sólo es fruto de la historia y de las fuerzas que la mueven, como se pretende ahora; tampoco la historia es resultado de la sola voluntad humana ... El hombre, me parece, no está en la historia: es historia" (*Obras completas* 8: 58). Luego mostrará una doble dimensión de esta tesis. En la primera señala que, al no poseer una naturaleza inmutable, sino que cambio e indeterminación son la única constante de sus actitudes vitales, entonces el ser humano se define como posibilidad. En la segunda sostiene que, si toda sociedad se compone de seres humanos, está condenada a la transformación.

Al dilucidar cuestiones relativas al hecho histórico, Paz reafirmará no sólo la historicidad del hombre, sino también –y a la inversa– la humanidad de la historia, pues considera los hechos históricos en función de su carácter humano, problemático, singular y de acción recíproca. Los hechos históricos –sostiene– no dan lugar a otros hechos; en tanto que actos humanos, piensa que se producen mediante una conciliación entre fatalidad y libertad: "los hechos his-

---

inmediato. Es la relación vital efectiva que el yo del sujeto establece siempre con el no-yo transubjetivo, presente o ausente, actual o pasado (y sobre todo con el peculiar no-yo que es el otro-yo del prójimo)".

tóricos no son nada más hechos, sino que están teñidos de humanidad, esto es, de problematicidad. Tampoco son el resultado de otros hechos, que los causan, sino de una voluntad singular capaz de regir dentro de ciertos límites su fatalidad" (*Obras completas* 8: 91).

Así, un hecho histórico es una unidad irreductible a otras unidades y, al mismo tiempo, está ligado a ellas. Más que resultado de una suma de factores, un hecho histórico es una realidad indisoluble de relaciones recíprocas en las que se diluye la relación causa-efecto. De ahí, que la imagen de la historia de México que nos ofrece *El laberinto...* es producto de una visión multirreferencial que integra la relación de lo económico y social con lo político, lo simbólico y lo moral, pero también la significación de las producciones artísticas y la de los mecanismos psíquicos.

Es notable que aunque Paz no participa en el debate histórico filosófico sobre la causalidad en la historia, el problema no le era ajeno. Como él mismo señaló en una conversación de 1975 con el historiador francés Claude Fell, al escribir *El laberinto...* había entrado en contacto con algunas de las expresiones del pensamiento alemán: la fenomenología y la filosofía de la cultura, así como con las ideas de Wilhelm Dilthey y de Georg Simmel en torno a la naturaleza de la historia. Encuentro que habría de modelar su concepción de la historiografía como un saber que se construye entre las fronteras de la ciencia y de la poesía:

Ya en esa época pensaba lo que pienso ahora: la historia es conocimiento que se sitúa entre la ciencia propiamente dicha y la poesía. El saber histórico no es cuantitativo ni el historiador puede descubrir leyes históricas. El historiador describe como hombre de ciencia y tiene visiones como el poeta ["Vuelta a *El laberinto de la soledad*. Conversación con Claude Fell" 244].

Al descubrir la lucha que el mexicano sostiene con los fantasmas originados en la Conquista y en la Colonia, o con los que reflejan sus problemas actuales, Paz se pregunta si no será "extraordinario que, desapareciendo las causas persistan los efectos", o que éstos oculten las causas, para luego afirmar que en realidad "no hay causas y efectos, sino un complejo de reacciones y tendencias que se penetran mutuamente" (*El laberinto de la soledad*, *Obras completas* 8: 92-93). Esta visión de la historia se aleja del mecanicismo histórico que, al reducir los hechos humanos a una relación lineal de causa y efecto, vería en el carácter no más que el resultado de circunstancias históricas y sociales determinadas. Una interpretación como ésta –advierte Paz– adolece de una gran simplicidad, pues

Nuestra actitud ante la vida no está condicionada por los hechos históricos, al menos de la manera rigurosa con que en el mundo de la mecánica la velocidad o la trayectoria de un proyectil se encuentra determinada por el conjunto de factores conocidos [91].

Ante el problema del vínculo entre historia y forma de ser, es decir, entre historia y forma de estar en el mundo, Paz se inclina por un procedimiento dialéctico que rompa el carácter unidireccional de la relación causa-efecto. Así, la historia explica el carácter sólo en la medida que el carácter explica al pasado; es decir, los rasgos del carácter adquieren su forma por la influencia del pasado, en la misma medida que un proceso histórico se explica por la forma de ser del mexicano.[2] Éstas son las razones por las que en *El laberinto...* la actitud vital de los hombres no puede explicarse como un puro efecto de las circunstancias históricas, precisamente porque esa actitud vital es también historia.

Pero el ensayo devela otra característica de los hechos históricos: el de su ambigüedad o doble significación. Un mismo hecho muestra a la vez dos facetas o aspectos: el mundo mesoamericano es diverso y homogéneo; la Conquista, ruptura y fundación; la Colonia, un orden cerrado y abierto; la Independencia, disgregación del imperio español y surgimiento de una pluralidad de Estados; la Reforma liberal, negación del pasado y afirmación del futuro; el Porfiriato, modernidad y feudalismo; la Revolución, revuelta y comunión.

Los supuestos y nociones hasta aquí señalados apuntan al esbozo de un esquema de causalidad. Pero no se trata de una

[2] "Las circunstancias históricas explican nuestro carácter en la medida que nuestro carácter también las explica a ellas. Ambas son lo mismo" (91-92).

causalidad eficiente en la que dada una causa su efecto es necesario. La causalidad que Paz aplica a la comprensión del pasado histórico es más bien formal y se distingue con mayor claridad en su examen de la Revolución mexicana. Como se recordará, Paz expone en el capítulo sexto una serie de antecedentes de aquel hecho histórico: la situación de la clase media, la querella generacional, la discordia social, la situación de la clase obrera, los esfuerzos por contener la influencia de Estados Unidos y la crítica del positivismo. En todos los casos se trata de condiciones previas al acontecimiento histórico. En cambio, se refiere solamente al problema agrario y la carencia de un sistema ideológico como sus causas. Pero no son causas de la Revolución mexicana en el sentido que hacen necesario su estallido, sino que la informan, es decir, determinan su forma. No dan razón del porqué sucede la Revolución, sino de cómo fue ese acontecimiento en tanto que fenómeno histórico.

II

La visión de la historia de México que Paz expone en su ensayo disloca el esquema de linealidad del devenir histórico universal y desdibuja la imagen de la historia de México como un proceso de evolución lineal y progresiva. Además de la sucesión, Paz distingue un fenómeno de superposición de épocas, tiempos o niveles históricos, que se percibe en el plano nacional o regional; en una ciudad o, incluso, en un solo individuo.

En esta superposición histórica –que puede asumir la forma de la convivencia, de la indiferencia o de un enfrentamiento en el que unas épocas devoran, ocultan o niegan a las otras– se distinguen dos modalidades. La primera es la superposición de tiempos, que Paz había percibido en su viaje a Yucatán en 1937. En esa ocasión le asombró que lo indígena se encontrara más que nada "en los rasgos perdurables y extraordinariamente vitales de una raza que tiñe e invade con su espíritu la superficial fisonomía blanca de una sociedad" ("Notas" 130). Doce años después recreó aquella imagen en las páginas de *El laberinto...* al referirse a la superposición histórica como un fenómeno análogo al de las pirámides precortesianas "que ocultan casi siempre otras", pues aquélla suele mezclar o contraponer "nociones y sensibilidades enemigas o distantes" (*Obras completas* 8: 49).

La segunda modalidad de superposición es la de niveles históricos, una condición que ya Antonio Caso había señalado en 1924 al advertir: "¡Todavía no resolvemos el problema que nos legó España con la Conquista; aún no resolvemos tampoco la cuestión de la democracia, y ya está sobre el tapete de la discusión histórica el socialismo en su forma más aguda y apremiante!" (16-17) En forma semejante, Paz enfatizará la particularidad de una época histórica y la frecuente falta de correspon-

dencia con el modelo al que se ha querido someterla: el neofeudalismo porfirista y el positivismo; el preludio de la Revolución mexicana y la filosofía vitalista; la educación socialista y el incipiente capitalismo mexicano.

Esta superposición le permite a Paz abordar el vínculo entre historia y cultura. Si en un sentido la historia de la cultura es semejante a la del pueblo mexicano, no siempre su relación es directa, pues "muchas veces la cultura se adelanta a la historia y la profetiza. O deja de expresarla y la traiciona, según se observa en ciertos momentos de la dictadura de Díaz" (*El laberinto de la soledad, Obras completas* 8: 147). Como se verá más adelante, esta relación apunta hacia uno de los elementos centrales en la poética de la historia de Paz: la expresión.

Pero la forma del devenir no sólo admite la imagen de la superposición de tiempos históricos. Paz insistirá a lo largo de su ensayo en los vínculos entre la realidad mexicana y las formas, que constituyen uno de los niveles en los que se manifiesta la lucha entre la razón y el instinto. Se trata del enfrentamiento que sustenta la dialéctica de lo abierto y lo cerrado como parte sustancial del dinamismo histórico. Esa relación, que se presenta como una falta de correspondencia entre las ideas y la realidad, representa el vínculo con el fenómeno de la "imitación extralógica" y conduce a momentos de inautenticidad histórica, que a su vez se resuelve en el recurso a las máscaras. La inautenticidad, en este sentido, consiste no sólo en el ocultamiento, la negación o la mutilación de nuestro ser, sino también en una pérdida trágica de la filiación histórica. Paz aludirá en varias ocasiones a las "formas" como esquemas de la razón a los que se ha querido someter la realidad: como cuando los liberales del siglo pasado quisieron someter "la realidad del país a la camisa de fuerza de la Constitución de 1857" (63). La "estética de las correspondencias"[3] del romanticismo se convierte aquí en una lógica de las correspondencias históricas entre la realidad y los esquemas de la razón, una lógica que admite una textura de marcados rasgos hegelianos.

Justamente en virtud de la imitación extralógica, la Independencia, la Reforma y la dictadura porfirista no son estaciones de tránsito hacia una meta futura, sino muestras de una voluntad de desarraigo que contrasta con la radicalidad de la Revolución mexicana como retorno a las raíces. En este mismo sentido, la relación de las formas con la realidad, es parte del criterio de periodización histórica a partir de las nociones de continuidad respecto de la tradición. Es significativo que Paz organice su examen histórico en tres tramos: colonial, siglo XIX y contemporáneo. Conquista y Colonia representan una ruptura con la tradición del mundo mesoamericano; la Independencia una continuidad del mundo cerrado de la sociedad colonial; la Reforma, a su vez, se definirá como ruptura con el orden anterior; el porfirismo como una nueva continuidad y la Revolución como una vuelta al origen.

Además de la superposición de tiempos y niveles históricos, de la idea de una historia como conflicto entre las formas y la realidad, y de las nociones de ruptura y continuidad con la tradición, Paz recurre a otras dos imágenes para representar al devenir. Una de ellas es la imagen del *corso* y *ricorso* de Giambattista Vico, que en parte equivale a la idea –central en la obra de Arnold Toynbee– de la alternancia de una situación estática o de integración del uso y una situación dinámica o de diferenciación. Paz recrea esta idea al expresar la imagen de Conquista e Independencia cual "momentos de flujo y reflujo de una gran ola histórica, que se forma en el siglo XV, se extiende hasta América y finalmente se retira, no sin antes dispersarse en mil fragmentos" (126).

La otra imagen emerge de la misma dialéctica de lo abierto y lo cerrado que Paz encuentra en el ser del mexicano. Esa dialéctica se traslada al ámbito del ritmo histórico, de manera que cierre y apertura, por ejemplo, definen en parte a la Colonia y a la Reforma, respectivamente.

---

[3] A. Béguin, *El alma romántica y el sueño. Ensayo sobre el romanticismo alemán y la poesía francesa*, traducción de Mario Monteforte, México: Fondo de Cultura Económica, 1954.

III

El recorrido por la arquitectónica de *El laberinto...* y el análisis de su entramado historiográfico nos devuelven ahora al punto de partida: la relación entre poesía e historia. Si ya con Herodoto se había iniciado la separación entre lo poético y lo historiográfico, con la Ilustración y el positivismo la escisión parecía ya irreversible. A partir de los postulados que mostraban el predominio de la razón y del procedimiento científico, la historiografía moderna asumió la pretensión de una objetividad que debía fundarse en la autonomía epistemológica entre sujeto y objeto como condición para el descubrimiento de las leyes históricas. Sin leyes propias, el conocimiento del pasado no podría aspirar siquiera a convertirse en disciplina científica.

Luego, ya en el siglo XX, el surgimiento y la consolidación de algunas corrientes historiográficas como la escuela de *Annales* y la historia económica, subrayaron la necesidad de abandonar la práctica de la historia sólo como narración de hechos del pasado. Tal distanciamiento –como señala Jacques Rancière– significó que el interés por la historia había entrado en conflicto con la palabra. Al menos eso podía apreciarse en la tendencia a expresar los fenómenos de larga duración por medio de la medición aritmética y geométrica de los fenómenos de función: "El ideal de la historia elevada a la dignidad de ciencia sería expresar así todas estas nociones y no em-

plear palabras sino para explicar o comentar estas funciones" (Rancière 14).

Al igual que la historia de la ciencia, la historia de la historiografía asimiló para sí misma la imagen de un progreso fincado en la depuración de los procedimientos metodológicos y la precisión de las categorías de análisis, haciendo a un lado las cuestiones del lenguaje. De Herodoto a Braudel, la producción de obras historiográficas parece describir un lento camino que la acerca al estatuto de ciencia, pero al mismo tiempo la aleja del arte, en especial del literario. Sin embargo, ese alejamiento no ha sido fácil, y en más de un sentido resulta una quimera.

La división comenzó a debilitarse porque al paso del tiempo se hizo evidente que la verdadera revolución historiográfica sería posible haciendo a un lado la oposición lingüística entre ciencia y literatura: "... sólo la lengua de las historias era apta para marcar la cientificidad propia de la ciencia histórica: cuestión no sólo de retórica ..., sino de poética, que constituía en lengua de verdad tanto a la lengua verdadera como a la falsa de las historias" (Rancière 16). En este marco, *El laberinto...* expresa esa reconciliación o reencuentro de la historia con la palabra; de la historiografía con la poesía.

Y es por medio de ese reencuentro que el ensayo de Paz adquiere los trazos de una poética de la historia que crea imágenes para describir la situación del hombre en el mundo y para resignificar su pasado. No es una poética como preceptiva para escribir la historia, sino una forma de ver, de aprehender y de expresar la historicidad del hombre a través de relaciones que sólo pueden configurarse por medio del lenguaje poético y sus posibilidades expresivas. En *El laberinto...*, esa forma de ver lo histórico pertenece más al poeta que al historiador, pero un poeta que expresa una aguda sensibilidad hacia lo histórico.[4] El poeta está en condiciones de descubrir rasgos del devenir histórico que las reglas y procedimientos de una historiografía de pretensión científica suelen mantener velados. En la poética de la historia de *El laberinto...* se reconocen tres aspectos, distintos pero inseparables, que finalmente se condensan en una metáfora principal.

El primero de esos aspectos consiste en un procedimiento de significación histórica que parte de la indagación acerca del carácter del mexicano y conduce a la interrelación entre historia y forma de ser. En esa indagación Paz somete a prueba el saber histórico sobre México, y procede a su resignificación mediante el juego de figuras retóricas como la analogía, la comparación y la metáfora. El contraste de las diferencias y semejanzas entre mundos y niveles históricos le permite integrar un examen en términos de correspondencia y no-correspondencia entre dos pares de elementos

binarios o antitéticos: forma y realidad; razón e instinto.

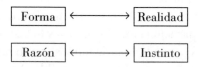

Correspondencia
y no correspondencia

El segundo aspecto consiste en el develamiento de rasgos de la realidad histórica que escapan al dominio de la demostración empírica, pero que en cambio poseen una carga de sentido que permite captar formas fenoménicas de lo histórico que sería difícil reconocer por medios distintos de la intuición poética: la superposición de tiempos y niveles históricos; la doble significación de los hechos históricos; la imagen del ritmo histórico como oscilación y el vínculo entre historia y estados afectivos o emocionales. La imagen del ritmo histórico como una oscilación entre los polos de una estructura binaria comprende tres planos.

Oscilaciones en relación
con el ser

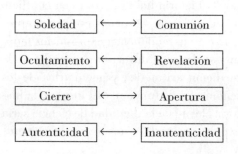

---

[4] Poesía e historia son para Cassirer dos sistemas simbólicos mediante los cuales el mundo aparece como una producción cultural: "La historia, lo mismo que la poesía, es un órgano de conocimiento de nosotros mismos, un instrumento indispensable para construir nuestro universo humano" (303).

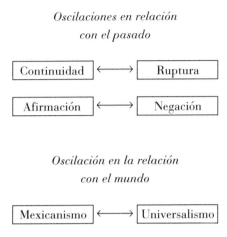

Oscilaciones en relación
con el pasado

Continuidad	⟷	Ruptura
Afirmación	⟷	Negación

Oscilación en la relación
con el mundo

Mexicanismo	⟷	Universalismo

El primero de ellos es el plano del ser, en el cual el ritmo histórico describe una oscilación entre momentos de soledad y comunión, ocultamiento y revelación, cierre y apertura, autenticidad e inautenticidad. El segundo corresponde al plano de la relación con el pasado, en el que las oscilaciones pasan de momentos de continuidad a otros de ruptura con la tradición. El tercer plano es el del vínculo con el mundo; aquí el ritmo oscila entre tendencias históricas de mexicanismo y de universalismo, de diversidad y homogeneidad.

Esta imagen del ritmo histórico a través de un dinamismo oscilatorio, está lejos de suponer un movimiento mecánico, pues lo que siempre se halla en la oscilación de esa tensión dinámica no son las estructuras económicas o sociales —que son categorías abstractas—, sino el hombre mismo, un ser que no tiene historia ni está en la historia, sino que es historia.

En este punto, de la oposición de los contrarios, la poética de la historia de *El laberinto...* expresa su filiación con la dialéctica, con el pensamiento romántico y con la tradición simbólica, pues, como señala Cirlot:

La aspiración a la síntesis de los contrarios permanece con todo llena de agitación y sufrimiento, en tanto no se resuelve de modo sobrenatural. Por eso el paso de la tesis a la ambivalencia es doloroso, y el de la ambivalencia al éxtasis, difícil de alcanzar. El símbolo del "centro", de la rosa azul, la flor de oro, la salida del laberinto, pueden aludir a ese encuentro de la conjunción de conciencia e inconsciente, como de amado y amada [110].

Si el ser que habita o recorre el laberinto de la historia es el ser humano, entonces no hay razón para que la historiografía ignore sus afectos. De ahí la coherencia al pensar que la comprensión de la historia de México incorpore la relación de los procesos históricos con la expresión de estados subjetivos como la interrogación, la soledad, la desnudez y la comunión. De ahí también la correspondencia entre la visión de la historia y el lenguaje escrito de *El laberinto...*; aún tratándose de un texto en prosa, la resignificación que construye se logra por medio de la tensión entre discurso poético y discurso historiográfico.

El tercer aspecto de la poética de la historia consiste en la naturaleza misma que se asigna a la historia. Luego de que Marx concibiera la lucha de clases como el motor de la historia, se emprendieron nuevas búsquedas del mecanismo que permitiera explicar el carácter y las transformaciones de las sociedades humanas. Se recurrió entonces a la biología y las leyes de la evolución, a los fenómenos de la psicología social, a la relación entre los grupos hegemónicos y subordinados, a los mecanismos de la economía y de la demografía. Si se interroga a *El laberinto...* acerca del motor de la historia, la respuesta tendrá que ser doble: el impulso de la historia está en la tensión entre soledad y comunión y en la búsqueda de la expresión.

La poética de la historia que muestra *El laberinto...* se concreta en una imagen metafórica de la historia en general y de la historia de México en particular. Una parte de esa metáfora es el laberinto, cuya elección no es arbitraria. Su pertinencia como imagen de la historia se funda al menos en tres niveles de significación que forman parte de la tradición simbólica de Occidente. El primero se refiere al laberinto como símbolo de lo confuso, encrucijada o enigma, tanto de la construcción como del personaje que habita en su interior; el segundo corresponde al laberinto como recorrido de ida y vuelta, entrada y salida, en busca del centro, del sí mismo, o de la unidad perdida; el tercero se ubica en la simbolización del inconsciente.

La otra parte de la metáfora, la soledad, está también arraigada en una tradición cultural de la que ha formado parte como estado previo a una hazaña espiritual (como aquellas que emprenden Moisés, Juan el Bautista, Jesucristo y Mahoma en la soledad del desierto); luego tomará la forma de ascética, mística que busca la comunión con Dios, aislamiento gozoso del hombre renacentista, séptimo de los dolores de María (que corresponde al estado de triste desamparo) y, por último, enajenación o extrañamiento. *El laberinto de la soledad* es así una metáfora que condensa el tránsito histórico del hombre –y de todos los hombres– en busca de su expresión.

BIBLIOGRAFÍA CITADA

Caso, Antonio. *El problema de México y la ideología nacional.* México: Libro-Mex Editores (Biblioteca Mínima Mexicana, 22), 1955.
Cassirer, Ernst. *Antropología filosófica. Introducción a una filosofía de la cultura.* Traducción

de Eugenio Ímaz. México: Fondo de Cultura Económica, 1971.

CIRLOT, Juan E. *Diccionario de símbolos*. Madrid: Ediciones Siruela, 1997.

NICOL, Eduardo. *Psicología de las situaciones vitales*. 2a. ed. México: Fondo de Cultura Económica, 1963.

PAZ, Octavio. *El laberinto de la soledad*. "Vuelta a *El laberinto de la soledad*. Conversación con Claude Fell", en *Obras completas* 8: *El peregrino en su patria. Historia y política de México*. México: Fondo de Cultura Económica-Círculo de Lectores, 1994.

———. "Notas", en *Primera letras (1931-1943)*. Selección, introducción y notas de E. M. Santí. México: Vuelta, 1988.

RANCIÈRE, J. *Los nombres de la historia. Una poética del saber*. Traducción de Viviana C. Ackerman. Buenos Aires: Ediciones Nueva Visión, 1993.

El laberinto de la soledad: el ensayo literario y la cuestión del género

Anthony Stanton

EL LABERINTO DE LA SOLEDAD ES UNO DE NUESTROS PO-
cos textos canónicos. Como toda obra clásica, tiene
la capacidad de significar cosas muy distintas a diferentes lectores en diversos momentos históricos. Los
clásicos siempre son actuales. Obra canónica, es
también una de las primeras reflexiones sistemáti-
cas sobre lo que constituye el canon literario, intelectual y social de la cultura mexicana. Más que un
reflejo de las intenciones originales del autor, el texto
se ha transformado en la suma de las cambiantes y
encontradas interpretaciones de sus muchos lectores. Con alrededor de un millón de ejemplares ven-
didos sólo en las ediciones del Fondo de Cultura
Económica, el libro no ha cesado de provocar polémicas.

Publicado por primera vez en 1950 y revisado
en 1959, *El laberinto...* es hoy un texto sagrado,
una especie de encarnación programática de la cultura nacional. ¿Cuántos lectores no han buscado
en sus páginas una definición esencialista del ser
del mexicano o las claves de una filosofía de lo mexicano? Sin embargo, su estatuto es ambiguo: sus
críticas subversivas, que escandalizaban a los primeros lectores, se han vuelto lugares comunes. Una
creación heterodoxa pasa a ser institucionalizada
y, en el peor de los casos, utilizada como una especie
de guía turística sobre México y lo mexicano. Su

fortuna ha consistido en ser el testigo de su propia mitificación, ser la versión autorizada de lo mexicano, cosa paradójica ya que fue este mismo tipo de codificación oficial lo que el libro quiso combatir. Hoy es difícil imaginar que este libro tuvo una recepción bastante hostil en 1950. Paz era entonces lo que ahora llamaríamos un pensador políticamente incorrecto, como lo demuestran sus primeras críticas públicas del régimen totalitario ruso.[1]

Además de ser un gran poeta, Paz es uno de los más brillantes ensayistas del siglo XX. Me parece que sus únicos rivales hispánicos como ensayistas literarios son Reyes y Borges. El ensayo literario es un género plural, híbrido, inclasificable. Es el más pragmático de los géneros porque busca no sólo describir sino también influir en las concepciones que tenemos de nuestras creencias, costumbres, actitudes y mitos. Crítica y creación. Forma de expresión inseparable de la modernidad, el ensayo es exploratorio, provocador, no sistemático. En su búsqueda del conocimiento, el ensayo suele ser una indagación libre que no respeta fronteras. Fiel a su impureza constitucional, *El laberinto...* se alimenta de diversos discursos: filosofía, historia, psicología, religión, mitología, narrativa, lingüística, antropología. Dialoga con todos pero no pertenece a ninguno: todo lo asimila y sintetiza en un estilo poético inconfundible. Es una obra literaria que habla de lo que no es literatura. Tanto su unidad estructural como su poder retórico y su estilo deslumbrante son obra de la imaginación poética que piensa analógicamente. Incluso podemos decir que son totalmente legítimas en un texto de esta naturaleza ciertas contradicciones interiores y la exasperante renuencia a hacer explícitos sus procedimientos epistemológicos y sus premisas racionales, rasgos que serían defectos inadmisibles en un tratado. Como pisa el terreno de los especialistas, el ensayo derriba los muros que no permiten un conocimiento integral.

En estas páginas quisiera yo tratar de ver cómo la peculiar y contradictoria recepción del libro está condicionada por la cuestión del género, cuestión que dicta, a su vez, patrones de lectura. Los orígenes biográficos y textuales de este ensayo han sido estudiados, así como algunas de sus innumerables fuentes intelectuales, sobre todo por Enrico Mario Santí en su edición crítica del ensayo.[2] Sin embargo, todavía se puede decir más sobre este texto inagotable. Concebido a mediados de los años cuarenta en Estados Unidos y escrito en

[1] En 1950, el mismo año en que se publica la primera edición de *El laberinto de la soledad*, Paz escribe su primera crítica pública del régimen totalitario ruso, texto que vio la luz en el número 197 (marzo de 1951) de la revista argentina *Sur*; véase "Los campos de concentración soviéticos", en Octavio Paz, *Obras completas* 9: *Ideas y costumbres I. La letra y el cetro*, México: Fondo de Cultura Económica-Círculo de Lectores, 1995, 167-170.

[2] Véase el extenso estudio introductorio incluido en Octavio Paz, *El laberinto de la soledad*, ed. Enrico Mario Santí, Madrid: Cátedra, 1993, 11-137.

1949 en un París dominado por los debates existencialistas y la reagrupación del movimiento surrealista, el libro expresa en su contenido su propio proceso de producción: la soledad real del exilio se vuelve un tema psicológico, histórico y metafísico. De sus primeros ensayos sobre poética proviene la creencia de que la existencia humana es una oscilación dialéctica entre los polos de la soledad y la comunión. Lo original y sorprendente del libro de 1950 es la proyección de esta misma dialéctica sobre la historia de México.

El mismo Paz señaló varias veces que las fuentes intelectuales más importantes del libro estaban en Nietzsche, Marx y Freud.[3] La persistente metáfora arquitectónica o geológica que describe una realidad de dos niveles, una visible en la superficie y otra oculta en las tinieblas del pasado o del inconsciente, se puede explicar efectivamente señalando su procedencia freudiana (lo manifiesto como síntoma de lo latente) o, alternativamente, rastreando su origen en el modelo hermenéutico marxista (la vida cultural como una superestructura determinada por una base). Sorprende recordar que este libro, tan lleno de oposiciones

binarias, es anterior al estructuralismo francés. Una fuente no menos importante es la sensibilidad personal que tiene el joven ante el paisaje tan peculiar del valle de México, donde el pedregal volcánico conserva intacto un pasado vivo, producto de explosiones violentas. El otro México, lo que Paz llama el México subterráneo, el mundo precolombino antiguo y actual, tiene que ser desenterrado y asimilado a la conciencia moderna. La excavación de esta otredad funciona en varios niveles. El sincretismo antropológico y arqueológico es simultaneísmo histórico y psicológico: "A veces, como las pirámides precortesianas que ocultan casi siempre otras, en una sola ciudad o en una sola alma se mezclan y superponen nociones y sensibilidades enemigas o distantes."[4] El concepto abstracto convertido en imagen concreta: un modelo de explicación económico y sugerente que no acepta ningún divorcio entre lo teórico y lo empírico.

La estructura del libro reproduce el mismo esquema binario y dialéctico de varios niveles superpuestos. Los cuatro primeros capítulos parecen ser una descripción fenomenológica de ciertos rasgos psicológicos, lingüísticos y sociales de la cultura mexicana vista desde una perspectiva sincrónica. Más que generalizaciones sobre el carácter o alma nacional, son descripciones

[3] Por ejemplo en la entrevista con Claude Fell titulada "Vuelta a *El laberinto de la soledad*", incluida en Octavio Paz, *Obras completas 8: El peregrino en su patria. Historia y política de México*, México: Fondo de Cultura Económica-Círculo de Lectores, 1994, 239-260.

[4] *El laberinto de la soledad*, en *Obras completas* 8: 48-49. En adelante todas las citas del ensayo, incluidas en el texto entre paréntesis, remiten a esta edición.

nostálgicas, irónicas y críticas de algunos mitos y estereotipos. Los capítulos siguientes interpretan, en orden cronológico, los episodios centrales de la historia de México. Pero la segunda parte no es ni causa ni efecto de la primera: ni determinismo psicológico ni determinismo histórico. Como ya anotó Santí, una de las características más asombrosas del libro es la manera en que anticipa y asimila a su propio discurso posibles objeciones y críticas. Así, al mismo tiempo que se enuncian los rasgos identificados por muchos como distintivamente mexicanos, se habla de "la siempre dudosa originalidad de nuestro carácter" (48) y "la naturaleza casi siempre ilusoria de los ensayos de psicología nacional" (47). Discurso crítico y autocrítico que no quiere congelarse en definiciones esencialistas.

Otro aspecto del libro que no ha sido analizado por la crítica es la existencia de estrategias retóricas que introducen dimensiones de profundidad y ambigüedad. Veamos por ejemplo la enunciación misma del discurso. ¿El yo que habla es siempre el mismo? ¿Desde dónde habla y a quién o a quiénes se dirige? Si se lee como una obra literaria, salta a la vista que no hay estabilidad en la fuente de enunciación. Hay una movilidad constante. El que habla es a veces un yo autobiográfico identificable con un hombre llamado Octavio Paz. Otras veces habla el portavoz de la colectividad nacional, amparado en un nosotros que le atrae y le repele. En otras partes el yo se asume como ser universal sin ninguna restricción, como en la primera oración del libro: "A todos, en algún momento, se nos ha revelado nuestra existencia como algo particular, intransferible y precioso" (47).

Con frecuencia se cede el punto de vista a los demás. Hay un constante juego de espejos entre yo y otro, entre sujeto individual y sujeto colectivo. El narrador vive la misma oscilación dialéctica que rige los distintos niveles del libro. En cada intento de aislar un rasgo específicamente mexicano o un episodio histórico intrínsecamente nacional, se vislumbra la analogía con lo universal. Estas paradojas de la identidad elusiva se plasman desde la página inicial con la imagen de un Narciso adolescente, "inclinado sobre el río de su conciencia" (47), que no sabe si el rostro reflejado en el agua es el suyo. En uno de sus muchos y cambiantes comentarios retrospectivos sobre *El laberinto…*, Paz escribió en 1992 que "la enseñanza de la Revolución mexicana se puede cifrar en esta frase: nos buscábamos a nosotros mismos y encontramos a los otros".[5] El carácter nacional es tan ilusorio y tan laberíntico como una historia nacional aislada de las corrientes universales.

Una de las innovaciones más atrevidas del libro es la inclusión, al lado de textos de la alta cultura, de múltiples ejemplos provenientes de la cultura popular: canciones, malas palabras, albures… Una cita

---

[5] "Entrada retrospectiva", en *Obras completas* 8: 32.

de Rilke o López Velarde tiene el mismo valor jerárquico que los versos de un corrido o un refrán. En suma: estudios culturales *avant la lettre*. Habrá que agregar también que en el análisis del lenguaje popular, el libro precursor de Samuel Ramos no soporta la comparación por su timidez y su falta de imaginación poética. Por último, hay que resaltar la atrevida descripción de las actitudes estereotipadas que gobiernan y envenenan las relaciones entre los dos sexos y el intento de poner al descubierto el código de conducta machista. La lógica simbólica que rige estas expresiones se presenta como una victoria de lo cerrado sobre lo abierto, un "amor a la Forma" que puede llegar a ser un orden opresivo de asfixia y muerte. Si la Forma cerrada es una máscara petrificada, la participación o comunión colectiva se manifiesta como movimiento acuático. La Fiesta es una "súbita inmersión en lo informe". Agua y piedra son los correlatos simbólicos de comunión y soledad.

Las páginas que hablan de la historia de México muestran el mismo ritmo dialéctico que rige la conducta individual y colectiva. La historia de México vista como una oscilación binaria entre la soledad y la comunión, entre la máscara y la autenticidad. Un esquema que privilegia arquetipos o invariantes no puede ni debe albergar en su lógica simbólica todos los datos empíricos. De todas maneras, sorprende que los historiadores no hayan prestado más atención al tipo de interpretación que hace Paz de la historia de México. ¿Cómo se relaciona esta interpretación simbólica con las grandes líneas dominantes en aquel momento de la historiografía nacional? La descripción del mundo colonial de la Nueva España sorprende por su generosidad y empieza a combatir el olvido decretado tanto por liberales como por revolucionarios. No sorprende que haya sido esta parte del libro la que más le impresionó a José Vasconcelos, como éste anotó en su reseña de la primera edición.[6] Si la utopía religiosa de la Colonia se volvió un orden "implacablemente cerrado a toda expresión personal, a toda aventura" (123), la utopía secular y racional de los liberales es un espacio de orfandad, una doble ruptura con el origen. El retrato del Porfiriato como un régimen de simulación, mentira e inautenticidad parece hoy maniqueo: reproduce, sin cuestionarla, la denigración satánica que puso en marcha la joven Revolución como estrategia de autolegitimación.

La interpretación de la Revolución, en cambio, es idealizada y utópica. Al presentarla como "una verdadera revelación de nuestro ser" (137), "un regreso a los orígenes" (143), "una búsqueda de nosotros mismos y un regreso a la madre", "un estallido de la realidad: una revuelta y una comunión" (146), se privilegian los idea-

---

[6] La reseña se publicó originalmente en la revista *Todo* el 6 de abril de 1950 y fue reproducida en el *Semanario Cultural* de *Novedades* 363 (2 de abril de 1989), 4.

les del movimiento zapatista a expensas de otras facciones. Para Paz, la Revolución es, en realidad, una revuelta cuya espontánea y confusa improvisación garantiza su originalidad y su autenticidad. Es una Fiesta de participación colectiva, un momento de comunión, una manera de escapar de la soledad histórica.

Quisiera terminar tratando de ofrecer una respuesta personal y necesariamente provisional a la pregunta que nos convoca hoy: ¿por qué sigue siendo actual este libro clásico? Si lo leemos no como un tratado sino como un ensayo literario, su vigencia es indudable. Nuestro mundo no es el de 1950, pero nuevas generaciones parecen encontrar en sus páginas si no respuestas definitivas a sus preguntas al menos una manera liberadora de plantear sus dudas. Medio siglo después, vivimos el derrumbe de muchas certezas ideológicas y sufrimos la imposición de la modernidad que siempre parece venir de fuera. Una de las enseñanzas del libro es que esa modernidad tiene que ser inclusiva y que se puede buscar también dentro de nuestra tradición. En ausencia todavía de "una forma que nos exprese", podemos reconocer que *El laberinto de la soledad* es una obra fundacional sin la cual es imposible entender la cultura moderna de México.

LA IDENTIDAD EN SU LABERINTO*

* Mesa redonda realizada en la Fundación Octavio Paz, el 23 de agosto de 2000. La mesa estuvo moderada por Carlos Pereda.

La identidad y su laberinto

Manuel Durán

ME RESULTA DIFÍCIL, CASI IMPOSIBLE, HABLAR DEL LI-bro *El laberinto de la soledad*, sin hablar del hombre cordial, generoso, amable, creativo; del poeta y del visionario. Es muy curioso que si todos o casi todos los historiadores y los sociólogos, tienen una mente analítica, una mente ordenada, una mente que va de A a B y después de B a C, y llega a una conclusión, Octavio Paz puede hacer lo mismo pero de manera muchísimo más interesante, dando una serie de vuelos y círculos; comienza con algo muy concreto y va después a un blanco más elevado, más completo; su pensamiento se expande como las ondas que crea una piedra en medio de un lago. En *El laberinto...*, él nos ha dicho que parte de una serie de recuerdos emocionales, recuerdos de cuando era niño. Fue a Los Ángeles, y, algún tiempo después, regresó a México; antes, en Los Ángeles como luego en México hubo niños que no lo entendían, no lo identificaban, no veían cómo era él, lo veían como un extraño. Inmediatamente, de pronto, esto significa que él tiene que cuestionarse a sí mismo, ¿quién es él y dónde está? Este cuestionamiento fue fecundo. Es la base de una actitud al mismo tiempo analítica y filosófica, Octavio estaba siempre lleno de preguntas y las preguntas no iban exactamente a darnos una respuesta fija, iban a exaltarnos, a motivarnos para que encontráramos nuestras propias respuestas.

Cuando vi a Octavio Paz en la embajada de México en París, en 1951, Octavio estaba ya rodeado de una fama creciente que le daba un poco de miedo, y él decía: "Bueno, esto va a pasar; dentro de unos meses ya nadie se va a acordar de mí." En eso se equivocaba, pero yo le pregunté: muy bien, después de *El laberinto...*, ¿estás trabajando en algo más que vaya por este camino? Me dijo: "Sí, tengo mucho más que decir, incluso hay aspectos de *El laberinto...* que quizá voy a corregir más tarde." Un poco después de todo esto empezó a trabajar en muchos proyectos que no tenían nada que ver exactamente con el tema de *El laberinto...* Y unos años después, oí una anécdota curiosa acerca de Octavio, que tiene que ver con la relación de Octavio con su libro. Esta misma anécdota me ha llegado por cinco o seis canales distintos; esto no quiere decir que sea cierta, pero es probable. Octavio va a Estados Unidos, da una conferencia, al final se le acerca una joven estudiante: "Señor Paz, yo lo admiro mucho, me interesa charlar con usted, porque estoy escribiendo una tesis sobre *El laberinto de la soledad.*" Y Octavio le contesta: "No lo haga. Realmente yo creo que no debe hacerlo, pues porque... no, mejor dedíquese a otra cosa..." Cierto o no, el caso es que Octavio estaba ya pensando en ir más allá, agregar algo, y esto es lo que ocurre, cuando después de los acontecimientos del año 68, escribe *Post-*

data. En este libro se aclaran algunas cosas que estaban únicamente indicadas en *El laberinto...* Para mí *Postdata* es casi, yo diría indispensable para entender *El laberinto...* Yo podría recomendar que se lea primero *Postdata* y después *El laberinto...*, porque en *Postdata* quedan las cosas claras y muy dramáticas, muy tensas, *Postdata* es casi como una novela policial. *El laberinto...* tiene algo de policial, pero tiene también un aspecto de exploración de espacios, es como un cohete que se lanza hacia adelante y hacia atrás; es una aventura del pensamiento, es ir hacia atrás para después ir hacia adelante.

Éste es el movimiento del pensamiento de Octavio Paz; es como una gran lanzadera que va del presente al pasado, otra vez al presente y después se lanza hacia el futuro. En *El laberinto...* hay muchas cosas que se aclaran y otras que quedan pendientes, y quedan allí como un proyecto. El final: las páginas finales de *El laberinto...* son las que me parecen más interesantes, más problemáticas, más incitantes, en realidad el pensamiento de Paz, aunque está bien anclado, bien arraigado en la historia de México, es un pensamiento universal y universalista. Paz siempre tiende a ver a México y los mexicanos como parte de algo más vasto; mira no solamente hacia Hispanoamérica, sino también hacia todo el mundo, y habiendo empezado por lo más concreto, que es la incertidumbre de los que están en la frontera de México y Estados Unidos, el estado de ánimo de alguien que ve dos culturas y que no sabe qué hacer (esto es algo muy preciso, muy concreto y yo he conocido gente así), después se plantea, en los primeros tres capítulos, una serie de etapas para llegar a una visión muy concreta también y muy plástica –porque su estilo es muy visual– de ciertos rasgos del mexicano de hoy.

Pero inmediatamente después pasamos a lo profundo. ¿De dónde vienen todos estos rasgos de los mexicanos? ¿Cómo es posible ser así? Me acuerdo ahora de las *Cartas persas* de Montesquieu: hay una fiesta en París, y hay un persa que está allí, viendo, observando, y una señora le pregunta: "Dígame, ¿cómo es posible ser persa?" Octavio se pregunta lo mismo, cómo es posible ser mexicano, cómo es posible ser un hombre, una mujer, en este mundo moderno tan caótico, tan confuso, ¿cómo cambiar y ser fiel a las raíces al mismo tiempo? Yo he tratado de describir *El laberinto...* a una niña de quince años, que me preguntaba cómo es esta obra. Yo le dije:

–Mira, aquí la tienes, puedes empezar a leerla hoy, y quizá más tarde la entenderás del todo, pero yo quiero que la veas como estas muñecas rusas, que abres una y hay otra dentro, y abres la segunda y hay otra dentro. Dentro del México moderno, está el México de la Revolución de 1910; abres la segunda muñeca y allí está el México de don Porfirio, abres la tercera muñeca y está la Reforma, la cuarta, la Independencia, la quinta, muy hermosa y muy barroca, es la del periodo de la Nueva España, de la que tan bien, tan acertadamente ha hablado Octavio, y después hay como cinco más, tal vez más chiquitas, más, mucho más primitivas que el imperio azteca, y quizás en una de ellas hay un germen de algo, de algo que después Octavio verá como algo muy especial...

Octavio tiene una intuición; yo estuve leyendo libros de antropología últimamente que verifican esta visión, y es que la edad de oro, de veras existió, y sabe cómo ubicarla en el neolítico, y explica por qué. Esa intuición está totalmente verificada hoy en día, en el libro de Riane Eisler *The Chalice and the Blade*, que describe una era de paz y relativa prosperidad en el neolítico, en Europa, antes de los grandes imperios y de crueles invasiones procedentes de Asia. Esta época corresponde a lo que Hesiodo llama la edad de oro.

La obra total de Paz es tan vasta y tan rica que vamos a necesitar muchos años antes de poder analizarla como se merece; gracias al análisis y la crítica podremos gozarla más y enriquecernos con ella. Si queremos partir de un punto central creo que tendremos que escoger *El laberinto...*, y ordenar (y en parte subordinar) otras obras en prosa alrededor de *El laberinto...* Por ejemplo: es evidente que *Postdata* nace de *El laberinto...* y forma como una península, una prolongación, del otro libro; Paz añade, corrige, subraya, para aclarar más y más su pensamiento. Y con frecuencia a la crítica de algunos aspectos de la vida mexicana añade y superpone la crítica del mundo moderno en general. Es irónico: en el momento en que los mexicanos han llegado por fin a sentirse parte integrante, en términos de igualdad, de ese mundo moderno en que hoy vivimos, Paz nos dice que ese mundo está funcionando mal, y descubre una serie de fallas muy graves en la civilización contemporánea.

Esta crítica del mundo moderno aparece ya en *El laberinto...*, se acentúa en *Postdata*, y llega a su culminación en *La llama doble*, libro que en mi opinión habrá de tener en el futuro tanto impacto como *El laberinto...* Como he señalado ya, el pensamiento de Paz es expansivo, y los círculos que dibuja se ensanchan cada vez más.

Ahora bien: a un pensamiento dinámico y expansivo hay que acercarse con un espíritu crítico que sea también dinámico y expansivo. No deberíamos separar, escindir, en dos partes la obra de Paz: por un lado la poesía, por otro la prosa. Los compartimentos estancos funcionan bien en los barcos, no en la crítica.

Propongo ahora, como punto de partida, que la obra total, poesía y prosa, de Octavio Paz *es unitaria, interiormente armónica, y no contradictoria*. Que lo que nos dice en *El arco y la lira, El laberinto de la soledad, Postdata, La llama doble* (para no citar más que estos cuatro títulos de prosa) corresponde armónicamente con lo que nos dice en sus poemas. Entenderemos mejor su poesía si la relacionamos con su prosa. Y al revés. La tarea es considerable, y, que yo sepa, no se ha intentado todavía. Éste es un desafío para mí, que estoy trabajando en este sentido. Lo es también, o por lo menos creo que debería serlo, para todos los lectores y críticos de Paz.

La identidad en su laberinto

Leopoldo Zea

Mi identidad para Octavio Paz es soledad, mi identidad está sola, el laberinto son las otras soledades. ¿Cómo compaginar universalidades y soledades? Ésa es la pregunta.

Hay solitarios que lo arreglan expandiendo su soledad sobre otros hombres, sobre otras gentes. Ustedes recordarán que en el *Fausto* de Goethe, en el prólogo, se dice que Dios hace patente la necesidad para no quedarse solo y crea una criatura que le diga: "Tú eres Dios, tú eres grande, tú eres inmenso, yo nunca podré ser como tú." Eso se creen esas gentes que quieren expandirse e imponer su soledad a los demás.

Esta soledad de unos cuantos es la que sufren pueblos como el nuestro. Esta historia de los pueblos como el mexicano, que sufren esa soledad para que los demás expandan su grandeza: "Tú eres el hombre por excelencia, yo no puedo ser como tú." Y obliga, por ejemplo, a negar a la madre para poderse ir con el padre, pero el padre le dice: "Nunca serás como yo, eso no es posible." De allí que el mexicano sabe que no puede ser como el padre que lo engendró, pero que tampoco quiere ser como la madre humillada, sometida, violada. ¿Violada por quién? Por el grande que viene a crear otras criaturas. Ahí está el origen de este México, el mestizaje pleno, absoluto.

Hay que salir de esa soledad, pero ¿cómo salir de esa soledad? "La historia de México –dice Paz– es la del hombre que busca su filiación, su origen. Sucesivamente afrancesado, hispanista, indigenista, 'pocho', cruza la historia como un cometa de jade, que de vez en cuando relampaguea."

Tema central en *El laberinto de la soledad* fue la ambivalencia, la dicotomía, originada en etnias y culturas diversas que se encontraron en la región de la tierra bautizada como América. De allí que sea obligado elegir y por ello amputar, de allí la hipocresía y el enmascaramiento, para parecerse ¿a quién?: "No puedo parecerme al español. Entonces voy a parecerme al inglés, al francés, al ruso, a cualquier otro. Figuras que parecen como modelos, por más que haga no puedo parecerme a él." Entonces –dice Paz– vamos a volver a lo que somos, vamos a volver a nuestra soledad, y en nuestra soledad vamos a encontrarnos con todos los demás hombres.

Paz encuentra en la Revolución mexicana la base de esa posibilidad. La Revolución que se inicia en 1910 es un gran caldero, un gran crisol de soledades que tiene como meta salir de la soledad que le ha sido impuesta, esto le da un sentido de comunidad. "La Revolución mexicana –dice Paz– replantea esta problemática: nos hizo salir de nosotros mismos y nos puso frente a la Historia, planteándonos la necesidad de inventar nuestro futuro y nuestras instituciones." Ya no imitar, o al imitar, como decía Antonio Caso, inventar un poco.

Dice Alejandro Rossi que él vio cómo el zapatismo se había convertido en otra máscara, "lo están viviendo con máscaras". Ya no es el zapatismo que, en nuestra infancia, él o yo vimos. En las calles de Plateros, yo vi la ensangrentada ropa de Emiliano Zapata, exhibida en un escaparate, un día después de ser asesinado. Nunca olvidaré esa imagen. Ése es el zapatismo, no la máscara. ¿Usar pasamontañas para que no se descubra el verdadero rostro? Hay que ocultarlo. Así los intelectuales podrán descubrir en la retórica zapatista una miseria que desde su propia retórica no habían descubierto. Así se podrá gritar contra ella sin temor a ser acribillados como lo fue Zapata.

Ahora, como ayer, se vuelven a hacer expresas las preocupaciones que animaron *El laberinto de la soledad*. La afirmación de una identidad que no por ser algo concreto deja de ser universal, esto es, la propia del hombre, todo hombre como ente concreto que es y no abstracto. La expresión de una universalidad que se encuentra penetrando, no ascendiendo o abstrayendo, tomándola en lo que es, sin solicitudes.

Estamos al fin solos –escribe Paz–. Como todos los hombres. Como ellos, vivimos el mundo de la violencia, de la simulación y del ninguneo: el de la soledad cerrada, que si nos defiende nos oprime y que al ocultarnos nos desfigura y mutila. Si nos arrancamos esas máscaras, si nos abrimos, si, en fin, nos afrontamos, empezaremos a vivir y pensar de verdad. Nos aguardan una desnudez y un desamparo. Allí, en la soledad abierta, nos espera también la trascendencia: las manos de otros solitarios. Somos, por primera vez en nuestra historia, contemporáneos de todos los hombres.

Se llega así a la universalidad por lo concreto, profundizando en lo distinto, en lo individual, en lo personal; por aquello que hace de un hombre un hombre, y no abstracción de humanidad. Y a partir de esta toma de conciencia el no buscar más máscaras, el no cubrir lo que no se es con lo que ineludiblemente se es; se es como cualquier hombre de cualquier lugar del planeta.

Aquí Paz nos está dando la salida, pero la salida implica a su vez desamparo, orfandad, quedarse solos, asumir solos el futuro. Ahí nos encontraremos a otros solitarios como nosotros y juntos podemos cambiarlo, podemos transformarlo para ponerlo a la altura de todos los hombres.

Esto que dice Octavio Paz lo saca de su experiencia histórica, que es ahora experiencia de todos los pueblos de la Tierra, incluyendo los occidentales. En Europa como en Estados Unidos ahora están ocupados por su identidad: ¿qué somos?, franceses, ingleses, alemanes. ¿Por qué están preocupados por su identidad? Porque han aparecido otras gentes, esas gentes del llamado Tercer Mundo, que son los que han sufrido el impacto de esa soledad: "Tú no eres el hombre por excelencia. Yo soy uno

como tú, soy tu semejante, reconóceme como tu igual. No te quiero destruir y vamos a respetarnos. Yo no quiero acabar contigo porque tú eres parte mía."

Desde este punto de vista, partiré de la experiencia personal, la que tuve como director de Relaciones Culturales de la Secretaría de Relaciones Exteriores con el envío de la Exposición de Arte Mexicano que entre 1961 y 1963 recorrió varios países de Europa, entre ellos Dinamarca, en Copenhague, e Italia, en Roma. La exposición culminaba su gira en París, Francia. Allí tuve oportunidad de encontrarme con el flamante ministro de cultura de Francia, André Malraux. Intercambié algunas palabras que no he olvidado.

–Señor –me dijo– debe usted sentirse extraordinariamente orgulloso como mexicano de la cultura y arte de su país, el maya, el azteca y el rico mestizaje. Como yo, francés, me siento orgulloso de mi pasado cultural y artístico griego, latino y europeo.

–Lo estoy y me siento doblemente orgulloso.

Mi respuesta pareció un tanto atrevida ya que con cierto disgusto me preguntó:

–¿Por qué doblemente orgulloso?

–Porque el pasado maya, azteca y mestizo es exclusivo de mi pueblo, de la América de la que soy parte, pero también es nuestra la cultura y arte griego, latino y europeo.

Malraux sonrió con un "tiene usted razón".

Mis palabras no fueron para llamar la atención, pura y simplemente fueron expresión de algo que sentía, aun antes de conocer Europa en vivo. A través de mis lecturas, mis oídos y mi vista la conocía como algo que sentía propio, que era parte mía en América. Algo que me ampliaba. Confieso que nunca sentí complejos de inferioridad, ni menos me he sentido un desterrado de la historia y la cultura por excelencia.

Ahora bien, Octavio Paz tenía esperanza en la Revolución de 1910. No la Revolución de la que se está hablando ahora como el inicio de un golpe militar, similar a la dictadura pinochetista. Es la Revolución que empieza a buscar en su soledad la que puede unir y lo único que puede unir es un gobierno fuerte, ése que se crea en 1929. ¿Para qué? Para que la gente aprenda a convivir y que la convivencia se proyecte a la vida internacional. Pero claro que no es fácil. Al sistema político mexicano lo llaman la dictadura perfecta. ¿Perfecta por qué? Porque no ha necesitado, como otras dictaduras, aterrar, desterrar o enterrar. Simplemente corrompe con estímulos e instrumentos de creación a los intelectuales o artistas; reparte tierras a los campesinos; organiza a los obreros y a los jóvenes les da gratuidad en sus estudios. Con ello, los mexicanos estaban quietos y votaban por el sistema, y así se evitaban las dictaduras imperfectas de nuestra América.

¡Dictadura, pero no al servicio de un tirano! La formaba mucha gente, de diversos nombres y épocas. ¿Por cuánto tiempo? Hay una fecha no solamente importante para México, sino para todo el mundo, es el 2 de julio. Ese día, cada mexicano en su soledad, solito fue a las urnas, depositó su voto, solo, con su conciencia. Nada ni nadie podía presionarle. Lo que votó fue expresión de su voluntad. La única presión estuvo en su conciencia. Esto es posible porque el elector sabe que el secreto de su voto y su validez están garantizados. La sociedad es consciente de que puede hacerse cargo de su futuro. Lo importante de esto es que los que reciben este beneficio comprendan que son fruto de un mundo solidario y grande. Esa dualidad termina, esa soledad está terminando. Creo que está entrando en un mundo pleno, porque los problemas que tenemos los tiene todo el mundo. Y en cambio nosotros estamos creciendo, porque somos parte de un mundo extraordinario.

Por ello, quisiera terminar preguntando por esa raíz de la que venimos, no solamente la europea, la asiática, la africana; la que llaman indígena. A esa raíz ¿por qué no la dejan en su soledad y que sea ella la que libremente resuelva su futuro? ¿Por qué tratan a los indígenas como corderos? ¿Por qué necesitan pastores? Ellos no necesitan frailes. El obispo Samuel Ruiz, tan conflictivo, acaba de dar una entrevista que me pareció maravillosa: "Yo me di cuenta —dice— que a esta gente no hay que defenderla, hay que enseñarle a defenderse." Hay que enseñarle a que sea hombre, que sea partícipe, que sea gente, que sea un hombre como nosotros. No más a partir del brutal origen, sino lo que se originó de él y su alcance para el futuro, como un modo de ser incluyente y no excluyente, capaz de asimilar y no sólo de rechazar.

Es precisamente lo que yo he visto en Octavio Paz, que tiene una visión universal. Hay que integrar esa diversidad. Es éste el mensaje que hace medio siglo envió Paz, anticipando lo que sería una problemática universal del nuevo siglo y milenio.

CULTURA Y SOCIEDAD: OTROS LABERINTOS*

* Mesa redonda realizada en la Alianza Francesa (San Ángel), el 24 de agosto de 2000. La mesa estuvo moderada por Aurelio Asiain.

OCTAVIO PAZ, MURALISTA MEXICANO

Bolívar Echeverría

> *La irrealidad de lo mirado*
> *Da realidad a la mirada*

SE HA DICHO QUE LA APARICIÓN DE *EL LABERINTO DE LA soledad* en 1950 no sólo se adelantó a los resultados de la investigación filosófica sobre "la peculiaridad ontológica de lo mexicano", en la que se encontraban empeñados entonces muchos de los mejores talentos filosóficos del país, sino que la volvió en cierto modo superflua.

Afirmar tal cosa implica suponer que la meta que perseguía la filosofía moderna, representada por esos filósofos, y la meta alcanzada por *El laberinto...* de Octavio Paz eran una y la misma –la dilucidación del "ser del mexicano"– y que, simplemente, este último supo alcanzarla antes que ella. Se trata, sin embargo, de una suposición que no se justifica. El "mexicano" que debía ser el tema del tratado filosófico y el "mexicano" que es el tema de *El laberinto...* se parecen, sin duda, a primera vista, pero son en verdad dos temas diferentes. Lo que sucede es que ese objeto similar pero sin embargo distinto sobre el que versaba el ensayo de Octavio Paz vino a ocupar el lugar de aquel otro objeto sobre el que los filósofos habían prometido un tratado a la opinión pública intelectual. Podría decirse que, con *El laberinto...*, el uso literario-ensayístico del discurso reflexivo salió "por sus fueros" y se reposesionó de la tematización, es decir, de la definición del tema de lo mexicano, que el discurso científico-filosófico amenazaba con tomar a su cargo frente a esa opinión pública. Podría decirse, incluso, que el modo "latinoamericano" o, si se quiere, "mexicano" de reflexionar, un modo más bien literario de hacerlo, se demostró más ágil y atinado para hablar de lo mexicano que el modo científico-filosófico, venido casi directamente de Alemania.[1]

Pero el hecho de que el mexicano de factura literaria difiera del mexicano de factura filosófica resalta de mejor manera si se lo pone en cercanía de otro mexicano, el que los artistas plásticos de la generación inmediatamente anterior a la de Octavio Paz venían pintando y esculpiendo desde los tiempos de Vasconcelos. Más allá de su diálogo con los filósofos, *El laberinto...* parece mantener también una discusión implícita con ese otro tipo de "intelectua-

les", los muralistas mexicanos, especialmente Orozco, Rivera y Siqueiros, quienes, junto con los cineastas de la época –y dada su fama justificada y arrolladora– eran los formadores de la opinión popular más importante y más efectiva de la sociedad mexicana. Los muralistas mexicanos intentaban dar una coherencia al menos icónica a las representaciones ideológicas confusas de la clase política posrevolucionaria. Pensada en imágenes visuales o traducida a ellas, su formulación de la pregunta acerca de la identidad nacional, la historia y el proyecto del nuevo Estado fue durante los años de juventud de Octavio Paz el intento cuasi discursivo más vivo y compartible por todos de alcanzar lo que debía ser una toma de conciencia histórica.

Pienso que no es aventurado decir que *El laberinto...* de Octavio Paz despliega ante el lector, a la manera de un mural mexicano, pero de plasticidad no visual sino lingüística, un "tríptico" compuesto por diferentes escenas, en cada una de las cuales las imágenes conceptuales se conectan entre sí y se invaden las unas a las otras alcanzando una síntesis aparente. El "panel" que podríamos llamar central y principal de este tríptico –en el que estarían los cuatro primeros capítulos y que está dedicado a describir la singularidad del mexicano– muestra una figura impresionante (hecha más bien con el trazo de un Siqueiros) que, bajo la "gran noche de piedra de la Altiplanicie", allí donde los "dioses insaciables reinan todavía", "está

---

[1] Conviene recordar aquí que el uso reflexivo del discurso moderno no siempre ni en todos los casos es de orden científico filosófico, ni tiene interiorizada la "revolución cultural" de la Reforma protestante. El recurso metódico de poner a la teología entre paréntesis, de reducir el significado "Dios" a una intensidad lo más cercana posible al "grado cero", aunque ha sido sin duda un recurso sumamente efectivo en el progreso de la racionalización moderna de la vida, no fue, sin embargo, un recurso empleado universalmente en esa racionalización. En ocasiones, como es el caso de la modalidad barroca de ese uso reflexivo del discurso, se recurrió más bien a una transformación interna de la teología, a una re-definición de la idea de Dios.

suspendida en el campo de gravitación de fuerzas contradictorias". Una figura que surge de la tierra o se hunde dramáticamente en ella, que es "madre y tumba". Es sin duda la parte más brillante y más compleja de la obra, en donde se encuentran los esbozos ya clásicos del pachuco en busca de identidad, del hombre hermético que, con la simulación y la máscara, protege ante los otros la sospecha de su propio vacío; es la parte del ensayo en la que el mexicano es el hombre que lleva el estigma de ser hijo de la... Malinche,[2] el hombre para quien la fiesta es un desafío a la muerte.

La que sería el ala izquierda del tríptico (capítulos V y VI) concentra las escenas históricas y lo hace en un ambiente sombrío como ciertos espacios de Orozco. Del virreinato al presente, en el que domina la representación de la Revolución mexicana –un movimiento al mismo tiempo "desesperado y redentor", "una portentosa fiesta en la que el mexicano, borracho de sí mismo, conoce al fin, en abrazo mortal, al otro mexicano"–, la historia de México, que "tiene la realidad atroz de una pesadilla", aparece como una serie trágica de repetidos intentos fallidos de "superar el estado de soledad".

En el tercer panel, que sería el ala derecha del tríptico (capítulos VII y VIII), Octavio Paz ofrece al lector en una galería de retratos –empleando un recurso que en Rivera es irónico aldeano–, una apreciación panorámica de la "intelligentsia" mexicana importante para él, en la que destacan Vasconcelos, Ramos, Cuesta, Reyes, O'Gorman. El panel, y con él el tríptico, terminan con un intento de ubicar las posibilidades políticas del Estado mexicano en el contexto de la Guerra Fría.

Cerrado el tríptico, en el reverso unido de las dos alas, Octavio Paz entrega todavía una última escena –que lo mismo que conclusiva podría ser introductoria–, intitulada "dialéctica de la soledad", en la que esta experiencia, que sería "el fondo último de la condición humana", es representada como siendo vencida por el amor.

Fascinado, el lector debe quedar –y en efecto queda– sin palabras ante esta enigmática "figura en medio del paisaje", que Octavio Paz ha puesto ante él; la imagen conceptual del mexicano: una presencia que, al mismo tiempo que espanta, invita también a la empatía.[3]

La deslumbrante perfección del texto de *El laberinto...* vuelve imposible tocar algo en él con la crítica sin que ello impli-

---

[2] Algo de "escandaloso" tenía todavía en 1949 trasladar el término "chingada" del denso ambiente de la cantina a la atmósfera enrarecida de El Colegio de México; algo de esa invitación osada en sueños por los surrealistas para que los cosacos hagan beber a sus caballos en las fuentes de París.

[3] Esta perfección intocable de *El laberinto...* ha tenido consecuencias devastadoras entre muchos de los intelectuales latinoamericanos que se han ocupado de la historia cultural de México. *El laberinto...* ha sido para ellos un anteojo sin el cual México estaría condenado a la invisibilidad.

que una incomprensión del mismo como un todo. La seducción que emana de él está por encima de la discrepancia respecto de su contenido que el lector pueda ir teniendo a lo largo del libro.

¿A qué puede deberse esto? Pienso que al hecho de que el texto de Octavio Paz es un texto barroco, y que los textos barrocos se cierran en sí mismos como una mónada; están allí para persuadir, al ser admirados, y no para fundamentar y poder ser refutados.

Profundamente escéptico respecto de las posibilidades de que un texto pueda ser verdadero por sí mismo, como conjunto de proposiciones adecuadas al objeto que pretenden describir; persuadido de que, sin una intervención sobrehumana reticente y misteriosa, sea de Dios o del azar, esa adecuación del intelecto a la cosa sería imposible, el discurso barroco no descarta sin embargo la idea misma de "verdad", no se resigna a la inexistencia de la misma. El discurso reflexivo barroco pretende sorprenderla dentro de su ocultamiento insalvable, al que respeta sin reservas. Por ello, su método no es el camino directo, agresivo y en el fondo ingenuo de la lógica sino la vía sutil y rebuscada de ese doble de la lógica que es la retórica; el camino que elige es el del arte, que sorprende a la verdad en su metamorfosis como belleza.

Si, como decía Sarduy, es posible que "el eco preceda a la voz", no lo es menos que la certeza, que debería ser el efecto de la verdad en el recinto de la mente, sea la causa, si no de la verdad, sí de lo único humanamente posible, que es la puesta en escena de la verdad. Se alcanza primero, a través del simulacro, por la vía de la belleza, lo que debería ser el corolario del discurso, esto es, la certeza, el convencimiento, la persuasión en el ánimo del lector. Y la verdad, que debería ser lo esencial del discurso reflexivo, y de la que la certeza sólo debería ser su acompañante, viene, paradójicamente, más tarde. Una verdad sugerida como causa probable de la certeza: más probable mientras más bello, más logrado, más "ingenioso" diría Gracián, es el efecto retórico que la provocó.

Puede decirse que, de esta manera, la meta central del discurso cognoscitivo, la verdad, la adecuación del intelecto con el objeto, es relativizada de manera irónica. Lo que aquí está en juego no es la pragmática del discurso sino su dramática, no es en la apropiación del objeto sino su teatralización; es allí en donde, como simple destello, la verdad se deja a veces sorprender. El texto está presente, antes que nada, como objeto dirigido a la experiencia estética, como conjunto de imágenes que se perciben inmediatamente; sólo dentro de esta presencia, confundido con ella, el texto puede volverse el vehículo de una "visión mental", suprasensorial; la entrada a una comprensión teórica o reflexiva.

Muchos y muy variados son los recursos barrocos que están a la obra en el texto en que Octavio Paz construye su imagen del mexicano como una imagen para persuadir y convencer. Otros los podrán examinar mejor y con más tiempo. Yo quisiera mencionar uno de ellos, aunque sólo sea de pasada.

Se trata del recurso que consiste en el cambio alternado de frases en tercera persona del singular y frases en primera persona del plural; frases en "él" y frases en "nosotros".

"El mexicano –dice el texto en tercera voz del singular– es un ser que se encierra y se preserva: máscara el rostro y máscara la sonrisa."

"El hermetismo –dice en primera voz del plural– es un recurso de nuestro recelo y desconfianza."

Y la alternancia continúa:

E.: "El mexicano (contra lo que se supone), aspira a crear un mundo ordenado conforme a principios claros."

N.: "A veces las formas nos ahogan."

E.: "El mexicano excede en el disimulo de sus pasiones y de sí mismo."

N.: "Nos disimulamos con tanto ahínco que casi no existimos... también disimulamos la existencia de nuestros semejantes ... Los ninguneamos."

E.: "El solitario mexicano ama las fiestas y las reuniones públicas."

N.: "Somos un pueblo ritual."

E.: "La indiferencia del mexicano ante la muerte se nutre de su indiferencia ante la vida."

N.: "Estamos solos."

E.: "El mexicano condena en bloque toda su tradición..."

N.: "Nuestra historia, en ciertos momentos ha sido una encarnizada voluntad de desarraigo."

E.: "El mexicano y la mexicanidad se definen como ... viva conciencia de la soledad, histórica y personal."

Como puede verse, en la parte más convincente de *El laberinto...* predomina un texto en el que la voz que discurre se desdobla en dos voces. La primera voz, que habla en primera persona del plural, es la del portavoz de algo que parece ser una confesión colectiva, autocrítica, reflexiva, entre orgullosa y contrita. Es una voz como de confesión eclesial: preocupada por la salvación. La otra voz, en cambio, que habla en tercera del singular, es la voz del antropólogo, del sociólogo, del historiador: objetiva, incondicional, implacable. Es una voz preocupada por la verdad.

Hay que añadir a esto que no se trata solamente de una alternancia de voces, sino del manejo rítmico de esa alternancia, que es sin duda magistral. La alternancia rítmica de estas dos voces le da al ensayo una musicalidad que lo vuelve excepcional y que es, en mi opinión, el primer y más amplio instrumento de su efecto persuasivo, de su capacidad de producir certezas. El *swinging* barroco que resulta de ello en el texto de *El laberinto...* lleva al lector a una especie de vértigo ante un objeto velozmente proteico; un objeto que está yendo y viniendo, una y otra vez, de la confesión a la crítica, de la búsqueda de la salvación a la búsqueda de la verdad, de la universalización del mexicano a la mexicanización del ser humano en general.

Puede decirse, por otra parte, que este juego de alternancia se encuentra sobredeterminado por la necesidad de apelar a un interlocutor que es, él también doble, por un lado mexicano o latinoamericano y por otro europeo.

El laberinto... no parece estar dirigido sólo al público en general, y particularmente al mexicano y latinoamericano, sino también, más íntimamente, al círculo concreto de amigos y conocidos de su autor en el París de esa época, el París del existencialismo. Octavio Paz parece reaccionar contra la actitud espontánea del europeo medio que percibe a los seres humanos no europeos como indudablemente subhumanos, una actitud que no está ausente ni entre los espíritus más osados del ambiente surrealista. Aceptado como objeto del diálogo, no como interlocutor del mismo; como parte del mundo, no como conciencia sobre el mundo, el escritor latinoamericano en Europa no termina de sentirse a gusto. Incluso entre los intelectuales que representan a la autocrítica de Europa –que creen haber dado un salto mortal sobre su propia sombra cultural– Octavio Paz observa la falta de un acercamiento al otro que lo respete en su ser diferente y no mire en él solamente una manera de ser no-europeo.

Adoptando una táctica tradicional de los criollos americanos, Paz hace girar en 180 grados la pretensión del humanismo europeo, que tiene a su modo particular de humanidad por el modo exclusivo, propio o central de lo humano en general. Retoma de Heidegger –a través del filtro parisino en el que domina el famoso libro *El ser y la nada* de Sartre– la determinación de la esencia de lo humano como la capacidad libre que emerge del estado de la *derelictio*, del estar desamparado en medio del ser, para crear para sí mismo un mundo dotado de necesidad, de sentido. Este concepto de la filosofía europea es el arma que Octavio Paz voltea contra los europeos. Se trata, dice, de una determinación fundamental de lo humano que, en Europa sólo es posible encontrar en estado de traicionada y que en la inmediatez de la existencia mexicana, en cambio, puede ser encontrada de manera pura. La soledad del mexicano no se encuentra borrada, como en Europa, gracias al dispositivo anti-soledad instaurado en el mundo por la técnica; dispositivo engañoso puesto que en verdad es la presencia humana la que se refleja en él de manera narcisista. "Nuestro sentimiento de soledad está justificado", dice Octavio Paz no sólo porque "efectivamente estamos solos, porque somos efectivamente diferentes", sino porque estamos verdaderamente a la intemperie, porque no tenemos un Dios ni un sustituto de Dios, como sería la técnica, capaz de protegernos.

La figura humana que el ensayo de Octavio Paz presenta bajo el nombre de "el Mexicano" se ubica de manera polémica dentro de esa serie admirable de propuestas de construcción de un tipo ideal llamado el Hombre americano –piénsese en la más brillante de ellas, la de José Enrique Rodó–, que venían compitiendo entre sí desde que los criollos latinoamericanos debieron re-definir su identidad fuera del imperio español, en el marco más bien liberal de una veintena de repúblicas y bajo la inspiración ineludible de un romanticismo que soplaba con fuerza desde el "viejo mundo".

La figura del mexicano de Octavio Paz es una propuesta de definición de ese tipo ideal que no sucumbe al psicologismo sociologizado o historizado, usual en la confección de muchos personajes típicos latinoamericanos; pero es una propuesta fuertemente acotada por el compromiso de su autor con el nacionalismo del Estado mexicano posrevolucionario.

Como es sabido, la nación moderna es una entidad imaginaria cuya función consiste en paliar la necesidad de una identidad concreta, presente en el conjunto real de propietarios privados que rodean a una empresa conjunta de acumulación de capital, empeñada en afirmarse dentro del mercado mundial. Como entidad imaginaria que es, la nación moderna reúne con pretensiones de síntesis, y se autopropone como ideal a perseguir, un conjunto más o menos definido de rasgos humanos positivos; son rasgos que resultan, sin embargo, de la deformación de las características cualitativas de las comunidades reales –sean éstas de las tradicionales o de las que apuntan al futuro– que deben ser sacrifi-

cadas en la marcha de la empresa histórica capitalista.

En efecto, el miembro típico de la comunidad llamada "nación" sólo existe en el plano de lo imaginario: los muchos tipos de alemanes, de italianos o de franceses, están obligados a volverse irreales para convertirse en el Alemán, el Italiano o el Francés. Igualmente, el veracruzano y el michoacano, el sonorense y el yucateco, el oaxaqueño y el jalisciense, el guerrerense y el regiomontano, ¿cuánto de sí tendrían que sacrificar cada uno de ellos, es decir, en qué medida tendrían que volverse también ellos irreales, para existir todos de acuerdo con el tipo imaginario de un sujeto nacional único?

No cabe duda que la altamente improbable síntesis de la serie de características que Octavio Paz le atribuye a su figura de el mexicano, y que da lugar a un sujeto inventado, "arbitrario", como dice el propio Octavio Paz, es una construcción que provoca, desafía e incluso irrita a quien busca confrontarlo con la unidad del sujeto nacional, comprobado en el uso oficial de la empiria sociológica o del archivo histórico. El mexicano de *El laberinto...* no coincide con la imagen consagrada del mexicano. Visto desde las disciplinas correspondientes, el mexicano de Octavio Paz sería un héroe literario de sociología-ficción y de historia-ficción. Y sí lo es, en efecto, pero no un héroe novelesco, es decir, de ficción libre o desatada, sino un héroe correspondiente de otro tipo de discurso poético, el discurso literario ensayístico, para el que lo ficticio no le viene a la cosa desde afuera, de la mente creadora, sino que está en la cosa misma, que es un momento constitutivo de su realidad.

La figura del mexicano de Octavio Paz no es arbitraria en el sentido de que desprecie las leyes de la reflexión o se desentienda de ellas, sino en el sentido de que –barrocamente escéptico– juega con la profunda arbitrariedad que hay en ellas.

Resultado aparente de una necesidad ubicada en otro nivel, la arbitrariedad de la figura que aparece en *El laberinto...* es precisamente la que le otorga esa coherencia de un orden que podría llamarse "icónico-conceptual", la misma que ha sido desde hace cincuenta años un reto permanente para la reflexión crítica acerca de la cultura, la historia y la política mexicanas.

Hay que decir, sin embargo, que precisamente el fundamento de esta presencia crítica de la figura del mexicano propuesta por Octavio Paz es también, de manera trágica, el fundamento de su función ideológica. Si el ensayo de Octavio Paz tiene alguna limitación, ella está en su obediencia a la ilusión del nacionalismo moderno. Es éste el que, por encima y en contra de la concreción real de las poblaciones disciplinadas por el Estado moderno, pone a discusión el contenido de una entelequia vacía, la identidad de la nación. Es esa ilusión la que propone dar una forma, inventarle unos rasgos a ese sujeto que sería el miembro típico de la nación. Y Octavio Paz, si-

guiendo este llamado, como muchos lo hicieron, en lugar de desconfiar de ella, de dudar de que sea la vía adecuada para la reflexión, se presta a llenarla con los rasgos fascinantes de esa creación suya llamada el mexicano. De todos los caminos que estaban a disposición del discurso reflexivo para abordar "el sentido de las singularidades del país", el peculiar *ethos* moderno que rige la creación de las formas de vida mexicanas en la historia de la modernidad, elige tratar ese sentido y ese *ethos* por la vía de la construcción de un personaje. Esta "personificación" de un asunto que, justo al substancializarse como sujeto personal colectivo, se desdibuja esencialmente, es la propuesta básica de la ilusión nacionalista. Al aceptar esta ilusión, al presuponer al sujeto nacional como efectivamente existente, Octavio Paz colabora en esa desfiguración.

La misma ilusión nacionalista que le da a Octavio Paz la oportunidad de construir esa imagen fascinante del mexicano, hace de esta oportunidad un regalo envenenado; se cobra el servicio atando su reflexión a un horizonte político e histórico severamente acotado. Aunque llegue a decir, como lo hace en efecto, que "la mexicanidad será una máscara que, al caer, dejará ver al fin al hombre"; aunque el suyo sea un nacionalismo paradójicamente universalista –en las antípodas del racismo al que suelen llevar las exaltaciones nacionalistas de la identidad–, de todos modos, no deja de ser un nacionalismo moderno; lo es, porque concibe la concreción de la vida social bajo la forma de la concreción imaginaria atribuida al sujeto de esa empresa histórica que es el Estado capitalista.

"El ser humano en su condición fundamental de estar entregado sin protección alguna a su condición de libertad" –el *Dasein* en su *Verlassenheit*–: éste sería el núcleo de la experiencia del mundo en la vida contemporánea. Se trata de un tema filosófico planteado radicalmente por la ontología fenomenológica de Heidegger, y dramatizado ya, incipientemente, por el propio Heidegger en su obra *El ser y el tiempo*. En la figura ensayística de "el Mexicano y su orfandad", este tema es sometido por Octavio Paz a una reconstrucción poética que lo dramatiza plenamente, que lo presenta como una figura vitalizada no sólo por su contradicción sino por la consistencia de su contradicción; consistencia que le viene de la impronta inquietante de la vida concreta de México.

Así, en lo que tiene de personaje de ficción ensayística, esta figura, a la que Octavio Paz llamó "el Mexicano", este personaje protagónico de *El laberinto de la soledad*, tiene asegurado un lugar principal no sólo en la literatura hispanoamericana sino en la literatura universal.

LA CRÍTICA, EL INTELECTUAL Y LA DEMOCRACIA

Yvon Grenier

> *Pensar es el primer deber de la* intelligentsia. *Y en ciertos casos, el único.*
>
> Octavio Paz,
> *El laberinto de la soledad*

DEFINICIÓN Y AUTODEFINICIÓN

¿QUÉ SIGNIFICA EL CONCEPTO DE INTELECTUAL? LAS definiciones, para empezar, suelen ser –como lo dijo el sociólogo Zygmund Bauman– autodefiniciones, bastante ponderadas.

Ferozmente independiente, el intelectual busca la verdad, ama la libertad y la justicia, y desafía a los poderosos. Más que todo, el intelectual –y el artista moderno– es *desinteresado*. Un siglo después del *J'accuse* de Zola, la experiencia histórica nos muestra más bien lo contrario a esta actitud. De hecho, con Zola, defensor de Dreyfus y de la verdad, se definió la regla y simultáneamente, la excepción. En el siglo XX, el intelectual cortejó a los déspotas, ocultó la verdad, detestó la libertad y la justicia, y dio la bienvenida a todos los privilegios que se le otorgaban. De los grandes pensadores de la modernidad, posteriores, digamos, a Voltaire, ¿quién promovió la sociedad abierta y la libertad? ¿Marx, Nietzsche, Heidegger, Sartre, Foucault? Por lo regular, el intelectual quiere el triunfo de *su* verdad y no la competencia franca de las ideas. El intelectual es enemigo de las dictaduras, pero raramente de *todas* las dictaduras.

Una definición normativa y neutral podría empezar con la idea de que el concepto de "intelectual" designa un papel social, y que este papel es definido tanto por los atributos personales como por sus aspectos de relación. El intelectual es alguien cuya autoridad cultural le permite hablar públicamente sobre asuntos políticos y morales. Esta autoridad es, en buena medida, otorgada por los demás. Un intelectual es alguien reconocido como tal por una masa crítica de personas que participan, como productores y consumidores, en la vida cultural de una sociedad.[1]

Octavio Paz no ofrece una teoría del intelectual o de la *intelligentsia*. Propone una lectura crítica, razonada, culta y bella de las ideas dominantes de su tiempo, a través de la cual se destacan ideas coherentes y a menudo originales sobre la *intelligentsia* como grupo histórico, y sobre pensadores y artistas en particular, muchos de ellos "intelectuales". De hecho, el tema de los intelectuales vincula muchos ejes que son claves del pensamiento político-cultural de Paz. Aparece en sus numerosos escritos sobre la historia de México, por ejemplo, cuando habla de la inclinación cortesana

y del escolasticismo de la *intelligentsia* mexicana.[2] Lo plantea con más indulgencia en sus pasajes de vena sociológica sobre la modernización del país o sobre el auge de las clases medias. Así interpretó, por ejemplo, el movimiento del 68, no como una movilización política provista de voluntad sino como la espuma romántica de un cambio social profundo. Por supuesto, el tema de los intelectuales asoma desde el trasfondo de sus muchas reflexiones sobre el papel de las ideas en varias épocas, regiones del mundo y civilizaciones, y en sus meditaciones sobre las *liaisons dangereuses* entre el intelectual y el poder en México.

Paz no confunde a la persona con el papel del intelectual. Como lo dice en su *Pequeña crónica de grandes días* (1990), en una de sus numerosas críticas a la izquierda intelectual mexicana: "Al hablar de los intelectuales no me refiero a sus trabajos, siempre respetables y a veces excelentes, sino a la participación de muchos

---

[1] El análisis más conciso y penetrante de la función del intelectual moderno, a mi juicio, se encuentra en una colección de ensayos de Gabriel Zaid, *De los libros al poder* (varias ediciones). Véase también Grenier 10-14.

[2] En un conocido pasaje Octavio Paz dice: "Su situación [la del intelectual] no es muy distinta a la de los clérigos de la época virreinal, especialmente a la de los miembros de las órdenes religiosas. Los intelectuales son parte del sistema como sus predecesores de los siglos XVI, XVII y XVIII; también como ellos, a veces son críticos y aun revoltosos. En ciertos momentos, algunos han sido la conciencia del régimen. Pero en general, por desgracia, su crítica ha sido casi siempre ideológica. Enamorados de las abstracciones, desdeñan a la realidad. Los medios de comunicación prolongan y acentúan estas características. Nuestra prensa –pienso, sobre todo, en la de la capital– es ideológica o, en el otro extremo, acomodaticia y aun, en ciertos casos, venal. Ésta es una de las razones de su escasa influencia" ["Hora cumplida (1929-1985)" 386].

de ellos en nuestra vida colectiva" (*Obras completas* 9: 420). Ser intelectual no significa serlo de tiempo completo. De hecho, se puede sugerir que nunca lo es, pues un intelectual es siempre un *amateur*, alguien cuya *profesión* es otra. El intelectual siempre se manifiesta en sus áreas de incompetencia.

En el *Laberinto de la soledad*, Paz llama "*intelligentsia* mexicana" a ese sector de la sociedad "que ha hecho del pensamiento crítico su actividad vital" (*Obras completas* 8: 147). Aquí su definición se refiere más a la explicación sociológica que a la realidad histórica. El sentido de la expresión "actividad vital" no queda muy claro en su definición. Sin embargo, ésta tiene el mérito de subrayar lo que para Paz constituye la responsabilidad central del intelectual: la crítica.

CONTRIBUCIÓN DE PAZ

En la intersección de los escritos de Paz sobre intelectuales e *intelligentsia* se encuentra la idea bastante común de que el intelectual *debe* ser independiente de todos los poderes, promover valores humanistas y mantener el más alto nivel de competencia en su arte. Tiene razón y lo afirma con convicción y elocuencia, pero la originalidad de Paz radica en otra parte.

Primero, en el hecho de haber logrado vivir una vida a la altura de sus ideales como intelectual. Su temprana crítica al totalitarismo de izquierda fue una de las pocas excepciones en la tribu de los intelectuales occidentales (exceptuando, claro está, a los disidentes de los propios países comunistas).[3] Parece aún más extraordinaria cuando se considera que Paz abrazaba los valores de la izquierda y que era latinoamericano. Asimismo, son bien conocidos sus textos en los que pone en tela de juicio el régimen autoritario de su propio país.

¿Por qué un intelectual mexicano con disposición revolucionaria, nacido al principio del siglo XX, supo resistir a la tentación totalitaria? A mi juicio, lo que inmunizó a Paz fue su profundo entendimiento de la palabra libertad. Viene de su liberalismo, pero también de su romanticismo; para decirlo con más precisión, viene de su liberalismo romántico.[4] Es en sus escritos sobre arte, más que en los textos explícitamente políticos, donde se destaca una definición de la libertad en el sentido de algo virtual, algo que está por definirse; esto, a mi juicio, constituye el antídoto a toda utopía totalitaria. En el mundo de la utopía el tiempo se detiene; ya no hay improvisación, ya no hay libertad.[5] Si uno sabe eso;

[3] Véase su texto "Los campos de concentración soviéticos", publicado en el núm. 197 (marzo de 1951) de la revista *Sur* de Buenos Aires. El texto es recogido en sus *Obras completas* 9: 167-170.

[4] Véase mi artículo "The Romantic Liberalism of Octavio Paz", que se publicará en *Mexican Studies/Estudios Mexicanos* (otoño de 2001).

[5] Véanse al respecto los bellos ensayos de Milan Kundera, *Les testaments trahis*, París: Folio Gallimard, 1993.

mejor aún, si uno lo *siente*, con toda la convicción que hay en la obra de Paz, entonces no puede claudicar frente a la tentación totalitaria.

En los últimos años de su vida, dicho sea de paso, Octavio Paz fue criticado por su acercamiento a las administraciones de los presidentes Salinas de Gortari y Zedillo. Constituye una crítica legítima. Sin embargo, un examen serio y honesto de las posiciones políticas de Paz en aquella época debe tomar en consideración un evento sin precedente: la ola de democratización en el mundo, a la cual no escapó México. Paz describió lo que de hecho fue el crepúsculo del régimen del PRI no como el de una dictadura –como lo propuso una vez Mario Vargas Llosa–[6] ni, por supuesto, el de una democracia, sino como el periodo de transición de un régimen hacia la democracia. Después de las elecciones históricas de julio de 2000, resulta difícil negar que en su análisis de la transición mexicana, destaca, más que una esperanza ciega, una anticipación. Si en su contra se puede utilizar la palabra credulidad, no tiene nada que ver con la tentación totalitaria que devoró a tantos intelectuales de su generación.

Segundo, la originalidad de Paz radica en su descripción y análisis de la caída del intelectual en el siglo XX, particularmente

en su propio país. Este tema fue una de las obsesiones de Paz. Y es que para el autor de *Libertad bajo palabra*, el artista y el intelectual son, por definición, maestros de la crítica y amantes de la libertad. Entonces, ¿por qué tantos de ellos fueron serviles y dogmáticos?

Paz analizó el problema de la tentación totalitaria en el siglo XX, pero también el problema más general de la relación entre el intelectual y el poder. El caso de México, por supuesto, ha merecido su mayor interés. En el México posrevolucionario el itinerario del intelectual empieza con su ascenso en el aparato de Estado, que permitió la verdadera contribución de muchos en la modernización del país. El análisis de aquel periodo dio a Paz la oportunidad de reflexionar con sutileza sobre el problema de las relaciones entre poder y saber, en un caso donde se trata no de un poder constituido sino de un poder en construcción. Dice en *El laberinto de la soledad*:

Con la excepción de los pintores –a los que se protegió de la mejor manera posible: entregándoles los muros públicos– el resto de la *intelligentsia* fue utilizada para fines concretos e inmediatos; proyectos de leyes, planes de gobierno, misiones confidenciales, tareas educativas, fundación de escuelas y bancos de refacción agraria, etc. La diplomacia, el comercio exterior, la administración pública abrieron sus puertas a una *intelligentsia* que venía de la clase media [*Obras completas* 8: 151-152].

---

[6] En un texto posterior, Vargas Llosa negó toda legitimidad a la rebelión de Chiapas sobre la base de que México no es una dictadura, en concordancia con lo afirmado por Paz. Véase su texto sobre Chiapas en Vargas Llosa: 306-312.

En *El laberinto de la soledad* Paz dedica varias páginas a la contribución muy positiva de intelectuales como José Vasconcelos, Manuel Gómez Morín, Jesús Silva Herzog o Daniel Cosío Villegas a la edificación de la *polis* mexicana. El mismo Paz entró en el servicio exterior en 1946 y renunció en 1968, bajo circunstancias bien conocidas.

El acercamiento con el poder conlleva un riesgo real. Según Paz:

Preocupados por no ceder sus posiciones –desde las materiales hasta las ideológicas– han hecho del compromiso un arte y una forma de vida. Su obra ha sido, en muchos aspectos, admirable; al mismo tiempo, han perdido independencia y su crítica resulta diluida, a fuerza de prudencia o de maquiavelismo. La *intelligentsia* mexicana, en su conjunto, no ha podido o no ha sabido utilizar las armas propias del intelectual: la crítica, el examen, el juicio. El resultado ha sido que el espíritu cortesano –producto natural, por lo visto, de toda revolución que se transforma en gobierno– ha invadido casi toda la esfera de la actividad pública [*Obras completas* 8: 152].

El análisis de Paz no es maniqueo ni simplista. Como lo reconoce en el mismo párrafo, nada más difícil que la situación de los intelectuales en un contexto posrevolucionario y de subdesarrollo. Lo que Paz muestra es que el factor determinante no es la distancia con el poder propiamente dicho, sino la naturaleza de las relaciones con el poder y con la sociedad en su conjunto. Por eso se puede concluir que sus contribuciones a la historia de las relaciones entre el intelectual y el poder en México radican no tanto en el campo de la historia, en el sentido académico de la palabra, sino en su campo de predilección: el saneamiento del lenguaje que se utiliza para pensar el México contemporáneo.

LAS ARMAS PROPIAS DEL INTELECTUAL

La posición social e intelectual de Paz no es cómoda, pero le permite esbozar un retrato sensato de lo que puede ser un intelectual en un contexto histórico específico. Los intelectuales tienen una gran responsabilidad ya que "han sido y son el gran fermento político y moral de la Edad Moderna, desde fines del siglo XVIII. Sin ellos se puede ganar votos pero no cambiar a una nación" ("Historias de ayer" 10). Paz no rechaza la participación del intelectual en actividades estatales o gubernamentales, como se ha dicho. Más bien, se opone a la dilución de su función crítica y promueve la utilización de sus habilidades propias y específicas, que son habilidades artísticas. En *Postdata* dice:

La crítica del estado de cosas reinante no la iniciaron ni los moralistas ni los revolucionarios radicales sino los escritores (apenas unos cuantos entre los de las viejas generaciones y la mayoría de los jóvenes). Su crítica no ha sido directamente política –aunque no hayan rehuido tratar temas políticos en sus obras– sino verbal: el ejercicio de la crítica como exploración del lenguaje y el ejercicio del lenguaje como crítica de la realidad [*Obras completas* 8: 293].

La tarea principal del escritor es el saneamiento del lenguaje, porque "cuando una sociedad se corrompe, lo primero que se gangrena es el lenguaje. La crítica de la sociedad, en consecuencia, comienza con la gramática y con el restablecimiento de los significados" (293). Dice aquí, casi textualmente, lo que algunos disidentes de la llamada Europa del Este, como Kundera, Manea, Milosz, Solzhenitsyn, o Zamiatin han repetido por décadas.[7] Asimismo, a un pintor se le pueden comisionar obras destinadas al público, a condición de que su trabajo no esté circunscrito por consideraciones propagandísticas. ¿Cuál es la diferencia entre una obra de arte con tema político y una obra puramente propagandística? Quizá la primera no es tan maniquea, presenta un mundo de matices y tensiones, donde la lógica de la razón, si

existe, compite con otras lógicas (estéticas, pasionales, etc.). La obra propagandística tiende a reflejar el mundo simplista y binario –amigos contra enemigos– de la política. Obviamente, no estamos hablando aquí de una distinción bien demarcada. El arte está *en* la política y afuera de ella, es político pero no puede serlo completamente sin dejar de ser arte.

Además de transigir con el poder, el intelectual también deroga su función cuando sacrifica su actitud crítica por un plato de lentejas ideológicas. ¿Qué es una ideología? Para Paz, una ideología es una "cárcel de conceptos", una "forma inferior del instinto religioso", o simplemente una "creencia", "enemiga del verdadero saber". Supuestamente, uno puede tener ideas, incluso ideas políticas, sin caer en las trampas de la ideología. Una vez más, no resulta fácil identificar los indicadores específicos que nos permiten hacer tal distinción. Existen discursos o acciones puramente ideológicas, pero no sé si existen discursos o acciones políticas completamente desprovistos de contaminación ideológica. La variable fundamental es la de la relación con el mundo empírico y con los principios de imparcialidad y de veracidad. Es ideológica la disposición o la acción política fundamentada en la devoción a una doctrina; es política sin ser ideológica, en la acepción que le da Paz, cuando la disposición o la acción política, a pesar de fundamentarse en principios morales inconmovibles, busca siempre corroboración

---

[7] De hecho, me parece que si Paz invitó a tantos disidentes del Este a su congreso de 1990 (el famoso Encuentro de *Vuelta*, "La Experiencia de la Libertad"), no fue tanto por su anticomunismo como por la similitud de sus concepciones en torno a la libertad y la función del intelectual. En 1991, las transcripciones de los debates fueron publicadas por la Editorial Vuelta en siete lujosos volúmenes.

en los hechos. Los principios son pilares; las ideologías son casas ya hechas –o sea, cárceles. En la ideología el individuo no existe; en la política no-ideológica, el individuo, ser imprevisible e imperfecto (el "torcido madero de la humanidad", como bien lo dijo Kant y luego Isaiah Berlin), constituye el principio y el fin de la acción política. La política moderna tiende un puente entre los mundos de la religión y de la ciencia; cuanto más ideológico, más cerca de la religión;[8] cuanto menos, más cerca de la ciencia (con la diferencia que el método científico es el método y la finalidad de la ciencia, mientras que la política pragmática se limita a apropiarse del principio racional y empírico de la ciencia y ponerlo al servicio de una finalidad moral y política). Para regresar a la crítica paciana, lo que el Nobel mexicano reprocha a la *intelligentsia* de su país es básicamente el hecho de seguir ciegamente dogmas criminales, rehusándose a considerar la montaña de pruebas y testimonios que los denuncian y contradicen. Paz lamentaba lo que él consideraba el atraso de la *intelligentsia* mexicana (la izquierda) relativo a la comprensión del fenómeno totalitario, y define este atraso en función de su negativa a admitir los hechos conocidos sobre el socialismo autoritario (lo que en América Latina y, significativamente, en Francia, se conoce como "el socialismo real" o "el socialismo realmente existente"). Por eso siguió criticando a la izquierda cuando empezó a hablar de democracia y de socialdemocracia: "... porque el cambio no ha sido precedido por un examen público de conciencia y por una franca confesión de los errores cometidos. Esto es lo que hicieron, en su momento, Gide y Silone, Koestler y Camus, Semprún y Spender". Y añade: "Es grave pues no se trata sólo de errores intelectuales y políticos sino de faltas morales" ("América en plural y en singular" 148). La diferencia entre defender el totalitarismo en 1930 y en 1980 es la diferencia entre no saber y no querer saber.

CONCLUSIÓN: DEMOCRATIZACIÓN Y CREPÚSCULO DEL INTELECTUAL

> *... debemos concebir modelos de desarrollo viables y menos inhumanos, costosos e insensatos que los actuales. Dije antes que ésta es una tarea urgente: en verdad, es la tarea de nuestro tiempo.*
>
> Octavio Paz,
> *Postdata*

Si las armas propias del intelectual son la crítica, el examen, el juicio, y si la crítica es la fundación misma de la modernidad, y si por fin "debemos concebir modelos de

---

[8] Como dice Paz: "Hay una falla, una secreta hendedura en la conciencia del intelectual moderno. Arrancados de la totalidad y de los antiguos absolutos religiosos, sentimos nostalgia de totalidad y absoluto. Esto explica, quizá, el impulso que los llevó a convertirse al comunismo y a defenderlo. Fue una perversa parodia de la comunión religiosa" (*Itinerario* 78).

desarrollo viables y menos inhumanos, costosos e insensatos que los actuales", entonces, ¿quién debe *concebir* estos *modelos*? Paz dice:

Si hay una tarea urgente en México, esa tarea es la reconstrucción del "alma nacional", como se llamaba antes al conjunto de tradiciones, creencias y valores que sustentan a las sociedades. Es una tarea no únicamente educativa y política: *nos atañe a todos y muy especialmente a los intelectuales*. En la sociedad moderna la función de la clase intelectual es triple: la específica de su profesión o especialidad; la crítica moral y política; y, en el caso de los escritores y los artistas, la creación. La literatura y las artes son hijas de la Memoria y las obras que inspira la Memoria tienen la propiedad de despertar a los pueblos y recordarles qué y quiénes son ["El azar y la memoria: Teodoro González de León" 396-397].

¿Qué quiere decir *a todos y muy especialmente a los intelectuales*? Todos somos iguales, pero en la vanguardia de los reconstructores del alma nacional ¿acaso los intelectuales son más iguales que otros? A veces Paz dice claramente que sí, los intelectuales tienen una responsabilidad particular. A veces dice que no, que al contrario, el mismo pueblo es más sabio "que los intelectuales devotos de la utopías" (*Itinerario* 196). A veces queda claro que su crítica de los intelectuales atañe a los intelectuales *reales* y no propiamente a la mi-

sión del intelectual. A veces, no. Cuando Julio Scherer le pregunta: ¿qué puede hacer realmente por su país un escritor mexicano? Paz contesta: "Yo no creo que los escritores tengan deberes específicos con su país. Los tienen con el lenguaje –y con su conciencia" ("Suma y sigue" 378). Su conciencia... ¿de intelectual? ¿En qué consiste una conciencia de intelectual? ¿Es diferente de una conciencia de taxista? En una discusión con Czeslaw Milosz y Claude Simon, quienes también han recibido el premio Nobel de literatura, Paz dice:

We are for free literature, and we think that the function of the writer is not political or moralistic. It is not to indoctrinate or to preach good morals. The function of the writer is to enter inside himself or inside others in order to express this unique particularity that is each person and each nation and each language. It is the only way to arrive at universality ["The Universal is the particular" 54-57].

Expresar la particularidad de una nación y así llegar a la universalidad –¿pero quién llegará a la universalidad: el intelectual o la nación? En ambos casos, la responsabilidad del intelectual es abrumadora.

Al parecer, no existe en la obra de Paz un pensamiento sistemático sobre la misión del intelectual. Lo que sí existe es una intuición: que la especificidad del intelectual, es decir la crítica, está "por dentro", en la misión del verdadero artista. Y la crítica, Paz lo escribió mil veces, es la esencia misma de la modernidad. El intelectual es un personaje que exterioriza y representa lo que el verdadero artista hace de una manera precognitiva; es decir, *presentar la otra voz*, presentar lo decible y lo indecible de la experiencia humana. La otra voz no es reductible a la modernidad pero su ingrediente crítico sí constituye el ingrediente central de la modernidad. Paz dijo una vez que la revolución es la religión pública de la modernidad, y la poesía, su religión privada, secreta. En otros términos, los poetas, y por extensión los intelectuales, son los clérigos de la modernidad.

A la tríada "intelectual, artista, y modernidad", se une otro actor en el liberalismo romántico de Paz: el ciudadano libre y en una circunstancia natural de igualdad. Por eso la concepción paciana del intelectual aparece siempre como una *tentación corregida*: es decir, una *tentación* de ver al intelectual y al artista como la conciencia más lúcida de la modernidad, *corregida* (a veces *anulada*) por su disposición a negarles cualquier estatuto privilegiado en el reino de la moral o de la sabiduría. Se trata de una cuestión muy difícil: ¿cuál puede ser el papel del intelectual en una sociedad verdaderamente libre y democrática? El intelectual debe criticar, pero todos deberíamos criticar en una civilización fundada en la crítica. A una ciudadanía libre y educada no le hace falta una aristocracia de intelectuales para servirle de "conciencia crítica". En teoría, el intelectual y la democracia son un poco como el Estado y la revolución en la teoría de Lenin: el primero está destinado a desaparecer. Mientras tanto, el intelectual que vive en una sociedad democrática o en vías de democratización, tiene una misión importante pero ambigua, una ambigüedad que encontramos en la obra estimulante de Paz.

Bibliografía citada

Grenier, Yvon. "Chronicle of a Death Foretold: Intellectuals in the Americas". *Hemisphere* 7: 1 (1995).
Paz, Octavio. "Historias de ayer". *La Jornada* (10-12 de agosto de 1988).
———. *Itinerario*. México: Fondo de Cultura Económica, 1993.
———. "El azar y la memoria: Teodoro González de León", en *Obras completas* 7: *Los privilegios de la vista II*. México: Fondo de Cultura Económica-Círculo de Lectores, 1994.
———. *El laberinto de la soledad. Postdata*. "Suma y sigue" (se publicó por primera vez en *Proceso*). "Hora cumplida (1929-1985)" (aparecido en *Vuelta* 143, octubre de 1988), recogidos en *Obras completas* 8: *El peregrino en su patria. Historia y política de México*. México: Fondo de Cultura Económica-Círculo de Lectores, 1994.
———. *Pequeña crónica de grandes días*. "América en plural y en singular", en *Obras completas* 9: *Ideas y costumbres I*. México: Fondo de Cultura Económica-Círculo de Lectores, 1994.
Paz, Octavio, Czeslaw Milosz y Claude Simon. "The Universal is the Particular". *New Perspectives Quarterly* (invierno de 1996).
Vargas Llosa, Mario. *Desafíos a la libertad*. México: Aguilar, 1994.

Las nietas de la Malinche

UNA LECTURA FEMINISTA DE *EL LABERINTO DE LA SOLEDAD*

Marta Lamas

Una tarea pendiente del feminismo mexicano ha sido analizar el tratamiento que Paz da a las mujeres y a lo femenino en su obra. Con *El laberinto de la soledad* Paz intentó develar la singularidad de la cultura mexicana, objetivada en un ser social: "el mexicano". Aunque se esforzó en encontrarle valor a lo colonizado y sometido, a lo olvidado y subordinado, no otorgó una presencia igualmente central a las mujeres. Atrapado en los límites culturales de la época histórica en que escribió, dentro de los cuales no se pensaba la condición de la mujer, Paz logra sin embargo introducir la existencia simbólica de la Mujer en su reflexión sobre la mexicanidad. Pero al sólo reconocer a las mujeres como complemento amoroso o como figuras (Sor Juana y la Malinche) *El laberinto...* queda como una espléndida reflexión sobre el problema de la identidad del mexicano, pero en su acepción concreta de ser masculino.

En este trabajo, con el cual pretendo sumarme al homenaje crítico a la obra de Paz, encuentro la presencia de Simone de Beauvoir en *El laberinto de la soledad* y reconozco la influencia del texto en un conjunto de escritoras feministas a las que nombro las nietas de la Malinche.

LA MUJER Y LO FEMENINO
EN *EL LABERINTO DE LA SOLEDAD*

Paz publica los dos primeros capítulos de *El laberinto de la soledad* en la revista *Cuadernos Americanos* a finales de 1949 y principios de 1950. Paz "se concentra durante un tiempo"[1] en la cultura francesa, tanto por gusto como por razones laborales: trabaja en el servicio diplomático en Francia entre 1945 y 1953. Esa estancia hace imposible que Paz no supiera de la existencia de la obra de Simone de Beauvoir. El primer tomo de *El segundo sexo* (*Los hechos y los mitos*) aparece en junio de 1949 y consigue una venta impresionante: la primera semana 20 mil ejemplares. Una posible razón de tal éxito es el tino de la revista de Sartre, *Les Temps Modernes*, de publicar en mayo un extracto sobre "La iniciación sexual de las mujeres" y en junio, al mismo tiempo de la salida del primer volumen, el capítulo sobre "Lesbianismo". El segundo tomo, *La experiencia vivida*, publicado en noviembre de ese año, tuvo una venta y un éxito publicitario similares. Es de imaginar que un ávido y culto lector como Paz abrevara en la revista intelectual de vanguardia además de que varios incidentes en el mundo literario francés dieron a *El segundo sexo* una notoriedad y una difusión espectacu-

lares. En el escándalo que dicha obra suscitó en la prensa tuvo que ver el escritor católico François Mauriac, quien manifestó su rechazo total por la obra y encabezó una campaña en el diario *Le Figaro* para que los jóvenes condenaran *El segundo sexo* como pornografía.[2] Ahora bien, no sólo la derecha se escandalizó. El rechazo al trabajo de De Beauvoir, en concreto a sus planteamientos sobre la sexualidad femenina, estuvo repartido en todo el espectro político. Los comunistas denunciaron en *Les Lettres Françaises* que a las obreras no les importaban los problemas que ella planteaba. Incluso Albert Camus se puso furioso y le reclamó haber "ridiculizado" al varón francés.

En las fechas de publicación de *El segundo sexo* y de *El laberinto...* apoyo mi hipótesis de la influencia de De Beauvoir en la obra de Paz. Es posible pensar que cuando el primer tomo de *El segundo sexo* aparece en junio de 1949, Paz ya hubiera entregado el manuscrito del primer capítulo, "El pachuco y otros extremos", a *Cuadernos Americanos*, que lo publicaría en el número 5 de septiembre-octubre de 1949. En este capítulo, cuando Paz trata al pachuco, no hay la menor alusión a la mujer del pachuco. Utilizando la ambigüe-

[1] La expresión es de Carlos Monsiváis, en su espléndido ensayo sobre Paz "Adonde yo soy tú somos nosotros", publicado en *La Jornada Semanal*, 26 de abril de 1998.

[2] Mauriac hizo el comentario grosero de que la lectura de *El segundo sexo* lo había familiarizado con la vagina de su autora. Mauriac se lamenta (en el mismo periódico) que aun "católicos eminentes" defendieran a De Beauvoir por su valentía para abordar tabúes sociales como la iniciación sexual y el lesbianismo.

dad del castellano, que al emplear el género masculino incluye lo femenino, Paz habla de los mexicanos, de los pachucos, de los hombres. Solamente tres referencias explícitas a mujeres se encuentran en este capítulo: la de su amiga de Berkeley (17), la de las ancianas norteamericanas que hacen planes a pesar de la vejez y la de "esos seres bondadosos y siniestros que son las madres y esposas norteamericanas" (23). Y al final del capítulo aparece una posible influencia beauvoiriana cuando menciona a la mujer en general, y dice que, como una planta en una maceta, "el hombre y la mujer" se encuentran presos en esquemas (23). Exceptuando esas alusiones, el capítulo es un claro ejemplo de androcentrismo.

Totalmente distinto es el segundo capítulo, "Máscaras mexicanas", publicado en el número 7 de enero-febrero de 1950 de *Cuadernos Americanos*. En él, Paz ya habla claramente de la Mujer, retoma los imperativos culturales de lo que es ser Mujer en México y los interpreta acercándose a formulaciones de la filósofa francesa.[3] La influencia de De Beauvoir presente en el segundo capítulo es clara, sobre todo en la constante referencia del poeta a la situación

de la mujer en "otros países", precisamente una de las novedades de *El segundo sexo*.

Paz no incorpora a cabalidad la radical y moderna forma de comprender la problemática femenina de la filósofa. De Beauvoir muestra cómo las características humanas consideradas "femeninas", en vez de derivarse "naturalmente" de su biología, son adquiridas por las mujeres mediante un complejo proceso individual y social. Por eso con la frase, aparentemente sencilla, "Una no nace, sino que se convierte en mujer", De Beauvoir plantea que lo que hace diferentes a las mujeres de los hombres es el conjunto de procesos culturales y psicológicos que marcan con determinadas atribuciones y prescripciones a las personas con cuerpo de "mujer", o sea, según la jerga de hoy en día, el *género*.

Mientras De Beauvoir discute la prevaleciente concepción biologista, Paz la reitera al plantear que para los mexicanos la fatalidad anatómica de las mujeres es lo que hace que sean "seres inferiores porque, al entregarse, se abren. Su inferioridad es constitucional y radica en su sexo, en su 'rajada', herida que jamás cicatriza" (27). Paz no retoma el postulado beauvoiriano de que es la cultura, la que produce un imaginario social con una eficacia simbólica contundente, la que otorga cierto significado a los cuerpos de las mujeres y los hombres. No incorpora la idea de que mujeres y hombres no son un reflejo de la realidad "natural", sino el resultado de una producción histórica y cultural basada en

[3] Ejemplos de frases contundentes y elocuentes: "la mujer no se siente ni se concibe sino como objeto, como 'otro'"; "Su feminidad jamás se expresa, porque se manifiesta a través de formas inventadas por el hombre"; y "La mujer vive presa en la imagen que la sociedad masculina le impone; por lo tanto, sólo puede elegir rompiendo consigo misma".

el proceso de simbolización. Insiste en metáforas biologistas, al hablar del "instinto de la especie", o poéticas, al referirse al "apetito cósmico" como la construcción social de la masculinidad y la feminidad. Sin embargo, encuentra la expresión local ("mexicanizada") de algunos elementos de la feminidad: la "aparente impasibilidad sonriente ante el mundo exterior"; el imperativo de ser "decente" ante el escarceo erótico y "sufrida" ante la adversidad (32).

Hay cuatro momentos en *El laberinto de la soledad* en los que Paz reflexiona sobre la Mujer y lo femenino: en los capítulos II ("Máscaras mexicanas"), IV ("Los hijos de la Malinche"), V ("Conquista y Colonia", donde habla de Sor Juana), y en el "Apéndice: La dialéctica de la soledad". En ellos encuentro simultáneamente una mistificación de la Mujer y una ausencia de las mujeres de carne y hueso. Esto no es de sorprender, pues Paz comparte la lógica de género, o sea, los conceptos cotidianos sobre lo femenino y lo masculino que establecidos como conjunto objetivo de referencias, estructuran la percepción y la organización concreta y simbólica de toda la vida social.

A diferencia de Samuel Ramos, para quien las mujeres son totalmente inexistentes (sólo menciona cuatro veces la idea/palabra mujer),[4] para Paz sí son una realidad simbólica de la que hay que dar cuenta.

Además de tocar ciertos aspectos culturales de la feminidad, Paz ve a la Mujer como el complemento existencial del hombre. Su gran hallazgo en este ensayo y en su obra poética, es la contraposición de opuestos. En *El laberinto...* plantea la oposición binaria como "dualismos" y señala que aunque la sociedad se conciba como unidad, en "su interior está escindida por un dualismo". El poeta enumera: lo bueno y lo malo; lo permitido y lo prohibido; lo ideal y lo real; lo racional y lo irracional; lo bello y lo feo; el sueño y la vigilia; los pobres y los ricos; los burgueses y los proletarios; la inocencia y la conciencia; la imaginación y el pensamiento. Paz toma en cuenta el conjunto de oposiciones que organizan todo el cosmos, pero sintomáticamente elude la oposición de las mujeres y los hombres. Esta oposición fundante, construida simbólicamente sobre la diferencia anatómica, confluye para sostener, práctica y metafóricamente, la división del mundo en "femenino" y "masculino".

En la obra de Paz la identidad "social" de las personas como "mujeres" u "hombres", que implica división de tareas, actividades y papeles sociales en todas las esferas de la vida social y del orden repre-

---

[4] *El perfil del hombre y la cultura en México*, publicado en 1934, es literalmente un ensayo sobre el hombre en su acepción masculina exclusivamente. De las cuatro menciones, dos aparecen en una sola frase: "El mexicano no desconfía de tal o cual hombre o de tal o cual *mujer*; desconfía de todos los hombres y de todas las *mujeres*" (58); la tercera: "Estos centros conservan en su espíritu como en la cara de sus *mujeres* o en la arquitectura de sus ciudades" (68), y la cuarta: "Pero este México representado por el charro y la *china poblana*" (91). (Las cursivas son mías.)

sentacional, se subsume dentro de la más general: los mexicanos. Pero el androcentrismo lingüístico del castellano no permite distinguir cuándo esa clasificación es incluyente o excluyente.

A lo largo de su indagación sobre la otredad, Paz reitera su visión de la mujer, a veces asumiéndola en primera persona, otras adjudicándosela a "los mexicanos". Para Paz la mujer "incita" y "repele" (60), y es "cifra viviente de la extrañeza del universo y de su radical heterogeneidad". Paz se pregunta si "la mujer, ¿esconde la muerte o la vida?, ¿en qué piensa?, ¿piensa acaso?, ¿siente de veras?", para concluir con ¿es igual a nosotros? El "nosotros" es evidentemente masculino: nosotros los hombres.

En el "Apéndice: La dialéctica de la soledad" Paz retorna a la mujer en el contexto del discurso del amor, con expresiones de fascinación y atrapamiento que van más allá de una mera reflexión intelectual. Es en esta parte donde más subsume el pensamiento de De Beauvoir, sin citarla: "La mujer siempre ha sido para el hombre 'lo otro', su contrario y complemento." La única mención que le concede aparece más adelante, donde dice: "Medio para obtener el conocimiento y el placer, vía para alcanzar la supervivencia, la mujer es ídolo, diosa, madre, hechicera o musa, según muestra Simone de Beauvoir, pero jamás puede ser ella misma." La conclusión a renglón seguido de Paz es impactante: "De ahí que nuestras relaciones eróticas están viciadas en su origen, manchadas en su raíz."

Esa intuición poética de una mancha original, que le permite a Paz establecer la conexión Mujer con Madre violada con Malinche y concluir con la Chingada, es el fundamento de su influencia entre las feministas.

LAS NIETAS DE LA MALINCHE

El uso y la interpretación que Paz da a la Malinche es clave para comprender el impacto cultural de *El laberinto...* La búsqueda de Paz sobre el origen mexicano, y sobre los orígenes en general (los de nuestras relaciones eróticas, los de la relación hombre/mujer), es una constante en su obra. Sabemos bien, sin embargo, que resulta imposible reconstruir la historia; a lo más, llegamos a armar interpretaciones provisionales excavando ruinas y siguiendo huellas. No hay aprehensión posible de lo pasado, sólo atisbos de la contingencia y complejidad de lo que ocurrió cuando no existíamos.

Paz trabaja sobre la construcción imaginaria que los seres humanos hacemos del coito de nuestros padres por la vía del mito del origen nacional. Así, el encuentro entre españoles e indios, el mestizaje, es la escena originaria[5] de los mexicanos. En esta

[5] Para el psicoanálisis la *escena primitiva* o *escena originaria* es la construcción imaginaria que cada quien hace del coito de sus padres. Serge Viderman plantea que puede ser considerada como "la unidad más pequeña de significación de la psique".

puesta en escena del mito Paz otorga realidad histórica a un elemento que usualmente se imagina: la violación de la madre. Pero Paz no sólo plasma en la escena primaria nacional una visión dolorosa –la madre violada– sino que establece abiertamente una analogía inasimilable: Madre/Violación = Malinche/Traición. De esta forma Paz enuncia el horror de algo temido respecto al vínculo materno: "Mi madre me ha traicionado." Todos hemos nacido de una madre y a todos nos da horror su violación, pero más dolor causa su traición, su abandono. El rastro imaginario del enunciado genera un conflicto brutal con el personaje femenino. Al tocar Paz el mito del mestizaje, hiere la investidura libidinal de los mexicanos –la madre chingada– y al subsumir a la MADRE dentro de la CHINGADA, *El laberinto de la soledad* se convierte más que en una trasgresión, en algo *Unheimlich*.

Que la imaginarización de lo que Freud llama la escena original aplicada al origen mexicano desemboque en la categorización de la Malinche como traidora, desencadena una reacción entre las feministas, de manera notable entre las del movimiento chicano.[6] La segunda ola del feminismo a finales de los años sesenta, que conlleva el desarrollo de una audaz crítica cultural feminista, coincide con el desarrollo del movimiento chicano y cambia sustantivamente las condiciones de recepción de *El laberinto de la soledad*.

Las feministas chicanas buscan su identidad como mujeres, asumen una voz individualizada y denuncian el machismo de sus compañeros. Por ello, y por aceptar el aspecto liberador de la cultura norteamericana, con su discurso igualitario y democrático, son acusadas de "malinchistas" o "vendidas" (Moraga 90-117). El paralelismo con la Malinche es notorio: si Malintzin fue acusada de hispanizarse, las chicanas lo fueron de anglizarse. Muchas toman *El laberinto de la soledad*, y en especial al capítulo IV, "Los hijos de la Malinche", como un texto catalizador para pensar sus rupturas con la tradición patriarcal.

La Malinche se erige como figura del imaginario feminista chicano justamente por la influencia de *El laberinto de la soledad*, y no porque las escritoras se hayan dedicado a investigarla por su cuenta. Aunque son varios los autores mexicanos que tratan a la Malinche, la inmensa mayoría, si no es que la totalidad, de las citas y alusiones feministas son del ensayo de Paz. Refiriéndose a las chicanas, Norma Alarcón reconoce que "las relecturas actuales de la leyenda y mito de Malinche generalmente parten de los puntos de vista de Paz" (25).[7]

[6] Norma Alarcón señala que los críticos chicanos coinciden en que la producción de literatura chicana contemporánea empezó en conjunción con la huelga de la Asociación Nacional de Trabajadores Agrícolas de César Chávez en 1965, y con el desarrollo del nuevo feminismo.

[7] El ensayo de Norma Alarcón apareció inicialmente en *Cultural Critique* 13 (otoño de 1989). Fue traducido por Cecilia Olivares como "Traddutora, traditora: una figura paradigmática del feminismo de las chicanas".

Al apropiarse de la Malinche como símbolo se inicia la "autoexploración, autodefinición y autoinvención cultural de las chicanas" (Alarcón 34), acentuándose la ya amplia influencia de Paz. Son muchas las escritoras chicanas que retoman a la Malinche como figura simbólica central y la empiezan a llenar con deseos, significados e intenciones propias. Estas escritoras podrían ser llamadas "las hijas de la Malinche", pero ya Margo Glantz utilizó esa expresión para aludir a escritoras mexicanas de otra generación, "que intentan crear una forma y trascender mediante ella la maldición a la que están condenadas por su 'fatalidad anatómica' y por el papel simbólico y social de la Malinche a través de la historia" (203). Por eso elijo referirme a un conjunto posterior de escritoras y críticas con una clara perspectiva feminista como "las nietas". Mientras las "hijas de la Malinche" de Glantz abrieron nuevas vías en la expresión narrativa, las nietas avanzan en el desarrollo de una mirada crítica sobre las esencias (desde la mexicana hasta la femenina).

Si la aportación más frecuentada, alabada y cuestionada por las feministas ha sido la de Paz en torno a Malinche, es porque para él esta mujer es la clave de nuestros orígenes mexicanos. Alarcón dice que "Paz explota el rompimiento modernista con lo sagrado para desarrollar y aclarar a la Doña Marina de [Alfonso] Reyes transformándola en la Chingada" (Alarcón 26). En este movimiento de ruptura Paz logra,

además, distanciarse de la cosmogonía religiosa y ubicar el momento fundante en algo más carnal y secular como la relación entre Cortés y Malintzin. Al establecer una relación entre la madre primordial del pueblo mexicano y la Chingada, Paz reitera una suposición interpretativa: "el pueblo mexicano no perdona su traición a la Malinche" (78).

Paz usa al personaje de la Malinche para describir la penetración cultural y el mestizaje, y deposita en ella el peso del conflicto de la Conquista. Esto se reformula desde la perspectiva chicana como alegoría de la dualidad mexicano-estadunidense. Por eso la Malinche es retomada profusamente como "una figura paradigmática del feminismo de las chicanas" −según Norma Alarcón−, y es vista como *traductora* en el sentido amplio, o sea, como *mediadora* entre ámbitos culturales antagónicos. A pesar de la aversión o el recelo que causa su condición de madre violada y traidora, las escritoras chicanas la defienden como una mujer que, pese a todo, elige un camino y asume su deseo.

La hipótesis de que Malintzin decide por sí misma es una clave que Tzvetan Todorov plantea en su influyente obra *La Conquista de América. El problema del otro*:

Podemos imaginar que siente cierto rencor frente a su pueblo de origen, o frente a algunos de sus representantes; sea como fuere, elige resueltamente el lado de los conquistadores. En efecto, no se conforma con traducir, es evidente que también adopta los valores de los españoles, y contribuye con todas sus fuerzas a la realización de sus objetivos [108].

Por ello, Todorov la considera un ejemplo de interrelación cultural. La reformulación de Sherlene Soto al respecto es un ejemplo de cómo opera la valoración feminista. Soto deja de lado el aspecto sexual (¿realmente importa si fue violada?) y se concentra en el trabajo de mediación que Malintzin realizó para así criticar la tradicional perspectiva negativa sobre ella. Al igual que otras autoras, la reinterpreta como un estereotipo femenino positivo y valioso: "una talentosa intérprete, guía, estratega y diplomática [cuyas] capacidades y talentos fueron sumamente respetados por sus contemporáneos" (15). Alarcón encuentra una lógica en el rechazo generalizado a la Malinche, pues en ciertos contextos "hablar (o traducir) para uno mismo en vez de hacerlo a favor de los intereses y valores del grupo es equivalente a la traición" (Alarcón 24).

Jean Franco, una de las críticas culturales feministas más agudas, arriesga en *Las conspiradoras* una respetuosa crítica a *El laberinto de la soledad*. Franco reflexiona en torno al señalamiento de Paz sobre que la construcción misma de la identidad nacional se basó en la dominación del macho (1994: 138). Muestra que, al afirmar Paz que el varón mexicano se había conformado como un violento rechazo hacia

su vergonzosa madre, el problema de la identidad "se presentó básicamente como un problema de la identidad masculina" (1994: 172). También reflexiona sobre la traición como ruptura de los lazos de la comunidad cultural, aunque le encuentra igualmente una condición emancipadora.

Pero lo interesante en el texto de Jean Franco es que cuestiona el planteamiento de Paz sobre el machismo defensivo del mexicano y la necesidad de reprimir la parte "femenina" que existe en él y en los demás. Señala que Paz no establece una distinción entre la representación y la realidad de la mujer, y por ello "condena a los mexicanos a permanecer atrapados por su propia representación" (1994: 174). Aunque para Franco *El laberinto de la soledad* contiene una "discusión gráfica de la ideología del macho mexicano" (1994: 206), al centrar su enfoque en la Malinche, ella logra tocar puntos clave de la reflexión sobre la feminidad.

Como para Franco el papel esencial de lo femenino es la articulación (1994: 156), no es de extrañar que piense que la Malinche no subvierte la separación de los dos mundos: actúa como puente y nos afirma en nuestra modernidad. En otro ensayo, donde analiza a la Malinche en relación con el don y el contrato sexual, Franco pone énfasis en la Malinche como mujer intercambiada (1996: 156), que es objeto de una especie de conversión cultural. Por eso Franco actualiza la caracterización que hace Todorov de la Malinche como "símbolo de mestizaje" (109) y la resemantiza en términos modernos como "símbolo transfigurado del multiculturalismo".

Paz sitúa la "enfermedad mexicana" en "esta ambigua subjetividad de los hijos de la Malinche, avergonzados por su violación (la Conquista) y por ello forzados a rechazar la parte femenina como lo devaluado, lo pasivo, lo rajado y maltratado", e insiste en que el mexicano y la mexicanidad se definen como ruptura y negación (79). El sentido de las metáforas y analogías presentes en *El laberinto de la soledad* ha sido explorado por varios autores;[8] pero ninguno de ellos ha postulado que si hasta hoy la Malinche subsiste como figura paradigmática, es también por una cuestión más fundamental y dolorosa: la persistencia de la violación como síntoma de la relación entre los sexos.

EL OTRO ES, FUNDAMENTALMENTE, EL OTRO SEXO

Al simbolizar a la Malinche como el horror de una relación sexual, fantaseada como violación perpetua, Paz deja traslucir en su reflexión una característica del pensamiento sexista: la no visualización del deseo autónomo de las mujeres. La paradoja de Paz respecto a la Malinche es que postula que ella se entrega, colabora, pero no

piensa ni por un momento hasta dónde ella asume su deseo. Paz no percibe que, desde una situación de desigualdad y de doble desventaja (la de ser india y ser mujer), la Malinche descifra, para sí misma al menos, el misterio del Otro. En el proceso de traducción/desciframiento ella se pone en juego con su cuerpo, su sexo, pero también con su inteligencia. La Malinche tiene *metis*[9] (la astucia del débil frente al fuerte) y al aliarse con los españoles, seducir a Cortés e incidir mucho más que una simple traductora, Malintzin está siendo fiel a sí misma, a su deseo.

En su ensayo, Paz no logra colocar a la Malinche en ese lugar de mujer que desea; al contrario, valida la apreciación de ella como un objeto que pasa de mano en mano, de sexo en sexo. Tampoco la distingue de sus compañeras vendidas como ella, pero hoy olvidadas. Tal vez por eso es que, al no percibir la diferencia constitutiva de Malintzin y al no comprender la ambivalencia y potencialidad que está en juego en su desempeño, no sólo como estrategia de supervivencia sino también de realización personal, acaba reiterando el mito patriarcal.

Por su parte, cierta crítica feminista toma como afrenta a las mujeres la caracterización de Paz de la Malinche. Sin decirlo claramente, muchas autoras sugieren que Paz interpreta denigratoriamente a la Malinche o que la trivializa y, las chicanas

[8] Véanse Roger Bartra y Claudio Lomnitz en la bibliografía.

[9] Véase Marcel Detienne y Jean Pierre Vernant en la bibliografía.

específicamente, manifiestan gran incomodidad por esa representación que se contrapone a su calidad de mediadoras y traductoras. La inconformidad feminista deriva en reformulaciones del mito, y abre el camino a una reflexión sobre la invisibilidad del deseo de las mujeres.

Si lo central en la condición humana es que somos seres deseantes, ¿hacia dónde apunta la primacía del deseo en las mujeres? En *El laberinto de la soledad* el reconocimiento de este deseo femenino lo coloca Paz en Sor Juana. Paz ve a Sor Juana como persona en cuerpo de mujer y le otorga su admiración como intelectual, como conciencia. Para él Sor Juana "responde a todo lo que en su tiempo se podía pedir a una mujer" (102), y habla de su "doble soledad" (103) por su doble conflicto, con la sociedad y con la feminidad. Pero también lamenta que ella nunca lograra perdonarse su atrevimiento y su condición de mujer.

Lo que Paz hace con Sor Juana no lo hace con la Malinche, ni con las mujeres en general. A la Malinche no le da un estatuto de sujeto en su propio derecho, ni reconoce su talento y singularidad. En este sentido Paz reproduce la *violencia simbólica*[10] de la tradición machista, que divide a las mujeres en *putas* y *decentes*.

El fantasma de la madre en el conflicto del nacimiento preside el final del ensayo

de Paz. En el "Apéndice" Paz habla del feto, "uno con el mundo que lo rodea", y dice que "al nacer, rompemos los lazos que nos unen a la vida ciega que vivimos en el vientre materno, en donde no hay pausa entre deseo y satisfacción". En otra parte señala que somos expulsados del claustro materno. Más adelante se remite de nuevo al momento del nacimiento: "roto el cordón que lo unía a la vida". Recorre infancia, adolescencia y madurez para hablar de la soledad como un "estado peligroso y temible", y calificar al sentimiento de soledad como "nostalgia de un cuerpo del que fuimos arrancados".

En su afán por comprender por qué "nuestro erotismo está condicionado por el horror y la atracción del incesto" (178), Paz echa mano en *El laberinto...* de algunos elementos clásicos del pensamiento de Freud, en especial, de sus textos más sociales, como *El malestar en la cultura* y *Tótem y tabú*, que dan cuenta de los procesos de simbolización de los seres humanos. Pero me parece extraña su resistencia a incorporar la existencia del inconsciente en su reflexión. Por eso Paz describe contradictoriamente la conducta de los mexicanos: a veces de manera voluntarista, a veces fatalista. Aunque me resulta incomprensible su conspicuo silencio sobre Freud (no lo cita claramente), podemos suponer que las sociedades son comunidades interpretativas que se van armando por compartir ciertos significados. De acuerdo con Pierre Bourdieu (1997), los "productores

---

[10] *La violencia simbólica*, "lo esencial de la dominación masculina" (Bourdieu 1996:24), es un concepto sumamente eficaz precisamente por la introyección que de ella hacen las personas.

culturales" suelen desarrollar sistemas de referencias comunes en un proceso de "apropiación" cultural que toma años. La innegable "apropiación" que Paz hace de Freud se inscribiría en ese proceso.

Eso no evita que en varias cuestiones se hallen en las antípodas, como cuando el poeta persiste en una mirada mistificadora sobre el amor como el intento humano por derribar esa soledad, bastante lejana del duro escepticismo de Freud. ¿Cómo abordar el conflicto existencial de la soledad, si la dimensión de la falta humana es inconmensurable, si todos los seres sufrimos de nostalgias y reminiscencias de aquel momento unitario de nuestras vidas? Paz postula la comunión entre dos seres, la fusión amorosa, y evita el papel del deseo y del inconsciente al depositar la resolución del conflicto de la soledad en la complementariedad amorosa. Paz reafirma la ilusión de una posible armonía y unidad entre los sexos, y descarta los conflictos inherentes a las relaciones de poder entre mujeres y hombres, que incluyen aspectos de la subjetividad y la sexualidad. Así, sin proponérselo, Paz reproduce el discurso sexista del momento. Aunque otorga a la Mujer reconocimiento simbólico, no registra la existencia cotidiana de las mujeres, con sus prácticas y sus deseos, por lo cual no concede suficiente peso a los conflictos derivados del distinto posicionamiento de los sexos y de la consecuente subordinación social femenina.

Un punto espinoso de su reflexión reside en que la carga de idealización de la Mujer esconde también una cuota de hostilidad. En consecuencia, se produce un doble mensaje: la mujer es un inmóvil sol secreto, y el hombre la busca para establecer una comunión erótica, al mismo tiempo que duda de si ella piensa. La dicotomía mujer/hombre configura un delirio cultural, que se expresa en ver a las mujeres más cercanas a la naturaleza, más "animales" que los hombres. Esto se manifiesta, en el plano pulsional, con la violación; en el social, con la subordinación. Paz acepta este delirio cultural y habla por ejemplo de "que la mujer encarna la voluntad de la vida, que es por esencia impersonal, y en este hecho radica su imposibilidad de tener una vida personal".

La crítica feminista sostiene que la recepción del mandato de la cultura en la psique individual varía, y que de formas diversas se registran las múltiples expresiones del Otro. Aplicado esto al paradigma de la mexicanidad que postula Paz, tendríamos que hoy, más allá de interpretaciones, de elaboraciones, de representaciones, "lo mexicano" reivindicaría la existencia de una diversidad de formas de ser. La mexicanidad no es una esencia, sino una diversidad (de deseos, discursos y prácticas) que hace cincuenta años era difícil concebir. La aceptación de dicha diversidad va de la mano con el reconocimiento del Otro.

¿Cómo entiende Paz al Otro? Para él, el Otro del mexicano es, alternativamente, el español o el indígena, el gringo o el europeo. Pero la acepción del mexicano como ser masculino remite a algo básico y fundamental, que sin embargo Paz no asume a pesar de su lectura beauvoiriana: el Otro es también el otro sexo. No es posible tratar temas como la existencia del Otro sin referirse a la *diferencia sexual*. Las mujeres y los hombres son construidos en sistemas de significado y representaciones culturales que, a su vez, están inscritos en sistemas de poder. Por eso la identidad (de un sujeto o de un país) no puede ser entendida a menos que se perciba al *género* como un componente en interrelación compleja con otros sistemas de identificación y jerarquía (Alcoff y Potter).

Quiero concluir subrayando una vez más la fantástica intuición de Paz para captar cuestiones fundamentales. Abre *El laberinto...* con un párrafo de Antonio Machado que usa como epígrafe. Tomo de él una parte sustantiva: "Lo otro no existe: tal es la fe racional, la incurable creencia de la razón humana ... Pero lo otro no se deja eliminar; subsiste, persiste; es el hueso duro de roer en que la razón se deja los dientes..." Desde este epígrafe Paz enmarca su reflexión en *El laberinto...* y bordea problemas sustantivos, como la constitución del género. La diferencia sexual es un real inasible. Ante la imposibilidad de concebir el sexo, los seres humanos lo simbolizamos.[11]

Aunque el ensayo de Paz contiene acercamientos notables y singulares respecto a la cuestión de la mexicanidad, es interesante comprobar las huellas del pensamiento psicoanalítico freudiano y algunos chispazos del pensamiento de De Beauvoir. Sin embargo, el concepto clave para leer hoy *El laberinto...* es el de *violencia simbólica*. La violencia simbólica permite comprender la situación de aceptación del "otro", que introyecta la valoración que hay sobre él, y acaba con la oposición entre coerción y consentimiento, imposición externa e impulso interno. Con dicho concepto se explica la aceptación de las mujeres de la definición patriarcal sobre ellas.

Aunque la realidad simbólica y los acontecimientos culturales que pautaron *El laberinto...* están presentes todavía, las consecuencias de un discurso igualitario, y de comportamientos y prácticas más ligados a la equidad, envejecen poco a poco el armazón patriarcal del ensayo de Paz. Si bien la resolución de la crisis social respecto a la desigualdad de la mujer no subsana la soledad individual, ni cura la ruptura narcisista de la no complementariedad, asumir a las mujeres como sujetos con deseos y necesidades distintas conduce paulatinamente a formular un pacto simbólico –un mito– distinto. Esto no atenúa los malestares de la condición huma-

---

[11] Joan Copjec parafrasea a Kant y dice que "teorizar el sexo implica una eutanasia de la razón pura", y postula que tratar de entender el sexo es lanzar la razón a un conflicto, pues al enfrentar la aparente irresolubilidad de ciertas cuestiones, ésta

se apega más fuertemente a sus suposiciones dogmáticas o se abandona a un escepticismo sin esperanzas.

na, aunque apunta a una nueva construcción de la mexicanidad.

Sin duda, con *El laberinto...* Octavio Paz renovó la historia cultural, pero en sus propios términos masculinos: como *hombre* (en su acepción de sexo y no de género humano). Pero a pesar de su androcentrismo involuntario, con *El laberinto de la soledad* Paz logra algo formidable: nombrar con talento poético el imaginario colectivo de los mexicanos. Es la prosa de Paz lo que convierte a *El laberinto...* en un texto fundacional. Su eficacia, cincuenta años después, no se deriva de la vigencia de un análisis cultural de la realidad mexicana, armado a partir de la definición patriarcal de "lo femenino" y "lo masculino" dentro del orden simbólico, sino de una reconstrucción poética de ideas que articulan la configuración de lo mexicano.

BIBLIOGRAFÍA CITADA

ALARCÓN, Norma. "Traddutora, traditora: una figura paradigmática del feminismo de las chicanas", en *Debate Feminista* 8 (septiembre de 1994).

ALCOFF, Linda y Elizabeth Potter. "Introduction: When Feminisms Intersect Epistemology", *Feminist Epistemologies*. Linda Alcoff y Elizabeth Potter (eds.). Londres: Routledge, 1993.

BARTRA, Roger. *La jaula de la melancolía. Identidad y metamorfosis del mexicano*. México: Grijalbo, 1987.

BOURDIEU, Pierre. *El sentido práctico*. Madrid: Taurus, 1991.

———. *Razones prácticas. Sobre la teoría de la acción*. Barcelona: Anagrama, 1997.

———. *La dominación masculina*. Barcelona: Anagrama, 1999.

BOURDIEU, Pierre y Löic J.D. Wacquant. *Respuestas para una antropología reflexiva*. México: Grijalbo, 1996.

COPJEC, Joan. "Sex and the Euthanasia of Reason", *Supposing the Subject*. Joan Copjec (ed.). Londres: Verso, 1994.

DETIENNE, Marcel y Jean Pierre Vernant. *Las artimañas de la inteligencia. La metis en la Grecia antigua*. Madrid: Taurus, 1988.

FRANCO, Jean. *The Modern Culture of Latin America: Society and the Artist*. Londres: Pallmall Press, 1983. Traducido como *La cultura moderna en América Latina* por Sergio Pitol. México: Grijalbo, 1985.

———. *Plotting Women, Gender and Representation in Mexico*, 1989. Traducido como *Las conspiradoras. La representación de la mujer en México*. México: Fondo de Cultura Económica/El Colegio de México, 1994.

———. "La Malinche y el Primer Mundo", en *La Malinche, sus padres y sus hijos*. Margo Glantz (ed.). México: Universidad Nacional Autónoma de México, 1994.

———. "La Malinche: de don a contrato sexual", en *Marcar diferencias, cruzar fronteras*. Jean Franco (ed.). Chile: Editorial Cuarto Propio, 1996.

GLANTZ, Margo. "Las hijas de la Malinche", en *La Malinche, sus padres y sus hijos*. Margo Glantz (ed.). México: UNAM, 1994.

HALL, Stuart. "Cultural Studies: Two Paradigms", *Culture, Power, History*. N. Dirks, G. Eley y S. Ortner (eds.). Nueva Jersey: Princeton University Press, 1994.

LOMNITZ, Claudio. *Las salidas del laberinto. Cultura e ideología en el espacio nacional mexicano*. México: Joaquín Mortiz, 1995.

MONSIVÁIS, Carlos. "Adonde yo soy tú somos nosotros", *La Jornada Semanal* (26 de abril de 1998).

MORAGA, Cherrie. "A Long Line of Vendidas", *Loving the War Years: Lo que nunca pasó por sus labios*. Boston: South End Press, 1983.

NÚÑEZ Becerra, Fernanda. *La Malinche: de la historia al mito*. México: Instituto Nacional de Antropología e Historia, 1996.

ORTEGA, Phillip. "The Chicano Renaissance", *Introduction to Chicano Studies*. Durán y Russell (eds.). Nueva York: Mac Millan, 1973.

PAZ, Octavio. *El laberinto de la soledad*. 2a. ed. revisada y aumentada. México: Fondo de Cultura Económica, serie "Vida y Pensamiento de México", 1959.

Ramos, Samuel. *El perfil del hombre y la cultura en México*. 9a. ed. México: Espasa Calpe, 1980.

Soto, Sherlene. "Tres modelos culturales: la Virgen de Guadalupe, la Malinche y la Llorona", *Fem* 48 (octubre-noviembre de 1986).

Todorov, Tzvetan. *La Conquista de América. El problema del otro*. México: Siglo XXI Editores, 1987.

Viderman, Serge. "Comme en un miroir, oscurément...", en "L'Espace du Reve", *Nouvelle Revue de Psychanalyse* 5. París: Gallimard (primavera de 1972).

OCTAVIO PAZ EN SU "LABERINTO"

EN TORNO A *EL LABERINTO DE LA SOLEDAD* MEDIO SIGLO DESPUÉS

Adolfo Sánchez Vázquez

DOS O TRES PALABRAS A MODO DE INTRODUCCIÓN. *El laberinto de la soledad* es un bellísimo poema en prosa, cuyo vuelo poético nos vuelve cautivos de nuestra propia admiración. Pero, es también por sus ideas filosóficas, antropológicas, históricas y políticas, un agudo ensayo que, liberados del gozoso cautiverio poético, nos mueve a reflexionar y ejercer lo que tanto ensalzó y ejerció Octavio Paz: la crítica.

Al releer, al cabo de medio siglo, *El laberinto de la soledad*,[1] comprobamos que el problema que caldea al libro, sigue siendo el de la identidad del mexicano. Identidad de un carácter o ser que, para Paz, se cifra en su lejanía del mundo, de los demás y de sí mismo, ocultándose o enmascarándose tras su hermetismo, recelo, machismo, su modo de amar y de relacionarse con la mujer, su predilección por la forma, la simulación, la mentira y el disimulo y, finalmente, por su lenguaje reticente y el "ninguneo". Un carácter que, a través de sus modulaciones inauténticas, gira en torno a un eje existencial: la

---

[1] La primera edición de *El laberinto de la soledad*, a cargo de Cuadernos Americanos, data de 1950. La segunda, y definitiva, "revisada y aumentada", fue publicada por el Fondo de Cultura Económica en 1959. Esta edición, en su 14a. reimpresión, de 1984, es la que hemos utilizado en el presente trabajo.

soledad, y que sólo en momentos excepcionales de su vida cotidiana –como la Fiesta–, recupera en forma explosiva su autenticidad.

Aunque para Paz la soledad no es exclusiva del mexicano, pues en ella ve una condición humana universal, la distingue de la de otros hombres. Paz se detiene especialmente en las diferencias entre las soledades del mexicano y del norteamericano; atendiendo en ellas al mundo en que afloran y a sus raíces. La soledad del norteamericano se da "en un mundo abstracto de máquinas, conciudadanos y preceptos morales" (18). O sea: en el mundo moderno burgués, que puede ser datado históricamente. La soledad del mexicano, en cambio, se da en una realidad que "existe por sí misma, tiene vida propia y no ha sido inventada, como en los Estados Unidos, por el hombre" (18). Soledad, por tanto, sin raíces históricas, con un origen indefinido "en la oscura conciencia de que hemos sido arrancados del Todo" (19). Realidad, pues, no inventada por el hombre y "a un tiempo creadora y destructiva" (19).

Esta sustracción de la soledad del mexicano a su historia, así como los rasgos de su carácter, la extiende Paz a su "actitud ante la vida [que] no está condicionada por los hechos históricos" (65). Paz nos advierte, sin embargo, que aquí se está refiriendo al condicionamiento "de la manera rigurosa con que [se da] en el mundo de la mecánica" (65). Hecha esta justa precisión, pues ciertamente dicho condicionamiento

no tiene por qué ser identificado con el de un mecanismo, no quedan claras en *El laberinto...* las relaciones entre el hombre (el mexicano en este caso) y la historia. Más bien quedan confusas, pues en la misma página se nos dice que el hombre (el carácter) y la historia (las circunstancias) se hallan en una relación mutua. En efecto, afirma Paz: "La circunstancia histórica explica nuestro carácter en la medida que nuestro carácter también las explica a ellas" (65). Resuena aquí, en nuestros oídos –como tal vez resonó en los de Paz–, la VI tesis sobre Feuerbach de Marx, aunque en ésta el acento se pone, sobre todo, en el plano de la acción, pues para él las circunstancias hacen al hombre a la vez que éste hace las circunstancias.

Ahora bien, si el ser del mexicano no está condicionado por la historia ni es susceptible de ser modificado esencialmente por ella –como también sostiene Paz– lo que tenemos es una disociación de dos términos que no pueden dejar de estar unidos, y, con ello, se cae en una visión esencialista o en el humanismo abstracto que, como se dirá más tarde en *Postdata*, se pretendía eludir. En verdad, la visión paciana del hombre mexicano, indisociable de su origen, de su desprendimiento del Todo, excluye "la creencia en el hombre como una criatura capaz de ser modificada esencialmente" (23), creencia desmentida –agrega– por la historia contemporánea.

La relación entre el hombre y la historia que impregna *El laberinto...* es cuestionable, asimismo, desde el momento que admite la existencia de otras fuerzas que mueven al hombre al margen de ella. Relación confusa, asimismo, al afirmarse: "El hombre, me parece, no está en la historia; es historia" (23). Tal vez podríamos salir de esa confusión si interpretáramos esa frase lapidaria en el sentido de que el hombre no está en la historia, entendida ésta como algo ajeno a él; pero el hombre –pensamos– es historia porque lejos de estar fuera de ella, él la hace y es hecho por ella. En verdad, ¿cómo podría ser historia sin estar en ella o si no fuera fruto de las fuerzas o circunstancias históricas? Paz sostiene, en cambio, que lo que constituye el ser del mexicano, el eje de su carácter: la soledad y su actitud vital, no tiene su raíz en la historia, no es un fruto ni ha sido condicionado por ella. Ahora bien, si esto es así, cabe preguntarse: ¿por qué esa atención de Paz a la historia de México en el brillante esbozo que ocupa los capítulos V y VI del libro? Pregunta a la que podría responder –como responde efectivamente con su deslumbrante lenguaje poético– que el mexicano "cruza la historia como un cometa de jade, que de vez en cuando relampaguea" (18-19). O sea: que si bien el mexicano "no hace la historia ni es hecho por ella, se mueve en la historia".

Y, con este motivo, nos hacemos una nueva pregunta: este crucero o movimiento del mexicano por una historia que él no ha hecho ni lo hace a él, ¿qué sentido tiene, si es que lo tiene? Ciertamente, lo tiene

para Paz y no como sentido trascendente o suprahumano. Claramente lo precisa en estos términos: "La historia de México es la historia del hombre que busca su filiación, su origen" (18). Y unas líneas más adelante agrega: "...Quiere volver a ser sol, volver al centro de la vida de donde un día –¿en la Conquista o la Independencia?– fue desprendido." Pero, la historia de México para Paz no es sólo vuelta, sino ida. ¿Hacia dónde? Es una marcha, a través de las diversas formas o etapas históricas en las que el ser del mexicano se expresa de un modo inauténtico o enmascarado, hacia una forma en la que, "caídas las máscaras", se vea a sí mismo en su autenticidad; o sea: "como hombre". En esta marcha que es, a la vez, búsqueda de lo universal, queda atrás el nacionalismo que olvida que ser mexicano –dice Paz– es "una manera de ser hombre".

Por ello, se distancia de la "mexicanidad" que, como una máscara, lo oculta, así como de la "filosofía de lo mexicano" que, en tiempos de *El laberinto...*, goza de carta de ciudadanía académica con la bendición del nacionalismo oficial.

En la búsqueda del ser propio del mexicano, Paz se enfrenta a los mitos que lo deforman o esconden. Y de ahí su explicación ontológica y mítica, a la vez, de la historia, pasando por alto –con las excepciones que no faltan– los conflictos sociales, de clase. Por otro lado, Paz no puede dejar de poner el pie en la historia real, pues en ella es donde se manifiesta el ocultamiento o la deformación del mexicano que exige su desciframiento o desmistificación. La naturaleza de la historia de México y del fin que persigue en ella el ser que la cruza, se fijan nítidamente en este pasaje de *El laberinto...*: "Toda historia de México –desde la Conquista hasta la Revolución– puede verse como una búsqueda de nosotros mismos, deformados o enmascarados por instituciones extrañas y [como búsqueda] de una forma que nos exprese" (128).

Se trata, pues, de una concepción de la historia que, a nuestro juicio, tiene una triple dimensión. Primera, *historia idealista* en cuanto que las diversas formas históricas que se suceden unas a otras, se hallan presididas por determinadas ideas, ideologías o tomas de conciencia: la deserción de los dioses aztecas en la Conquista; el catolicismo integrista en la sociedad cerrada colonial; la idea de la libertad de los "criollos" en la sociedad cerrada colonial; la "ideología liberal utópica" en la Reforma; la filosofía positivista en el porfirismo y, finalmente, la conciencia de la reconciliación del mexicano con su ser en esta "fiesta de las balas" –fiesta en el sentido propiamente paciano– que es la Revolución de 1910. Segunda dimensión: *historia lineal* dado que su hilo conductor, a través de las sucesivas formas, es el ser del mexicano, oculto o deformado en todas ellas hasta llegar, con la Revolución, a su autenticidad. Y tercera dimensión: *historia escatológica* en cuanto que esa marcha se dirige a un fin: al encuentro del mexicano consigo mismo que es, en definitiva, su encuentro como hombre.

La parte propiamente histórica de *El laberinto...* (capítulos V y VI) cubre toda la historia de México, desde el pasado prehispánico al presente en que se escribe la obra, pasando por la Conquista, la Colonia, la Independencia, la Reforma, el Porfiriato y la Revolución. Con su genial seducción poética, traza el complejo itinerario histórico del mexicano en busca de su ser. Al trazarlo, se enfrenta a realidades concretas ante las cuales, en más de una ocasión, Paz arroja por la borda la carga especulativa de su enfoque idealista. Así, por ejemplo, al afirmar con respecto a la Colonia que las reformas de Carlos III prueban que "la mera acción política es insuficiente si no está precedida por una transformación de la estructura misma de la sociedad" (106). Asimismo, al declarar que la guerra de Independencia fue una "guerra de clases", como lo evidencia la importancia que los revolucionarios concedían a las reformas sociales (111). Y, a título de ejemplo de su abandono de la carga especulativa, puede agregarse también su referencia a los postulados abstractos de los liberales en la Reforma que pugnan por romper con la tradición colonial, pero creyendo que basta cambiar las leyes, para cambiar la realidad. Dice Paz textualmente: "La libertad y la igualdad eran y son conceptos vacíos, ideas sin más contenido que el que le prestan las relaciones sociales, como ha mostrado Marx" (111). Y, de acuerdo con su concepción de la historia de México, concluye que la Reforma, lejos de propiciar la comunión a que aspira el mexicano en la búsqueda de su ser, sólo ofrece ideas universales –la libertad de la persona, la igualdad ante la ley– que enmascaran la realidad. En la forma histórica que le sucede –el Porfiriato– Paz encuentra de nuevo el enmascaramiento, justificado por la filosofía positivista. A diferencia del europeo, el positivismo mexicano es sólo un disfraz, una mentira, y por serlo cumple la función ideológica de deformar y justificar la realidad que la Revolución mexicana va a destruir.

En contraste con su actitud negativa hacia las formas históricas anteriores –medidas siempre con la vara de la búsqueda del ser propio– Paz ve en la Revolución "... una súbita inmersión [del mexicano] en su propio ser" (134). "Inmersión" significa aquí: "Vuelta a la tradición, re-anudación de los lazos con el pasado, rotos por la Reforma y la Dictadura, la Revolución es una búsqueda de nosotros mismos y un regreso a la madre" (158), o sea: al origen. De acuerdo con esto, lo que domina en ella no es la ruptura, sino la tradición; no el avance, sino el regreso. Este regreso lo vincula Paz con el carácter campesino de la Revolución, aunque no deja de reconocer la participación de otras clases: del proletariado y de la burguesía que, al final, decidió su destino. Por su carácter agrario, Paz la vincula sobre todo con Emiliano Zapata y con la aspiración fundamental del zapatismo de rescatar la propiedad comunal de la tierra destruida por la Reforma, y por ello, con el pasado indígena. De ahí que Paz vea la Revolu-

ción como "un movimiento tendiente a reconquistar el pasado, asimilarlo y hacerlo vivo en el presente..." (132-133). Esta idea responde a lo que los campesinos indígenas esperan en ella, pero oscurece un tanto la imagen de la Revolución como intento de modernización, acorde con los intereses del proletariado y de la burguesía liberal.

Al hacer el balance de la Revolución, no en términos idealistas sino concretos, reales, Paz sostiene que "transformó a México" y no sólo en un sentido político, legal, sino social. De esa transformación "el principal agente es el Estado" (158), señalamiento importante de Paz porque, a mi modo de ver, ahí radica la clave de la explicación de las deformaciones, involuciones y negaciones de la Revolución mexicana y de otras posteriores, como la Revolución rusa de 1917. Con todo, siguiendo en el plano real, concreto, en el que ahora se instala, Paz reconoce y enumera sus logros incuestionables: devolución y reparto de tierras, apertura de otras al cultivo, obras de irrigación, escuelas rurales, bancos de refacción para los campesinos, recuperación de las riquezas nacionales –petróleo, ferrocarriles y otras industrias–, creación de nuevas plantas industriales, etc. Paz no traza, sin embargo, un cuadro idílico ya que, junto a los obstáculos internos en la Revolución, señala también uno, externo, cuyo nombre, al parecer, no es hoy de buen tono pronunciarlo: el imperialismo. En el imperialismo, como fase de expansión del capitalismo, ve lúcidamente "el trasfondo de la Revolución mexicana y, en general, de las revoluciones del siglo xx" (158). En el balance de la Revolución, Paz no sólo pondera los logros alcanzados, sino también su carga negativa en la que incluye la gran miseria en que viven miles de campesinos, la sumisión de la clase obrera al Estado, y la conversión de los sindicatos en un sector del partido gubernamental, lo que frustró "la posibilidad de un partido obrero o, al menos, de un movimiento sindical ... autónomo y libre de toda injerencia gubernamental" (159).

Al poner en la balanza lo logrado y lo incumplido por la Revolución, Paz lo hace en relación con un objetivo tan desmesurado que hace aún más negativa su carga. Dice Paz: "A pesar de su fecundidad extraordinaria no fue capaz de crear un orden vital que fuese, a un tiempo, visión del mundo y fundamento de una sociedad realmente justa y libre" (156). Y agrega: "La Revolución no ha hecho de nuestro país ... un mundo en el que los hombres se reconozcan en los hombres y en donde el 'principio de autoridad' –esto es, la fuerza, cualquiera que sea su origen y justificación– ceda el sitio a la libertad responsable." Nada más ni nada menos. Ahora bien, cabe preguntarse, y la pregunta sigue siendo válida hoy: lo que no hizo la Revolución mexicana en su periodo auténticamente revolucionario, "¿se ha hecho alguna vez y en alguna parte?". Y, como si hubiera escuchado nuestra pregunta, Paz afirma categóricamente: "Ninguna de las

sociedades conocidas ha alcanzado un estado semejante" (156).

Ciertamente, si por "sociedades conocidas" entendemos, sobre todo, dos tipos de sociedades existentes en tiempos de *El laberinto...*: las capitalistas y las que se llaman a sí mismas socialistas, es innegable que la sociedad no alcanzada por la Revolución mexicana (sociedad en la que imperan las relaciones de mutuo reconocimiento entre los hombres y la exclusión de la fuerza), no se ha realizado en ninguna de ellas. De *El laberinto...* se desprende claramente, dadas sus referencias críticas al capitalismo, que esa visión humanista no se ha alcanzado, ni podía alcanzarse, en las sociedades que hacen del hombre una cosa o un instrumento. Pero, tampoco en las sociedades que, en tiempos de *El laberinto...*, se proclaman socialistas, se ha cumplido la meta que Paz asigna utópicamente a la Revolución mexicana. Y a ellas se refiere explícitamente al denunciar: "El trabajo a destajo (stajanovismo), los campos de concentración, las labores forzadas, la deportación de razas y nacionalidades, la supresión de derechos elementales y el imperio de la burocracia" (165). Y denuncia y critica, asimismo, el poder omnipotente de una minoría, el Partido, el "carácter sagrado del Estado y la divinización de los jefes" (170). La conclusión de Paz es contundente: "No hay duda de que la Unión Soviética se parece muy poco a lo que pensaban Marx y Engels..." (170).

Pero, volvamos al México que, en definitiva, es el objeto de la "imaginación crítica" de Paz; al México que considera necesario que se libere, en el plano económico y social, del capital norteamericano "cada vez más poderoso en los centros vitales de nuestra economía" (162); al México que "en lo interior [significa] pobreza, diferencias atroces entre la vida de los ricos y la de los desposeídos"; al México que, en su vida política, rinde "culto al poder del partido oficial". Inquieto por su futuro, Paz se pregunta: ¿qué hacer? E, instalado de nuevo en la dialéctica de la soledad y la comunión y de la necesidad de trascender aquélla en ésta, revela que, si bien "nuestros problemas son nuestros y constituyen nuestra responsabilidad; sin embargo, son también los de todos" (172), los latinoamericanos y los pueblos de la periferia.

Con la conciencia de ello está, a la vez, para Paz, la conciencia de que "nuestro nacionalismo ... debe desembocar en una búsqueda universal" (172). O sea: en la conciencia de que, como todos los hombres, "vivimos en el mundo ... de la simulación y el del 'ninguneo': el de la soledad cerrada..." (174). Traducido esto en los términos concretos del mundo en que vivimos: se trata del mundo de la explotación y la opresión, de las intolerables desigualdades y aberrantes discriminaciones de toda índole; racial, étnica, de clase, de género; mundo del que México forma parte. Pues bien, ¿cómo pasar de ese mundo de la "soledad cerrada" al de la "comunión", en términos pacianos, para "empezar a vi-

vir y pensar de verdad" (174)? En el caso de México, la conciencia que Paz propone puede liberar, en esa dialéctica de la soledad y la comunión, de un nacionalismo excluyente, de vía estrecha, para tender así la mano a otros hombres, a otros pueblos.

Pero se requerirá, asimismo, junto a esa toma de conciencia, aprovechar "las posibilidades de una acción concertada e inteligente" (172).

Hasta aquí la respuesta de Paz a su pregunta, ¿qué hacer? Falta en ella lo que años después estará claro en su "prolongación y autocrítica" de *El laberinto...*, o sea, en *Postdata*: la conciencia de que el obstáculo principal, en México, para empezar "a vivir y pensar de verdad" es el partido oficial que monopoliza el poder y que, por tanto, desplazarlo de éste es una necesidad vital. Condición necesaria, aunque no suficiente.

El itinerario para llegar a ese desplazamiento, alcanzado, al fin, en las elecciones del pasado 2 de julio y seguir pugnando, no sólo en el terreno electoral, por un México más justo, más libre y democrático, que la derecha en el poder no va a satisfacer, ha pasado por los jalones históricos de las luchas obreras y campesinas de los años cincuenta, del movimiento estudiantil del 68, el Frente Democrático Nacional de 1988, encabezado por Cuauhtémoc Cárdenas y el levantamiento neozapatista de 1994. En ese duro y complejo itinerario, el Paz de *El laberinto...* ocupa un honroso lugar.

HISTORIA Y SOLEDAD[*]

* Mesa redonda realizada en el auditorio Sahagún del Museo Nacional de Antropología e Historia, el 25 de agosto de 2000. La mesa estuvo moderada por Ricardo Pozas Horcasitas.

Reflexiones acerca de *El laberinto de la soledad*

Eduardo Matos Moctezuma

En su conversación con Claude Fell que da paso a "Vuelta a *El laberinto de la soledad*", Octavio Paz vuelve, una vez más, a reiterar que en *El laberinto...* no trató de hacer ni ontología ni filosofía del mexicano. "Mi libro –dice– es un libro de crítica social, política y psicológica." Más adelante agrega: "La historia es conocimiento que se sitúa entre la ciencia propiamente dicha y la poesía. El saber histórico no es cuantitativo ni el historiador puede descubrir leyes históricas ... Más que un saber es una sabiduría." Para dejar clara su intención nos dice a manera de resumen: "En fin, mi tentativa fue ver el carácter mexicano a través de la historia de México."

No sé si quienes me acompañan en esta mesa compartan las ideas pacianas acerca de la historia. Pero siendo la historia uno de los ejes fundamentales que guían al autor, he querido poner atención en dos temas que asoman de manera permanente tanto en *El laberinto...* como en su inmediata consecuencia: *Postdata*. Son éstos: el tema de la muerte referido al mundo prehispánico y el problema de la otredad visto desde una perspectiva antropológica.

No he leído a ningún otro autor que en una sola frase –como lo hace Octavio Paz– concentre los destinos que le están deparados al hombre prehispánico después de la muerte: "Dime cómo mueres y te diré quién eres." En efecto, nuestro ensayista y poeta supo captar de manera impresionante los arcanos de un pensamiento que difiere en buena medida del nuestro y que se manifestó a través de una visión, o de una cosmovisión, en la que la vida deviene la muerte y de ésta, la muerte, volverá a surgir la vida... Nos dice Paz en el capítulo "Todos Santos, Día de Muertos":

Para los antiguos mexicanos la oposición entre muerte y vida no era tan absoluta como para nosotros. La vida se prolongaba en la muerte. Y a la inversa. La muerte no era el fin natural de la vida, sino fase de un ciclo infinito. Vida, muerte y resurrección eran estadios de un proceso cósmico, que se repetía insaciable.

Sin embargo, habría que aclarar. ¿De dónde tomó el hombre mesoamericano este concepto? Las culturas antiguas eran fundamentalmente agricultoras y guerreras. Fue la experiencia cotidiana lo que las llevó a observar cómo en la naturaleza había dos momentos diferentes: una temporada de lluvias en que todo crecía y las plantas adquirían su verdor, y una temporada de secas en que faltaba la lluvia y todo moría. La dualidad vida-muerte estaba dada. Pero... de la muerte volvería nuevamente a nacer la vida. El ciclo volvía a repetirse constantemente y el calendario refleja las festividades dedicadas a determinados dio-

ses encargados de enviar el agua a la tierra para que germine el maíz, en tanto que la otra parte estaba dedicada a las diosas madres y a la guerra. Estamos, pues, ante la presencia del principal concepto que nos permite adentrarnos en el pensamiento del México prehispánico: la dualidad vida-muerte. Ésta quedó de manifiesto de múltiples maneras: desde aquellos rostros duales en que está presente una parte descarnada y otra con vida, como lo plasmó el alfarero anónimo de Tlatilco hace más de tres mil años, o como lo muestra el Templo Mayor de Tenochtitlan con sus dos adoratorios en la parte alta, dedicados a Tláloc, dios del agua, de la fertilidad, por lo tanto de la vida, y a Huitzilopochtli, dios de la guerra y de la oblación de guerreros sacrificados en honor del sol, por lo tanto de la muerte.

Y esto nos lleva a ver otro aspecto: el sacrificio. Acerca del tema nos dice Octavio Paz: "El sacrificio no entrañaba la salvación ultraterrena, sino la salud cósmica: el mundo, y no el individuo, vivía gracias a la sangre y a la muerte de los hombres."

El hombre mesoamericano vivía por el sacrificio y muerte de los dioses. A su vez, tenía que morir y ofrendar lo más preciado –la vida– para que de esa muerte naciera, una vez más, la vida misma. El sol, en su diario devenir, moría todas las tardes para entrar al mundo de los muertos y volver a ser parido cada mañana. El hombre no era ajeno a esto. Su muerte significaba la continuidad de la vida y al morir tenía que ser devorado por Tlaltecuhtli, Señor de la Tierra, para después ser parido y continuar su camino al lugar que se le destinaba conforme al género de muerte. Bien sabemos que a los guerreros muertos en combate o sacrificio se les destinaba a acompañar al sol desde el amanecer hasta el mediodía, en tanto que las mujeres muertas en el trance de dar a luz (que se consideraba como un combate), acompañarían al sol por el rumbo femenino del universo, desde el mediodía hasta el atardecer. Destino diferente era el de quien moría asociado al agua: iría al Tlalocan, lugar de eterno verdor en donde moraba el dios del agua, Tláloc. Quienes morían de cualquier otra manera, tendrían que ir al Mictlan, lugar de los señores de la muerte, para lo cual habrían de pasar por nueve acechanzas para, finalmente, llegar al noveno nivel o Mictlan. Esto no era otra cosa que el retorno al vientre materno: al igual que para nacer habían pasado nueve lunaciones, ahora tenía que hacerse el viaje a la inversa. Queda claro: "Dime cómo mueres y te diré quién eres."

Veamos ahora el tema de la otredad. Resulta impresionante que algunos temas que Paz trata acerca del mundo antiguo, estudios posteriores hacen ver que tenía razón. Lo mismo va a ocurrir con su concepción sobre la presencia de dos Méxicos. Nos dice el autor de *Postdata*: "A lo largo de estas páginas ha aparecido una y otra vez el tema de los dos Méxicos, el desarrollado y el subdesarrollado. Es el tema central de nuestra historia moderna." Y creo que tiene razón. Veamos cómo lo expresa

en el capítulo que, paradójicamente, lleva por título "Crítica de la pirámide":

> La porción desarrollada de México impone su modelo a la otra mitad, sin advertir que ese modelo no corresponde a nuestra verdadera realidad histórica, psíquica y cultural sino que es una mera copia (y copia degradada) del arquetipo norteamericano.

Y continúa diciendo:

> Para referirse al México subdesarrollado, algunos antropólogos usan una expresión reveladora: cultura de la pobreza. La designación no es inexacta sino insuficiente: el otro México es pobre y miserable; además es efectivamente otro.

Agrega más adelante: "El otro México, el sumergido y reprimido, reaparece en el México moderno: cuando hablamos a solas, hablamos con él, cuando hablamos con él, hablamos con nosotros mismos."

Todo esto me recuerda el ensayo *El México profundo* del antropólogo Guillermo Bonfil, escrito muchos años después de lo que planteara Paz. Sólo que a diferencia de aquél, tan lleno de utopías, el ensayo de Paz está pleno de realidades. En tanto que Bonfil parte de una imagen equívoca del mundo prehispánico, el segundo percibe este mundo con sus propias contradicciones. Mientras que en el primero se plantea el reconocimiento de que somos un país pluricultural para que se presente, pleno, el México profundo, en el segundo no es posible separar uno del otro. En palabras de Octavio Paz: "Apenas si debo repetir que el otro México no está afuera, sino en nosotros: no podríamos extirparlo sin mutilarnos." Aquí está la gran diferencia...

Octavio Paz termina su "Crítica de la pirámide" hablando sobre el Museo de Antropología. Receptáculo de culturas, el museo muestra paso a paso el predominio del Altiplano, del centro, sobre otras culturas. Paz captó esto de manera clara y afirma: "... desde el punto de vista de la ciencia y la historia, la imagen que nos ofrece el museo de Antropología de nuestro pasado precolombino es falsa". Estoy de acuerdo. Como también lo estoy desde el momento en que advierte que exaltar y glorificar a México-Tenochtitlan en detrimento de otras culturas mesoamericanas,

convierte al museo en un templo. Y yo agregaría que ese predominio centralista allí expresado, que lleva a colocar en la parte central a la sala mexica con su doble altura y su planta basilical, a diferencia de las otras salas del museo, resulta en un templo en donde el altar lo preside la gran piedra de sacrificios: la Piedra del Sol o calendario azteca.

Para terminar acudo a las palabras finales de Paz:

La crítica es el aprendizaje de la imaginación en su segunda vuelta, la imaginación curada de fantasía y decidida a afrontar la realidad del mundo. La crítica nos dice que debemos aprender a disolver los ídolos: aprender a disolverlos dentro de nosotros mismos. Tenemos que aprender a ser aire, sueño en libertad.

Espejo de espejos

Jean Meyer

El laberinto es el Palacio de los Espejos de la
Feria de mi infancia; recuerdo mi asombro cuando, a los ocho años, logré entrar a lo que si bien era
un laberinto, presentaba espejos por todas partes
en lugar de la oscuridad que esperaba. Terminé,
decepcionado por lo que consideré demasiado fácil, corriendo hasta estamparme contra mi propia
imagen.

Si "nuestro laberinto es el de todos los hombres",
queda por saber si es el de Minos o el palacio de mis
espejos. La primera entrada al laberinto de Octavio,
dedicada al "pachuco", nos remite al espejo, pero
no es el de Narciso enamorado de su propia imagen. Nos remite a la experiencia histórica de Paz
cuando sale de México para vivir dos años en Estados Unidos. Se topa en seguida con esos jóvenes
mexicanos de Los Ángeles, poco después de los *zuit-
suit riots*, cuando una pelea de cantina lanza ma-
rineros de la base de San Diego y obreros de los
astilleros a cazar pachucos, esos muchachos reco-
nocidos por sus fachas uniformadas.

Entender al pachuco fue ver a México y a Estados Unidos a la vez, en un espejo especial. Viaje,
espejo, paso... entender para traducir y traducir
para entender y dar a entender. Octavio, apóstol de
la "hibridación universal", nos ha dado las llaves

del laberinto al aceptar el espejo que le presentaba el extranjero. No buscaba "el mexicano y lo mexicano" porque, como lo dijo Alejandro Rossi, "nadie insistió tanto en dar una versión de nuestra cultura en términos de una modernidad universal, la vía maestra para eliminar la insularidad, el aislamiento, la falsa complacencia que encubre una terrible inseguridad frente al mundo".

Es cierto que al mismo tiempo Octavio Paz escribió: "México es mi idea fija", es verdad que se pasó la vida dándole vueltas ya no tanto a los enigmas como a los problemas de México, pero lo hizo siempre en referencia al horizonte continental y mundial. Se vio en el espejo que le presentaba el vecino próximo, el usamericano, y el vecino lejano, el surrealista francés, el republicano español. En esa triangulación panóptica el "buscador en movimiento" (Edgar Morin) no paró nunca de buscar la imposible síntesis de libertad, igualdad, fraternidad.

Maarten van Delden ha tratado el pensamiento de Octavio Paz en torno a México y Estados Unidos (*Fundación, Anuario de la Fundación Octavio Paz* 2, 2000, 88-99) y especialmente su primera expresión cabal en *El laberinto...*, resultado de los dos años que Paz había pasado en Estados Unidos. Recuerdo cómo me impresionó aquel libro cuando lo leí en 1965 (estaba aprendiendo el español leyéndolo a duras penas, al mismo tiempo que *El siglo de las luces* de Alejo Carpentier que agotaba mi mediocre diccionario). Cuando Fernand

Braudel me dio –en los mismos días– a reseñar para *Les Annales* los muchos tomos ya publicados de la *Historia moderna de México*, más las estadísticas económicas y sociales del Porfiriato, hice trampa y salí adelante con las páginas que Paz le dedicaba al Porfiriato.

A propósito de Estados Unidos me llamó la atención en aquel entonces la coincidencia entre el análisis de Octavio Paz y el hecho por Henry Miller en *Le Cauchemar Climatisé*. Años después, Paz matizaría mucho su diagnóstico y sus juicios, al ponderar los valores del verdadero liberalismo y al describir esa sociedad como multicultural. Lo que mantuvo siempre es la tesis de las dos civilizaciones, la de Estados Unidos como producto de la Reforma protestante y de México como producto de la Contrarreforma católica. En *El laberinto...* esa oposición es más absoluta que en los últimos escritos pero no desapareció nunca. Coincide con una cercanía a ciertos conceptos marxistas muy presentes en 1950 y casi inexistentes en 1995. En oposición a esa visión de Estados Unidos como el país de la pesadilla climatizada, de la *Lonely Crowd*, de las máquinas, forja la imagen de un México subdesarrollado pero comunitario y festivo. Años después no celebraría más la "fiesta de las balas" (162*);

* Todas las referencias entre paréntesis corresponden a la edición de *El laberinto de la soledad, Postdata, Vuelta a El laberinto de la soledad*, publicada por el Fondo de Cultura Económica, "Colección Popular", 1993. [N. E.]

tampoco volvería a decir que los asesinos mexicanos son más humanos porque mantienen "la antigua relación entre víctima y victimario, que es lo único que humaniza al crimen" (66) a diferencia de "los criminales y estadistas modernos [que] no matan: suprimen". Este tipo de contacto y comunión había sido celebrado con anterioridad por toda la corriente usamericana estudiada por Mauricio Tenorio, la de los radicales populistas, chics o no y de los antropólogos, artistas, escritores. Para esa fecha (1940-1950) Octavio Paz acepta la imagen que da de México el espejo extranjero. En esa medida podemos decir que es víctima de un espejismo (la mexicanidad) comparable a los que Edward Said llama para los árabes el orientalismo. Posiblemente le pasó lo mismo a toda América Latina, quizá con la sola excepción de Brasil, pero mi ignorancia no debería permitirme proferir tales barbaridades.

Yo tenía 23 años cuando leía *El laberinto...*, libro de ensayos escrito por un joven de 30, 35 años. Pasaron muchos años...

En ese libro están las semillas de toda la obra política e histórica de Octavio Paz y también las de muchos de nuestros trabajos. Para no citarme a mí mismo, me limitaré a mencionar que dos o tres páginas seminales (170 y ss.) del capítulo "La *intelligentsia* mexicana" orientaron la vocación histórica de Enrique Krauze (de ahí brotaron sus *Caudillos culturales*), provocaron su encuentro directo con don Daniel (Cosío Villegas) y con Manuel Gómez Mo-

rín, con las consecuencias políticas consabidas, su participación en *Vuelta*, etc. Las páginas históricas que me iluminaron en 1964 no han desmerecido con el paso del tiempo: han mejorado como el buen aguardiente, con la inevitable *part des anges*, ese cinco por ciento que hay que conceder a la evaporación y que desaparece en las mejores botellas. Sigo dando esas páginas como lectura obligatoria a mis estudiantes y otras más del peregrino en su patria.

Pero volvamos a "El pachuco y otros extremos". Escribía Octavio: "Las preguntas que todos nos hacemos ahora probablemente resulten incomprensibles dentro de cincuenta años. Nuevas circunstancias tal vez produzcan reacciones nuevas" (13). Sí y no. Sí y no incluso después de las elecciones del 2 de julio de 2000, jornada a cuyo advenimiento Paz ha contribuido como nadie; recuerdo aquella cena cuando intentaba convencer al presidente (Miguel de la Madrid) que en la India hasta el Partido del Congreso había aceptado perder las elecciones; recuerdo su lucha contra el fraude electoral en Chihuahua, en el mismo año de 1986.

Si "El pachuco..." fue el fruto de las circunstancias (los años cuarenta en el sur de la California vecina), es también un texto intemporal.

Debo confesar que muchas de las reflexiones [...] nacieron fuera de México, durante dos años de estancia en los Estados Unidos. Recuerdo que cada vez que me inclinaba sobre la vida norteamericana, deseoso de encontrarle sentido, me encontraba con mi imagen interrogante. Esa imagen, destacada sobre el fondo reluciente de los Estados Unidos, fue la primera y quizá la más profunda de las respuestas que dio ese país a mis preguntas [14-15].

Y me quedo con la última frase, voluntad y promesa cumplida sobremanera por Octavio Paz: "En cada hombre late la posibilidad de ser o, más exactamente, de *volver a ser*, otro hombre" (31).

Pensar desde la periferia

Isabel Turrent

> *Somos, por primera vez en nuestra historia, contemporáneos de todos los hombres.*
>
> Octavio Paz,
> *El laberinto de la soledad*

Un tema recorre todos los escritos políticos de Octavio Paz: la modernidad. *El laberinto de la soledad* no es la excepción. Por el contrario, fue el arranque. Octavio Paz no era, ni fue contemporáneo de todos los hombres. Fue, y por eso sus preocupaciones siguen siendo actuales y vigentes en México, contemporáneo de aquellos pensadores que desde la periferia de la civilización occidental, adoptaron y pensaron la modernidad para explicarse y explicar por qué sus naciones de origen no habían podido ingresar a ella. La modernidad deseable era para Paz, un conjunto de "actitudes, técnicas e instituciones" que han generado un alto grado de desarrollo económico, básicamente en Europa occidental y Estados Unidos, protegiendo, a la vez, un catálogo de libertades fundamentales para el desarrollo de cada ciudadano.

"La condición, el fundamento de la civilización moderna —escribió Paz—, es la democracia." Una "creación política", un "conjunto de ideas, instituciones y prácticas"; una invención colectiva, que con todos sus defectos, es el mejor sistema político inventado por el hombre.

Esta convicción profunda, lo hermana con los más notables pensadores y con los más célebres reformadores del siglo XX en la periferia. Como Paz, todos ellos tuvieron que emprender la búsqueda del mejor camino para alcanzar la modernidad; imaginar modos y metas. Algunos de esos contemporáneos de Paz, especialmente los políticos, optaron por abolir la sociedad tradicional y transitar por decreto a la modernidad occidental. Ninguno tuvo un éxito arrollador: simplemente, unos fracasaron en mayor medida que otros. A fines del siglo XIX, los reformadores Meiji en Japón lograron, en un proceso aceleradísimo, modernizar en unos decenios la economía japonesa: en los años treinta, el militarismo ancestral que había plagado por siglos la historia del país, se cobró una venganza terrible. Los militares nacionalistas involucraron a Japón en un conflicto militar que nunca tuvo posibilidades de ganar. En 1945, Japón tuvo que reiniciar el proceso de modernización desde la destrucción y la ruina. En Turquía, Mustafá Kemal Atatürk, legó a sus sucesores un país que actualmente es miembro de la OTAN, pero que no ha podido liberarse de lastres sociales, religiosos y políticos que han obstaculizado su desarrollo económico.

Pero, tal vez, sólo Rusia, se ha preguntado tan obsesivamente como lo hizo Octavio Paz, ¿quiénes somos? En su afán por resolver su crisis de identidad eterna, pensadores y políticos rusos siguen divididos aún en "eslavófilos" –aquellos que creen que la nación tiene un destino peculiar y diferente a Occidente– y "occidentalizadores", que han tratado de adoptar las instituciones modernas a cualquier costo y convertirse –usando significativamente el mismo adjetivo que Paz usó desde *El laberinto...*– en un país "normal". Esa interminable polémica ha llevado a ambos hasta la contradicción misma: Nikolai Berdiaiev llegó a proclamar que la "occidentalización" rusa era un fenómeno "oriental", porque los rusos que anhelaban un país más liberal y racional estaban inspirados en el misticismo utópico asiático. Y algunos eslavófilos han encontrado la fuente de la idea de la peculiaridad histórica y espiritual rusa, nada menos que en la influencia del romanticismo alemán. No sorprende que haya sido precisamente Rusia quien emprendió el mayor experimento utópico que la humanidad ha intentado y que fue, por lo demás, el centro de las baterías críticas de Octavio Paz.

He mencionado a políticos y a pensadores. Octavio Paz, sobra decirlo, era básicamente un intelectual. Pertenecía a la constelación de escritores periféricos que han poseído una doble riqueza: han adoptado la civilización occidental y acumulado un conocimiento profundo de la cultura y la historia de sus propios países. Creía, como contemporáneo de la modernidad nacida de la Ilustración, en la fuerza de la razón. En *El laberinto de la soledad* escribió:

> Hemos pensado muy poco por cuenta propia: todo o casi todo lo hemos visto y aprendido en Europa y los Estados Unidos ... Tenemos que aprender a mirar cara a cara a la realidad. Inventar, si es preciso, palabras nuevas e ideas nuevas para estas nuevas y extrañas realidades que nos han salido al paso.

No había recetas, pero ésa era la "responsabilidad" de México y de los países latinoamericanos, "como –agregó–, el de la mayoría de los pueblos de la periferia". "El mayor fracaso de Hispanoamérica era, precisamente, no haber accedido a la modernidad."

Entendió, asimismo, que el problema fundamental radicaba en el pasado; en la herencia tradicional y se preguntó una y otra vez, ¿qué hacer con el pasado? Su primera respuesta –*El laberinto de la soledad*– fue: entenderlo a través de la razón, aprender, dijo siguiendo a Nietzsche, "a pensar con libertad".

En este sentido, *El laberinto...* fue una respuesta a las dos cuestiones que desvelan aún ahora a los modernizadores. En palabras de Amartya Sen, un economista que recibió como Paz el premio Nobel, y que nació y creció en ese país fundamental para el pensamiento y la vida de Octavio Paz, la India, la raíz del dilema está en determinar si el paso a la modernidad es posible a pesar de: 1) los poderosos efectos de la psicología humana y 2) la influencia inescapable de la diversidad cultural.

Paz no le dio la vuelta a la primera cuestión. Excavó hasta las últimas capas del perfil del mexicano para explicar nuestro atraso. Se propuso desmontar cada faceta de nuestro "carácter nacional" que era, según él, a la vez, "un escudo y un muro" y "un haz de signos, un jeroglífico". Su conclusión fue pesimista. México era un pueblo de máscaras que ejercía muy poco la libertad y la razón. Todos somos, a fin de cuentas, "pachucos"; máscaras, naturaleza defensiva, soledad. Los extremos que devoran al mexicano, estableció Paz, son "soledad y comunión, mexicanidad y universalidad": extremos que yacen "en el fondo de nuestras tentativas políticas, artísticas y sociales...".

La historia de México explicaba para Paz por qué los mexicanos éramos un pueblo desgarrado, perdido precisamente en el laberinto de la soledad. México había partido de un mundo prehispánico, de un patrón cultural unitario que fue destruido de golpe y en pleno florecimiento por Cortés, en 1521. La destrucción de la sociedad azteca fue también la historia de una traición cósmica. Los mexicas no sólo habían sido vencidos por los españoles, sino que fueron traicionados por sus dioses. Los indígenas, cuya herencia soterrada marca aún la cultura mexicana, entran a la Colonia en un estado de orfandad absoluta, de la que los rescata, a medias, la Iglesia católica.

Sin embargo, México hubiera podido "salvarse" e ingresar con menos tropiezos a la modernidad si la potencia conquistadora hubiera estado, como la azteca, en pleno florecimiento en 1521. Desafortunadamente, como lo señala con tanta lucidez Octavio Paz, España optó por la parálisis y la petrificación. El neotomismo, la ideología hispana y eje de la Contrarreforma, fue un pensamiento "a la defensiva frente a la modernidad naciente y más apologético que crítico". España se convirtió en la periferia del mundo ilustrado y Nueva España en la periferia de la periferia.

Tres siglos después, cuando México se independiza, el país era ya, a diferencia de Estados Unidos, una sociedad orientada hacia el pasado y no abierta hacia el futuro. Para Paz, el país vivió hasta el estallido de la Revolución, adoptando sin adaptar modelos externos; alimentando al reino de las máscaras que ocultaban una realidad contraria.

> Toda la historia de México, de la Conquista hasta la Revolución –concluyó–, puede verse como una búsqueda de nosotros mismos, deformados y enmascarados por instituciones extrañas, y de una forma que nos exprese.

Pero las preguntas centrales siguieron vigentes, ¿quiénes somos "nosotros mismos"? y ¿cómo podemos acceder a la libertad y al progreso modernos? Una gran mayoría de los escritores y teóricos modernizadores periféricos han afirmado, como el tunecino Hichem Djaït, que no hay una modernidad absoluta, sino "muchas modernidades diferentes" y diversas "condicionadas por las circunstancias en que se manifiestan": por sus límites históricos espacio-temporales. Una, dicen, es la modernidad europea, otra muy diferente es la china o la japonesa. Estos argumentos, enraizados muchas veces en la urgencia de mantener vigente un cuerpo de creencias religiosas, son falsos. La modernidad es una. Quienes violentan, por ejemplo, las normas que rigen a la democracia o pretenden ser plenamente modernos y mantener, a la vez, una estructura económica plagada de regulaciones y subsidios, como el Japón, fracasan tarde o temprano.

Por ello, Paz tenía razón cuando afirmó, como lo hicieron otros de sus contemporáneos, que la modernidad es única. Proclamó también que México es Occidente. Pero dado que nuestro país nació a la vida independiente como la periferia de la periferia, la proposición de Paz se estrelló con la frontera que ha devastado el optimismo de todos los modernizadores. Con lo que Amartya Sen denomina "la barrera –o disonancia– cultural". A saber, el choque entre los valores tradicionales y aquellos que conforman la cultura occidental y que cimentaron el desarrollo económico moderno y la democracia. Entre ellos, la fe en el razonamiento analítico, la libertad y la tolerancia que sustentan la imaginación moral y los conceptos de derecho y justicia en el Occidente desarrollado. En consecuencia, el dilema que Paz confrontó era si México podía trasponer esa frontera o disonancia cultural y emprender la modernidad.

Para Paz, la Revolución de 1910 fue un paso en la dirección correcta, "un descubrimiento de nosotros mismos y un regreso a los orígenes". Es indudable, como afirma Paz en *El laberinto...*, que el movimiento revolucionario recuperó al pasado –especialmente con el programa zapatista y el arte–, creó una forma propiamente mexicana y aun una filosofía de la mexicanidad en la obra de José Vasconcelos. Y podríamos agregar, construyó una estructura financiera e industrial, y encabezó decenios de desarrollo económico. Pero es difícil compartir el optimismo de Paz frente a la Revolución porque no allanó el camino de México hacia la modernidad política. Ni adoptó ni adaptó la democracia, sino un arsenal de máscaras nuevas que ocultaban ahora la existencia de un régimen autoritario, patrimonialista y corrupto. La Revolución pudo haber recuperado el pasado, pero no abrió el país al futuro. El Estado emanado de la Revolución se convertiría años después en el ogro filantrópico.

Octavio Paz no se dio jamás por vencido. Ni en medio de las críticas más feroces insinuó que en México había vencido la "disonancia cultural" que ha dominado, en parte, la compleja y larga relación del país con el Occidente desarrollado. Pero 33 años después, en *Tiempo nublado*, afirmaría, para explicar las turbulencias políticas de Hispanoamérica en el siglo XX, que eran "parte constitutiva de un pasado que no quiere irse" y llegó a la conclusión inescapable a la que han llegado todos los teóricos de la modernidad: "modernización significa abolición de ese pasado". Es una pena que no haya vivido para ver el fin, en parte, de ese pasado, a manos de los que representan mejor que nadie al otro pasado, el que nos enriquece: que no haya sido testigo de las largas filas de votantes indígenas chiapanecos enterrando al ogro filantrópico.

Premio Octavio Paz de Poesía y Ensayo

Discurso de recepción del Premio Octavio Paz de Poesía y Ensayo 2000

Tomás Segovia

El Premio Octavio Paz de Poesía y Ensayo tiene como propósito reconocer cada año, en un gran poeta y/o ensayista de lengua castellana, catalana o portuguesa, una calidad artística, intelectual y crítica inscrita en la alta tradición moderna que representó Octavio Paz. En su tercera edición, el jurado del premio, integrado por Alejandro Rossi, Adolfo Castañón, Elsa Cross (México), Enrique Fierro (Uruguay) y Juan Antonio Masoliver (España), decidió otorgar esta distinción al poeta, ensayista y traductor español y mexicano Tomás Segovia (1927). A continuación las palabras pronunciadas por el galardonado en la ceremonia de premiación el día 31 de marzo de 2000.

Señoras, señores, amigos todos:

Tal vez algunos de ustedes, sobre todo los que menos me conocen, esperen de mí un discurso de agradecimiento siguiendo los modelos habituales en estos casos, o sea probablemente un elogio de la institución que me ha premiado, acompañado de vehementes declaraciones de humilde gratitud y seguido de algunas consideraciones sobre la gran importancia de lo que uno hace, o sea escribir, para rematar sin duda con unas cuantas sugerencias llenas de discreción y modestia, pero no menos catequizantes, sobre uno mismo. O tal vez lo que esperan de mí algunos que conocen un poco ciertas ideas que he expresado aquí y allá sea una justificación, o siquiera una explicación, de mi presencia aquí. Lo que pasa es que, a pesar de mi admiración (y mi envidia) por el estilo conciso, ese estilo me es muy difícil en temas como éstos. He preferido pues ahorrarles a ustedes ese engorro y dejar las explicaciones de este tipo para un escrito ulterior que pueda publicarse en alguna revista, donde las opciones del lector para rehuir el tedio de leer son mucho mayores que las del oyente para escapar al de la escucha. En lugar de eso, como también es tradicional que el poeta premiado termine leyendo en voz alta unos poemas suyos, voy a dar más lugar a esa lectura poética, y lo único que dejaré asentado en prosa es mi evidente gratitud por esta señal de interés que, contra lo que proclaman muchos amigos míos bien intencionados, espero no merecer. Porque uno de los sentidos de premiar es dar lo merecido, pero recibir lo que uno merece es más del orden de los precios que de los premios, mientras que hay otro sentido de premiar, que es dar señales de amor, y todo lo que el amor nos da es obviamente inmerecido y sólo vale por no ser pago de nada, ni siquiera de nuestros méritos. Así pues, si llamo inmerecido a este premio, eso no me impide saborear a fondo la maravillosa fortuna que es haber sido escogido por unos pocos amigos en nombre de unos no tan pocos lectores, porque no lo llamo así en el sentido de la falsa, falsísima modestia que aconseja en estos casos la más convencional retórica, sino porque me hago orgullosamente la ilusión de haber logrado algo mucho mejor que merecerlo: espero haberlo atraído, suscitado, seducido. Esta señal, en suma, prefiero tomarla no como el reconocimiento de una labor cumplida y el precio de un esfuerzo, sino como algo mucho más fresco y conmovedor: una señal de que he logrado dar a algunos algún goce.

DURO AZUL*

Tomás Segovia

Cómo puede esta piedra azul del cielo
Ser a la vez la ardiente estepa
Donde pace sin peso y trashumante
El ingenuo rebaño de las nubes

Casi duele el tirón que nos arranca
Hacia ese gran silencio terco
Sin flecos sin matiz sin consecuencias

También yo mientras marcho
Bajo el hechizo infiel de su dureza
Hago un silencio en mí y hablamos

Estoy con su verdad altiva sí
Y hablamos donde el habla aún no tiene
Corrupto un solo poro pero es claro
Que estamos cada vez más solos

Solos y ausentes bello cielo intacto
Y en mi tumulto

* Inédito.

Y aunque siempre al acecho
De alguna brusca exultación posible
Cómo podría nunca reprocharte
Tu taciturnidad.

Madrid, 25 de julio de 2000

OCTAVIO PAZ: POETOGRAFÍAS

*Francisco Hernández**

VIII

Debiera la estación lucir vacía, sin nubes, sin máquinas, sin roces. Pero bajo el abrigo del poeta se alebresta un zumbido de colmenas, un aleteo de especies quebradizas, dos rediles de humo, tres rebaños, la piel de una culebra envenenada, un remolino en celo con sus gatos y en la bolsa secreta una moneda: es el águila o sol de los vagones que ruedan con absorbencia de hospital.

La mujer se aproxima sin moverse. Los durmientes conversan por instantes. Se corta el viaje de la respiración.

* En 1999 obtuvo la Beca Octavio Paz de Poesía.

ACTIVIDADES DE LA FUNDACIÓN

PREMIO OCTAVIO PAZ DE POESÍA Y ENSAYO 2000

El Premio Octavio Paz de Poesía y Ensayo correspondiente al 2000 fue otorgado al poeta, ensayista y traductor hispanomexicano Tomás Segovia (1927) por un jurado presidido por Alejandro Rossi, y con Elsa Cross, Adolfo Castañón (México), Enrique Fierro (Uruguay) y Juan Antonio Masoliver (España) como vocales. El premio fue entregado en la Casa Alvarado por el presidente de México, y del Patronato de la Fundación, Ernesto Zedillo, el 31 de marzo, octogésimo sexto aniversario del nacimiento de Octavio Paz.

PÁGINA WEB

El primero de enero de 2000, la Fundación puso en marcha una nueva página de internet (*www.fundacionpaz.org.mx*). En cumplimiento de lo que ordenan sus Estatutos en el sentido de "propiciar la difusión de la obra de Octavio Paz", la página Web ofrece además información sobre las actividades de la Fundación, una revista de efemérides literarias, una zona de intercambio de información académica y una sección bibliohemerográfica.

EXPOSICIÓN

El 31 de marzo, el presidente Ernesto Zedillo inauguró la exposición *Ecos y vi-siones en busca de "El laberinto de la soledad"*, instalación multimedia de Mauricio Maillé, con banda sonora de Manuel Rocha, con base en fragmentos de Octavio Paz y fotografías de Nacho López. En una sala adjunta, se expuso la edición original de *El laberinto de la soledad* (1950), con correcciones autógrafas de Paz para la edición de 1959, perteneciente al archivo histórico del Fondo de Cultura Económica. La exposición permaneció abierta del 15 de abril al 30 de agosto.

BECAS OCTAVIO PAZ DE POESÍA Y ENSAYO 2000

De entre un total de 156 propuestas (124 del extranjero y 32 nacionales), el poeta hispanomexicano Gerardo Deniz (1934) obtuvo la Beca Octavio Paz de Poesía 2000. El jurado estuvo conformado por la poeta mexicana Tedi López Mills (becaria Octavio Paz 1998), y los escritores Hugo Hiriart (México) y Danubio Torres Fierro (Uruguay).

En el área de ensayo fueron seleccionados los proyectos "Octavio Paz y las artes plásticas: una poética de la mirada" de Anne Picard (Universidad de París IV, Sorbona), "Leer a Octavio Paz: sincretismo intelectual y trampas ideológicas" de Yvon Grenier (Universidad de Saint Francis-Xavier, Canadá) y "Octavio Paz: los problemas de la jefatura espiritual" de Christopher Domínguez Michael (México). El jurado estuvo integrado por la escritora

Ana Clavel (México) y los doctores Hugo J. Verani, Carlos Pereda (Uruguay), Anthony Stanton (Inglaterra-México) y Saúl Yurkievich (Argentina).

COLOQUIO INTERNACIONAL "POR *EL LABERINTO DE LA SOLEDAD* A 50 AÑOS DE SU PUBLICACIÓN"

Para conmemorar el cincuentenario de la aparición de *El laberinto de la soledad* la Fundación Octavio Paz, el Fondo de Cultura Económica y el Consejo Nacional para la Cultura y las Artes (CONACULTA), a través del Instituto Nacional de Bellas Artes, organizaron un coloquio internacional durante la semana del 20 al 27 de agosto de 2000. Participaron treinta intelectuales en un total de ocho conferencias y cinco mesas redondas. El volumen que el lector tiene en sus manos recoge la mayoría de las ponencias y conferencias del Coloquio.

CURSOS

Entre febrero y abril de 2000, la Fundación ofreció sus Cursos de Primavera. Fueron impartidos por Hugo Hiriart ("Iniciación en la estética de la literatura"); Dermott Curley ("En la isla desierta. Una lectura de Salvador Elizondo"); Christopher Domínguez Michael ("Seis novelas mexicanas del siglo XX"); Hugo J. Verani ("Estrategias de la vanguardia"); Gerardo Deniz ("Julio Verne no hasta el fondo"); Javier Rico Moreno ("*El laberinto de la soledad* como poética de la historia") y David Huerta ("Apuntes gongorinos").

En la temporada de otoño, de septiembre a noviembre se impartieron los cursos "Seis novelas del siglo XX" (Christopher Domínguez Michael); "Instantes y eternidades: la poesía de Borges" (Antonio Deltoro); "La India: un contexto para Octavio Paz" (Elsa Cross); "Capítulos de la *Belle Époque*" (Gerardo Deniz); "La analogía en la historia y su desembocadura en Octavio Paz" (Mauricio Beuchot); "Aperturas sobre el extrañamiento: Julio Cortázar" (Hugo J. Verani) y "Las vanguardias plásticas en México: del muralismo a la generación de vanguardia" (Lelia Driben).

El poeta uruguayo Enrique Fierro impartió el curso extraordinario "Cuatro décadas de poesía hispanoamericana. De *Trilce* a *Piedra de sol*" los días 27 al 30 de noviembre.

LECTURAS, PRESENTACIONES Y CONFERENCIAS

El poeta Tomás Segovia, Premio Octavio Paz de Poesía y Ensayo 2000, leyó algunos poemas en la sala Manuel M. Ponce del Palacio de Bellas Artes el día 23 de febrero de ese año.

En coordinación con la Dirección General de Publicaciones de CONACULTA, se presentó el libro de poemas *Los sueños. Elegías* de Elsa Cross el 12 de septiembre de 2000.

Participaron Enzia Verducchi, Luis Cortés Bargalló y Ernesto Lumbreras.

Los miércoles 8, 15, 22 y 29 de noviembre y 6 y 13 de diciembre de 2000 se llevó a cabo el ciclo "Otoño de poesía fresca". Participaron por parejas y leyeron trabajos recientes Antonio Deltoro y Fabio Morábito, Alejandro Aura y Malva Flores, José Luis Rivas y Francisco Hernández, Eduardo Lizalde y Aurelio Asiain, Carmen Boullosa y Alberto Blanco. Durante la última sesión, Ulalume González de León leyó poemas de Jorge Hernández Campos y poemas propios.

PUBLICACIONES

Además del segundo número del anuario *Fundación*, se editaron los libros *Transideraciones/Transiderações* de Haroldo de Campos, Premio Octavio Paz 1999, en coedición con El Tucán de Virginia/ CONACULTA; *Misma juventud* de Tomás Segovia, Premio Octavio Paz 2000, en coedición con Ediciones Sin Nombre, y *Horas* de Tedi López Mills, Becaria Octavio Paz 1998, en coedición con Trilce Ediciones. Este último obtuvo el Premio al Mérito Editorial 2000, concedido por la Cámara Nacional de la Industria Editorial Mexicana en su rubro de literatura.

Fe de erratas

En la sección Encuentros del número anterior (Fundación 2: 2000) se mencionaron como un solo acto cultural dos homenajes celebrados en París a la muerte de Octavio Paz. El primero de ellos corrió a cargo de la Maison de l'Amerique Latine el 18 de mayo de 1998, donde se proyectó la película de Dominique Rabourdin, Octavio Paz 1914-1998 *(entrevista y realización de D. Rabourdin), Cinémathèque, Arkëion, APTV, Production Au Large de l'Eden, La Sept-ARTE, 1998. También se leyeron en francés poemas de Paz en la voz de amigos del poeta, escritores y traductores: Michel Deguy, Florence Delay, Jacques Dupin, Claude Esteban, Fouad El Etr, Jean-Clarence Lambert, Frédéric Magne, Jean-Claude Masson, Pierre Schneider, Jorge Semprún y Saúl Yurkievich.*
El segundo homenaje se efectuó en el Teatro Molière de la Maison de la Poésie el 17 de octubre de 1998. Consistió en una proyección de la película Blanco *(1995); la puesta en escena de la lectura-espectáculo* Comme on entend la pluie *de Marianne Auricoste a partir de poemas de Paz y la mesa redonda "Homenaje a Octavio Paz" con la participación de Yves Bonnefoy, Claude Esteban y Pierre Schneider. También se leyeron poemas de Paz en la voz de Nelly Borgeaud, Pierre Clémenti y Ophélie Orecchia, y se presentó* La hija de Rappaccini, *lectura y escenificación de Michel de Maulne, con Sabeline Amaury, Bruno Dubois, Michaël Lonsdale, Ophélie Orecchia y Jean-Loup Wolff.*

ÍNDICE DE AUTORES PARTICIPANTES EN EL COLOQUIO

BARTRA, Roger (México 1942). Es maestro en ciencias antropológicas por la UNAM y doctor en sociología por la Sorbona de París. Investigador de tiempo completo del Instituto de Investigaciones Sociales de la UNAM. Becario de la Fundación Guggenheim en 1986. Ha publicado *La jaula de la melancolía* (1987), *El salvaje en el espejo* (1992), *Agrariam Structure and Political Power in Mexico* (1993), *Wild Men in the Looking Glass. The Mythic of European Otherness* (1994), *Las redes imaginarias del poder político* (1996), *El salvaje artificial* (1997), *El Siglo de Oro de la melancolía* (1998), *La sangre y la tinta* (1999), *La democracia ausente: el pasado de una ilusión* (2000).

CASTILLO PERAZA, Carlos (México 1947-2000). Licenciado en filosofía por la UNAM. Realizó estudios de posgrado en la Universidad de Friburgo, Suiza. Fue catedrático en distintas universidades del país. Militante del PAN en el periodo 1972-1998, en que fue director del Instituto de Estudios y Capacitación Política y presidente del partido (1993-1996). Premio La Salle (1998). Colaboró en *Ovaciones*, *La Jornada*, *Reforma*, *El Universal* y *Proceso*. Entre sus publicaciones: *Estudios sobre valores* (1980), *Religión y cultura* (1983), *Antología de textos de historia de Yucatán* (1978), *Filosofía y ámbitos culturales* (1984) y *El agro-antropólogo* (1998).

DURÁN I GILI, Manuel (España 1925). Poeta, crítico y ensayista. Se exilió con su familia en México en 1939. Estudió filosofía en la UNAM, en la Sorbona de París y se doctoró en la Universidad de Princeton en 1953. Es profesor del departamento de Lenguas Hispánicas de la Universidad de Yale desde hace muchos años. Autor de los libros: *El lugar del hombre* (poemas, 1965); *La ambigüedad en el Quijote*, *Genio y figura de Amado Nervo* (1968), *Tríptico mexicano* (1974), *De Valle Inclán a Goytisolo* (1974). Editor de las *Obras completas* del Marqués de Santillana.

ECHEVERRÍA, Bolívar (Ecuador 1941). Doctor en filosofía y maestro en economía, estudió en la Universidad Libre de Berlín. Es profesor-investigador en la UNAM desde 1973 e imparte las cátedras de teorías de la modernidad, economía y filosofía y lectura de textos filosóficos en alemán. Fue miembro de la redacción de *Cuadernos Políticos*. Coordina actualmente el proyecto de investigación "Lo barroco en la historia de la cultura de la América Latina". Autor, entre otros libros, de *Discurso crítico de Marx* (1987), *Las ilusiones de la modernidad* (1995), *Valor de uso y utopía* (1998), *La modernidad de lo barroco* (1999).

GONZÁLEZ PEDRERO, Enrique (México 1930). Profesor de tiempo completo e investigador de la UNAM. Fue director del FCE (1988-1989) y embajador de México en España (1989-1991). Autor de *Filosofía política y humanismo* (1957), *El gran viraje* (1961), *Anatomía de un conflicto* (1963), *Los medios de comunicación de masas en México* (1969), *Universidad, política y administración* (1970), *El*

Estado en la televisión (1976), *La riqueza de la pobreza* (1979), *La cuerda floja* (1982), *Una democracia de carne y hueso* (1987), *País de un solo hombre: El México de Santa Anna.*

González Valenzuela, Juliana (México 1936). Es doctora en filosofía. Profesora de tiempo completo de la Facultad de Filosofía y Letras (UNAM) y directora del seminario de metafísica (posgrado). Miembro del Sistema Nacional de Investigadores y autora de *La metafísica dialéctica de Eduardo Nicol* (1981), *El malestar en la moral. Freud y la crisis de la ética* (1986), *Ética y libertad* (1989), *Ethos y anthropos.*

Grenier, Yvon (Canadá 1959). Profesor de la Universidad de St. Francis-Xavier, Nueva Escocia, Canadá; egresado de la Universidad de Laval de Quebec y de la de Pittsburgh. Ex editor de la *Revista Canadiense de Estudios Latinoamericanos y del Caribe.* Obtuvo la Beca Octavio Paz de Ensayo 2000 por el proyecto "Leer a Octavio Paz: sincretismo intelectual y trampas ideológicas". Autor de dos libros sobre El Salvador publicados por la Universidad de Pittsburgh y por Macmillan. Es autor de un libro sobre el pensamiento político de Octavio Paz que se encuentra en curso de publicación, del cual han aparecido adelantos en *Fundación* 1.

Krauze, Enrique (México 1947). Historiador y ensayista. Es ingeniero industrial por la UNAM y doctor en historia por El Colegio de México. Secretario de redacción y posteriormente subdirector de la revista *Vuelta* (1977-1998). Fundador y director de la editorial Clío y de la revista *Letras Libres.* Miembro de la Academia Mexicana de la Historia. Premio Comillas de Biografía en España (1993). Autor, entre otros libros, de *Caudillos culturales en la Revolución mexicana* (1976), *Daniel Cosío Villegas. Una biografía intelectual* (1980), *Caras de la historia* (1983), *Por una democracia sin adjetivos* (1986), *Biografía del poder* (1987), *Textos*

heréticos (1992), *Siglo de caudillos* (1993), *Tiempo contado* (1996), *La presidencia imperial* (1997), *La historia cuenta* (1998), *Mexicanos eminentes* (1999). En inglés su historia de México fue publicada con el título *Mexico: Biography of Power* (1997).

Lamas, Marta (México 1947). Antropóloga social. Ha sido profesora de la Facultad de Ciencias Políticas y Sociales de la UNAM, en la ENAH y en el ITAM. Participa en el movimiento feminista desde 1971. Directora de la revista *Debate Feminista*, colabora también en *La Jornada.* Dirige el Grupo de Información en Reproducción Elegida (GIRE) y es miembro del Consejo Directivo de la Sociedad Mexicana Pro Derechos de la Mujer A.C. Coautora de *El mundo de la violencia* (1998), *Sexualidades en México. Algunas aproximaciones desde las ciencias sociales* (1998). Ha publicado *El género: la construcción cultural de la diferencia sexual* (1996), *La doble moral y la lógica del género* (1997).

Matos Moctezuma, Eduardo (México 1940). Es maestro en arqueología y antropología por la ENAH y la UNAM respectivamente. Ha ocupado diversos cargos dentro del INAH. Actualmente dirige el Proyecto Templo Mayor y el propio Museo. Recibió las Palmas Académicas otorgadas por la Universidad de Francia, la Orden Nacional al Mérito y fue nombrado Caballero de Letras y Artes por el gobierno francés; Orden Andrés Bello del gobierno de Venezuela, entre otras distinciones. Sus publicaciones sobrepasan los cien artículos y más de cuarenta libros, entre los que destacan *Trabajos arqueológicos en el Centro de la Ciudad de México* (1979), *Los dioses que se negaron a morir. Arqueología y crónicas del Templo Mayor* (1986), *The Great Temple of the Aztecs. Treasures of Tenochtitlan* (1988), *La Piedra del Sol* (1992), *La Pirámide del Sol en Teotihuacan* (1995).

Matute, Álvaro (México 1943). Realizó sus estudios de licenciatura, maestría y doctorado en historia en la Facultad de Filosofía y Letras de la UNAM. Es investigador titular en el Instituto de Investigaciones Históricas y profesor de la Facultad de Filosofía y Letras de la UNAM. Miembro del Sistema Nacional de Investigadores. Recibió el Premio Universidad Nacional en Investigación en Humanidades 1997. Es miembro de número de la Academia Mexicana de la Historia, correspondiente de la Real de Madrid. Autor, compilador y coordinador de más de una docena de libros de los cuales pueden mencionarse *La Revolución mexicana. Actores, escenarios y acciones. (Vida cultural y política, 1901-1929)* (1993), *Estado, iglesia y sociedad en México. Siglo XIX*, en colaboración con Evelia Trejo y Brian Connaughton (1995), *Las dificultades del nuevo Estado, 1917-1920* (1996) y *Estudios historiográficos* (1997).

MEDINA PEÑA, Luis (México 1945). Licenciado en relaciones internacionales por El Colegio de México y maestro por la Universidad de Essex. Profesor de El Colegio de México (1972-1979) y coordinador académico de su Centro de Estudios Internacionales. En la actualidad es profesor-investigador de la División de Historia del Centro de Investigación y Docencia Económicas. Miembro del Sistema Nacional de Investigadores. Ha colaborado en *Excélsior* y *El Universal*. Autor de *El sistema bipolar en tensión* (1971), *Del cardenismo al avilacamachismo, Civilismo y autoritarismo, Evolución electoral del México contemporáneo* (1978).

MEYER, Jean (Francia 1942). Doctor por la Sorbona de París. Realizó estudios de historia con Braudel y Chevalier. Ha sido profesor-investigador en El Colegio de México, en la Universidad de Perpignan, en el Colegio de Michoacán y en el Centro de Investigación y Docencia Económicas desde 1993. Entre sus libros destacan *La cristiada* (3 ts., 1973-1975), *El sinarquismo. ¿Un fascismo mexicano?* (1979), *Historia de los cristianos en América Latina* (1989) y *Rusia y sus imperios* (1996). Actualmente es director de *Istor, Revista de Historia Internacional*.

MONSIVÁIS, Carlos (México 1938). Realizó estudios en la Escuela Nacional de Economía y en la Facultad de Filosofía y Letras de la UNAM. Su intensa labor periodística lo ha llevado a colaborar en radio, televisión y una gran cantidad de periódicos y revistas. Obtuvo el Premio Nacional de Periodismo en 1978, Premio Jorge Cuesta, Premio Mazatlán, Premio Xavier Villaurrutia (1995), Premio Lya Kostakowsky 1998 por su ensayo *Cinturón de castidad* y Premio Anagrama de Ensayo 2000 por el libro *Aires de familia*. Algunos de sus libros publicados son *Días de guardar* (1971), *Amor perdido* (1976), *Catecismo para indios remisos* (1982), *Entrada libre* (1987), *Escenas de pudor y liviandad* (1988) y *Los rituales del caos* (1996).

REYES HEROLES, Federico (México 1955). Licenciado en ciencias políticas por la UNAM, donde ha sido profesor e investigador. Ha colaborado en *Cuadernos Políticos, unomásuno, Nexos, Los Universitarios, La Jornada* y *Reforma*. Dirigió la *Revista de la Universidad* (1985-1986) y actualmente *Este País*. Ha publicado *Ensayo sobre los fundamentos políticos del Estado contemporáneo* (1982), *Política y administración a través de la idea de la vida* (1983), *Transfiguraciones políticas del Estado mexicano* (1987), *Contrahechuras mexicanas* (1988), *La democracia difícil* (1991), *Transfiguraciones y semblanzas* (1992). En 1991 editó el volumen de ensayos *Los partidos políticos mexicanos*.

RICO MORENO, Javier (México 1958). Profesor en la Universidad Autónoma Metropolitana. Sus trabajos de investigación abordan los temas de la cultura, la historia y la historiografía. Obtuvo la Beca Octavio Paz de Ensayo 1998 por su proyecto de investigación "Interpretación histórica y visión de la historia en la obra de Octavio Paz". Premio Edmundo O'Gorman 1998 en el área de teoría de la historia e historiografía. Entre sus ensayos figuran *El pasado en la historiografía de la Revolución mexicana* (en prensa), "Información e idea del mundo.

Una visión histórica de la globalización", publicado en *Horizontes complejos en la era de la información* (2000).

SÁNCHEZ VÁZQUEZ, Adolfo (España 1915). Estudió filosofía en la Universidad Central de Madrid antes de doctorarse en la UNAM. Profesor emérito de esta universidad, doctor *honoris causa* por las universidades de Puebla y México; fue galardonado con la Gran Cruz de Alfonso X el Sabio. Reside en México desde 1939. Es autor, entre otros libros, de *Las ideas estéticas de Marx* (1965), *Filosofía de la praxis* (1967), *Estructuralismo y marxismo* (1970), *Del socialismo científico al socialismo utópico* (1975), *La filosofía y las ciencias sociales* (1976), *Ciencia y revolución: el marxismo de Althusser* (1978), *Las revoluciones y la filosofía* (1979), *Ensayos marxistas sobre historia y política* (1983), *Ensayos marxistas sobre filosofía e ideología* (1985), *Del exilio en México, recuerdos y reflexiones* (1991), *Cuestiones estéticas y artísticas contemporáneas* (1996).

SANTÍ, Enrico Mario (Cuba 1950). Cursó estudios en Cuba y Estados Unidos. Graduado en literatura hispanoamericana y comparada en las universidades de Vanderbilt y Yale. Ha sido profesor en las universidades de Duke, Cornell, Georgetown y actualmente de Kentucky. Ha sido becario Guggenheim, Woodrow Wilson, NEH, CONACULTA y ACLS. Autor de *Pablo Neruda: The Poetics of Prophecy* (1982), *Escritura y tradición: Texto, crítica y poética en la literatura hispanoamericana* (1988), *Pensar a José Martí. Notas para un centenario* (1996) y *Por una politeratura. Literatura hispanoamericana e imaginación política* (1996). Ha preparado ediciones críticas de obras de Octavio Paz como *Primeras letras (1931-1943), Libertad bajo palabra (1935-1957), El laberinto de la soledad* y *Blanco/Archivo Blanco*. En 1997 publicó *El acto de las palabras. Estudios y diálogos con Octavio Paz.*

SEGOVIA, Rafael (España 1928). Licenciado y maestro en filosofía por la UNAM y doctor por la Sorbona de París (1962). Profesor en distintos institutos. Es director de Estudios Internacionales de El Colegio de México y de la revista *Foro Internacional*. De esta misma institución es coordinador general académico, profesor emérito y miembro de la junta de gobierno. Ha colaborado en *Excélsior, Razones, Línea* y, actualmente, en *Reforma*. Autor, entre otros títulos, de *Tres salvaciones del siglo XVIII español* (1960), *La politización del niño mexicano* (1969), *El Estado contemporáneo. México 1940-1970* (1988), *Lapidaria política* (1996).

STANTON, Anthony (Inglaterra 1954). Mexicano por naturalización, es profesor-investigador de tiempo completo en el Centro de Estudios Lingüísticos y Literarios de El Colegio de México. Ha impartido cursos en la Universidad de Sheffield, la Universidad Nacional de Irlanda, la UAM y el ITAM. Miembro del Sistema Nacional de Investigadores desde 1988. Es presidente del Consejo Consultivo de la Fundación Octavio Paz. Ha publicado ensayos y artículos sobre literatura mexicana, española e hispanoamericana en revistas nacionales e internacionales. Traductor, entre otros textos de Octavio Paz, de *La búsqueda del presente: In Search of the Present. Nobel Lecture* (1990). Entre sus publicaciones más recientes se encuentran *Inventores de tradición: ensayos sobre poesía mexicana moderna, Alfonso Reyes/Octavio Paz: correspondencia 1939-1959* (1998). Actualmente prepara una edición crítica de *El laberinto de la soledad* para Manchester University Press.

TURRENT, Isabel (México 1947). Estudió la licenciatura en historia del arte en la Universidad Iberoamericana, así como la licenciatura en relaciones internacionales y la maestría en ciencia política en El Colegio de México y en la Universidad de Oxford. Especialista en historia de Rusia y de los países de Europa central, y del arte de Oriente. Ha impartido cursos y conferencias en El Colegio de México, en el ITAM, en la UNAM, en la Universidad de las Américas y en la Universidad Iberoamericana. Ha publicado decenas de artículos en *Diálogos*, *Foro Internacional*, *Vuelta* y *Letras Libres*. Entre sus libros se encuentran *Voces del cambio* (1991) y *El deshielo del Este* (1992).

YURKIEVICH, Saúl (Argentina 1931). Poeta, narrador y ensayista. Catedrático de la Sorbona de París y profesor de las universidades de Pittsburgh y Harvard. Becario de la Fundación Guggenheim en 1987. Miembro del comité de redacción de la revista *Change*. Ha publicado, entre otros estudios, *Valoración de Vallejo* (1958), *Modernidad de Apollinaire* (1968), *A través de la trama* (1984), *La movediza modernidad* (1996) y *Suma crítica* (1998). Entre sus libros de poesía figuran *Berenjenal y merodeo* (1966), *Fricciones* (1969), *Acaso acoso* (1982), *Trampantojos* (1988), *Embuscada* (1996), *El sentimiento del sentido* (2000). Actualmente reside en París.

ZEA, Leopoldo (México 1912). Maestro y doctor en filosofía por la UNAM donde ha sido profesor e investigador. Doctor *honoris causa* por las universidades de París, Estatal de Moscú, Montevideo, UNAM y de La Habana. Premio Nacional de Historia y de Ciencias Sociales y Filosofía 1980, Premio UNAM 1988. Coeditor de la revista *Tierra Nueva* y director de las revistas *Cuadernos Americanos*, *Deslinde* y de la *Universidad de México*. Es autor, entre otros, de los libros *El positivismo en México* (1943), *América como conciencia* (1953), *El pensamiento latinoamericano* (1965), *Dialéctica de la conciencia americana* (1975), *Filosofía de lo americano* (1983) y de la antología *Ideas y presagios del descubrimiento de América* (1991).

PUBLICACIONES CON EL SELLO DE LA FUNDACIÓN

Correspondencia Alfonso Reyes/Octavio Paz (1939-1959). Edición de Anthony Stanton. México, Fundación Octavio Paz-Fondo de Cultura Económica, 1998, 264 pp. (Contiene fotografías de cartas originales.)

Al leer la correspondencia intercambiada por Alfonso Reyes y Octavio Paz, asistimos a un diálogo entre los dos escritores mexicanos más importantes del siglo. La edición de estas cartas, presentadas y anotadas por Anthony Stanton, nos invita a una conversación inédita. Mecenas, guía, Alfonso Reyes practica el diálogo como el elemento fundador de toda civilización; inquieto surtidor de proyectos e ideas, Octavio Paz se erige como el interlocutor ideal y ambos necesitan del diálogo como la palabra exige la lectura. La cultura mexicana se enriquece con este diálogo ejemplar entre dos grandes poetas, dos de los mayores escritores y pensadores de la lengua castellana.

Haroldo de Campos. *Transideraciones/Transiderações*. Prólogo de Manuel Ulacia, recopilación y traducción de Manuel Ulacia y Eduardo Milán. México, Fundación Octavio Paz-Consejo Nacional para la Cultura y las Artes-El Tucán de Virginia, 2000, 203 pp.

Edición bilingüe que reúne una selección esencial del poeta transcreador Haroldo de Campos, Premio Octavio Paz de Poesía y Ensayo 1999. Entre los títulos aquí recopilados se encuentran *Xadrez de estrelas*, *A educação dos cinco sentidos*, *Galáxias*, *Crisantempo*, ejemplos todos de una poesía de sintaxis subversiva y de entrecruzamientos literarios y lingüísticos, que practica la traducción como método de creación poética.

Tomás Segovia. *Misma juventud*. México, Fundación Octavio Paz-Ediciones Sin Nombre-Ediciones Casa Juan Pablos, 2000, 73 pp.

Misma juventud reúne poemas del periodo 1997-1999 del poeta valenciano-mexicano Tomás Segovia, Premio Octavio Paz de Poesía y Ensayo 2000, a quien Octavio Paz definía como "una inteligencia erótica, ávida de realidad".

Tedi López Mills. *Horas*. México, Fundación Octavio Paz-Trilce Ediciones, 2000, 76 pp.
Premio CANIEM al Arte Editorial 2000 otorgado por la Cámara Nacional de la Industria Editorial en el área de literatura.

"... acosada por la injusticia de un mundo que nos proporciona arquetipos y no cosas, recuerdos en vez de experiencias y fantasmas en lugar de los seres originales, Tedi López Mills interpela apasionadamente los bordes, el filo de las cosas, las zonas fronterizas, en suma el universal 'entre', como quien se ve forzado a buscar ahí, en los márgenes, la Arcadia perdida, el jardín final, aquello que puede verse sin mediación de ningún cristal, aunque sólo por un instante, con cuerpo y alma": son palabras de Fabio Morábito que acompañan a este libro de la ganadora de la Beca Octavio Paz de Poesía 1998.